13세 전에 시작하는

엄마표
독서육아

13세 전에 시작하는

엄마표
독서육아

초판인쇄 2018년 8월 3일
초판발행 2018년 8월 3일

지은이 유애희
펴낸이 채종준
펴낸곳 한국학술정보(주)
주소 경기도 파주시 회동길 230 (문발동)
전화 031 908 3181(대표)
팩스 031 908 3189
홈페이지 http://ebook.kstudy.com
E-mail 출판사업부 publish@kstudy.com
등록 제일산−115호(2000. 6. 19)

ISBN 978−89−268−8505−5 03370

13세 전에 시작하는

엄마표
독서육아

유애희 지음

추천사

《13세 전에 시작하는 엄마표 독서육아》는 훌륭한 인성지도는 물론 인간의 위대한 잠재능력을 개발하고 발휘하는 구체적이고 실제적인 방법을 제시하고 있습니다. 특별히 이 책은 심리학자들이 '인생을 좌우할 정도로 매우 중요한 시기에 있다'고 하는 나이 어린 초등학교 어린이를 대상으로 하고 있다는 점에서, 그 방법이 일상생활에서 실천하기 쉬운 독서를 통한 방법이라는 점에서 최초이며 획기적이라고 생각됩니다.

유애희 선생님은 세계적인 잠재능력개발 프로그램이자 자기계발 프로그램인 NLP 국제 공인 전문가입니다. 독서지도를 통한 주옥같이 소중한 인성지도 방법과 함께, 잠재능력 개발과 발휘의 경험과 노하우를 이 책에서 구체적으로 자세하게 알려주고 있습니다.

유애희 선생님 책이 자녀교육에 지대한 관심이 있는 모든 분들께 커다란 도움이 될 것을 확신하며, 적극 추천합니다.

－국제심리연구원장, 국제공인 NLP 트레이너, 상담심리학 박사 **구만호**

2015 개정 교육과정에 따라 '한 학기 한 권 읽기' 교육과정이 금년부터 적용됩니다. 진로 영역이든 인문학 영역이든 각자 읽고 싶은 책을 선택하여 자유롭게 읽을 수 있습니다. 이러한 읽기 과정에서 다양한 독서활동이 필요하며, 독서토론은 이런 독서교육의 총화로 학생들이 재미있어 하고 창의적으로 참여할 수 있는 독서활동인 것입니다. 유애희 선생님은 3단계의 이야기식 독서토론을 통해 어릴 때부터 독서에 관심을 갖고 신나는 독서활동을 할 수 있게 하는 비법들을 이 책에 담았습니다. 이 책을 통해 대한민국 어린이들이 행복한 미래를 꿈꾸게 되길 기원합니다.

– 원주시 진광중학교 교사, 치악산교육포럼 대표,
(사)전국독서새물결모임 회장 **임영규**

유애희 선생님이 독서육아서를 쓴다는 말을 처음 들었을 때의 그 설렘을 기억합니다. 아이들과의 책 읽기를 즐기는 어른들과 책을 길동무로 삼고 싶은 아이들이 이 책을 읽어보면 '아, 책과 친구가 되려면 이렇게 하면 되는 거구나.'라는 생각이 들 것입니다.

저는 유애희 선생님이 학교 현장에서 아이들에게 책을 읽어주고 글을 쓰게 하여 독서습관을 길러주는 일을 하시는 것을 작가 초청 행사에 참석하여 익히 알고 있었습니다. 가시는 학교마다 독서교육의 뿌리를 내리게 하는 선생님의 남다른 독서교육에 대한 열정과 사랑이 있기에 가능한 것이라 생각합니다. 그림책 글을 쓰는 저 같은 사람에게도 이 책은 참으로 귀하고 특별한 선물이 되었습니다.

－그림책 작가, 그림책 스토리텔러 **김인자**

독서육아 교육에 대해 고민 중인 분들에게 이 책을 추천합니다. 교육현장의 실타래를 하나둘 풀어내시던 유애희 선생님의 모습이 고스란히 이 책에 녹아 있어 마치 옆에 계시는 듯 생생합니다. 학부모 회장, 기자단, 교육부 정책 모니터링 등 다양한 교육현장 봉사로 학생들을 만나며 제가 느낀 점은 어려서부터 독서육아가 학교와 가정에서 실질적으로 이루어졌는지에 따라 중학교에 올라가서 인성과 진로교육에 문제가 발생할 수 있다는 점입니다. 그만큼 13세 전의 독서육아가 중요합니다. 아직도 내 아이의 독서육아에 어려움을 겪고 있는 분들께 독서육아의 지렛대가 되어 줄 이 책을 추천합니다.

－원주교육지원청 학부모 기자, 이천제일고등학교 학부모 회장,
원주여자중학교 학부모 운영위원 및 학부모 부회장 **김애경**

독서의 중요성은 우리 모두가 잘 알고 있고 아무리 강조해도 지나치지 않습니다. 문제는 어떤 책을 어떻게 읽느냐는 것입니다. 교육 현장에서 아이들과 동고동락하며 독서지도에 남다른 열정을 가지신 유애희 선생님의 살아 있는 경험은 가장 훌륭한 독서지도의 길잡이가 될 것입니다. 박물관과 독서는 사람들, 특히 어린 학생들에게 내가 경험하지 못한 세상의 여러 가지 지식과 지혜를 줄 수 있다는 점에서 닮아 있습니다.

유애희 선생님의 30년 넘는 경험과 애정이 녹아 있는 이 책은 분명 많은 학부모님들과 선생님들에게 소중한 또 하나의 책이 될 것을 믿어 의심치 않습니다.

－영월 인도미술박물관 관장 **박여송**

내 아이에게 좋은 책을 많이 읽히고 싶은 건 모든 엄마들의 바람일 것입니다. 하지만 어떻게 시작해야 하는지 어떤 방법이 좋은지는 엄마들의 숙제이지요. 유애희 선생님은 교직생활 동안에 많은 아이들을 접하고 가르치면서 얻은 지식과 지혜로 이 책에서 그 방법을 엄마들에게 제시해주고 있습니다. 《13세 전에 시작하는 엄마표 독서교육》을 통하여 아이들에게 좋은 독서습관을 길러주고 다양한 책을 접할 수 있도록 지금 당장 시작해 보시길 권합니다.

－여주시 인토문화연구소 소장 **박영선**

아이들은 부모의 사랑으로 자랍니다. 엄마의 사랑을 받은 아이는 내 안의 나와 밖의 내가 모두 건강합니다. 바로 자연치유와 같은 원리입니다. 엄마의 사랑으로 읽어주는 책이야말로 아이들에게 제일 좋은 약입니다. 책을 통해 엄마의 목소리를 들려주고 서로 응시하면서 사랑을 주고받는 것이 최고의 엄마표입니다. 바로 유애희 선생님의 책이 말해줍니다. 오랜 세월 교직에 몸을 담고 아이들을 자식처럼 돌보며 한 줄 한 줄 경험을 담아 쓴 이 책을 자녀를 두신 모든 부모님께서 읽어보시고 반드시 한 가지라도 실천해 보시라 권하고 싶습니다.

— 현재 4, 6학년 학부모, 원주 치악산 자연치유센터 '휴' 대표 **선각(김재춘)**

프롤로그

엄마가 먼저 책을 읽고 독서육아를 해야 한다

30년이 넘는 교직생활 중에서 가장 기억이 나면서도 힘들었던 4년 전, 지금의 나를 작가 유애희로 만들어 준 한 아이를 만났다. 3학년 진호는 주의력결핍 과잉행동장애를 가진 아이였다. 공부시간에는 특별하거나 흥미가 없으면 듣지도 않고 참여하지도 않았다. 매일 자기 방식대로 움직이고 하고 싶은 대로 행동을 했다.

내가 몇십 년 동안 가르쳤던 교육 방식은 진호에게 통하지 않았다. 게다가 부모의 이혼으로 인해 할머니 양육과 일주일에 한 번 오는 아버지의 양육의 병행으로 혼란이 생기면서 자신을 어떻게 다스려야 할지 몰랐다.

나는 진호와 반 아이들을 가르치면서 감정 조절을 할 수 있는 새로운 독서법을 배우고 기다려주는 법을 배웠다. 그런 진호는 나를 훌륭한 교사가 아닌 좋은 선생님으로 만들어 주었다.

진호는 교사인 나에게 초심으로 돌아가게 해준 안내자였으며, 다시 한 번 아이들에게 열정과 애정을 더 불어넣으라고 깨달음을 준 특별한 아이였다.

아이들에게 아무것도 하지 않으면 아무 일도 일어나지 않는다. 부모와 교사들이 아이들에게 무엇을 가지고 다가가느냐에 따라 아이들은 달라진다. 그래서 나는 진호와 반 아이들에게 마법의 무기를 꺼냈다.

진호와 아이들을 변화시킬 마법의 무기는 나만의 독서육아법이었다. 30년 넘게 교직생활을 하면서 배우고 익힌 경험과 4학년 아이들과 엄마들에게 직접 독서를 적용시키고 변화시켰던 나만의 비책이었다.

매일 책 읽어주기, 매일 5분 글쓰기, 보물 상자에 황금 문장 쓰기, 에디슨 노트 쓰기, 안네의 일기 쓰기, 생활 일기 쓰기, 작가와의 만남, 꿈 리스트 쓰기, 책으로 연극하기, 집으로 찾아가는 이야기 등으로 잠재의식의 힘과 독서습관의 힘을 갖게 했다. 아이들은 읽고 쓰고 듣고 말하고, 무조건 쓰고 끝까지 썼다. 2개월, 3개월 시간이 지날 때마다 진호와 반 아이들의 생각과 행동이 변하기 시작했다. 그 결과 아이들은 독서습관이 생겼으며, 자신의 변화에 감사함을 알게 되었다.

내 아이와 내 주변 사람들을 변화시키고 싶다면 '나부터 변하라'라는 말을 하고 싶다. 나는 딸의 본보기가 되는 엄마가 되고 싶었고, 내가 가르치는 아이들에게는 좋은 선생님이 되고 싶었다. 그래서 나는 나를 변화시키기로 마음먹었다. 퇴근 후 여기저기 기웃거리며 낭비했던 시간과 텔레비전을 보는 습관을 단절시켰다. 대신 책을 찾아갔다.

학교에서 퇴근하면 매일 3시간 이상 책을 읽었고 주말이면 하루 종일 책을 읽었다. 그렇게 독서에 몰입하는 6개월 동안 내가 읽은 책은 100권이 넘었으며, 독서습관까지 생겼다.

나도 모르게 책에 나온 이야기와 좋은 문장을 선생님들 앞에서 술술 떠들어댔더니 강의 의뢰도 들어왔다. 그뿐만 아니라 그동안 내가 무관심했던 자기 암시, 잠재의식, 삶의 의미, 간절히 원하는 꿈, 동기부여, 확언, 꿈 지도, 기적, 책 쓰기 등이 눈에 들어왔다. 저자들의 경험과 가치도 나의 것으로 받아들이자 마법과 같은 독서의 힘이 생겼다.

다음 해, 나는 아이들 이야기, 내 이야기, 책 이야기 등 생각나는 대로 매일 1시간씩 글을 썼다. 그렇게 쓴 글이 100쪽이 넘어갔다.
독서의 힘은 꼬리에 꼬리를 물어 100쪽의 글이 아니라 나의 경험과 가치가 담긴 딸을 위한 독서일기장, 꿈이 이루어지는 꿈 노트, 필사 보물상자 공책, 일상 이야기가 담긴 일기장으로 늘어났다. 그것이 나의 책 쓰기 재료가 되었다.

나의 딸, 4학년 반 아이들, 진호, 진호네 반 아이들, 독서동아리 모임 엄마들, 지인들은 나에게 책을 쓰도록 에너지를 불어넣어 준 사람들이다. 그들이 있었기에 나는 유애희 작가로서 《13세 전에 시작하는 엄마표 독서육아》를 쓸 수 있게 되었다.

《13세 전에 시작하는 엄마표 독서육아》는 엄마의 독서로 내 아이 독서습관이 완성되고, 책 읽는 아이가 공부하는 아이를 이기며 엄마표 독서코칭을 통해 생각하는 아이가 되고, 내 아이를 위한 엄마표 독서육아 실천법과 독서의 힘으로 내 아이의 인성지도를 바꾼다는 글이 담겨 있다.

이 책에서 강조하고자 하는 것은 엄마부터 독서를 해야 한다는 것이다. 다시 말해 엄마부터 책을 읽고 내 아이 독서육아를 하라는 것이다. 그러면 엄마 자신도 보이고 내 아이도 보인다. 엄마의 눈으로 내 아이를 보는 것이 가장 좋은 자녀교육이다. 특히 내 아이의 본보기는 가장 가까운 엄마다. 아이는 엄마를 투사해서 다른 사람을 본다고 한다. 엄마와 아이가 서로 책을 통해 상호작용하는 것이야말로 엄마가 바라는 내 아이 독서육아다.

독서육아 비법은 멀리 있는 것이 아니라 내가 쓴 엄마표 독서육아 비법처럼 가까운 엄마에게 있으니 이 책을 통해 다시 성찰의 기회가 되길 바란다.

이 책을 접하는 모든 엄마들은 책을 통해 경험한 지혜로 최고의 독서코칭 교사가 될 것이다. 내 아이 인성지도를 바꾸면서 잠재력을 확장시키고, 내 아이에게 '성공의 문을 여는 마스터키'를 갖도록 도와줄 것이다. 또한 내 아이가 원하는 꿈을 갖고 남들과 다르게 사는 아이, 미래를 바꾸는 아이로 성장할 것이다.

2018년 7월
유애희

차례

1장

왜
13세 전에
독서습관을
완성해야 하는가?

독서육아, 내 아이의
독서습관을 만든다

개학 첫날부터 진호에게만 시선이 갔다. 다른 아이와 다르게 교장선생님의 훈화 중에 옆 친구를 쳐다보며 혼자 웃고 손을 뻗어 잡으려고 했다.

시간이 갈수록 교실 안을 초원처럼 뛰고 달렸다. 먼저 소리부터 지르고 다음에는 밖으로 나갔다. 진호에게는 앉을 의자와 책상, 교과서가 필요 없었다.

진호가 조용하면 뭔가 이상했다. 친구 학용품 만지기, 친구 머리 건드리기, 친구의 옷을 뒤에서 잡아당기기 등을 하고 있기 때문이다. 그야말로 수업 시간과 쉬는 시간의 경계가 없는 '과잉행동' 그 자체였다.

며칠 후 전 담임 선생님으로부터 진호가 주의력 결핍증 과잉행동 장애(ADHD)라는 말을 들었다. 진호 할머니에게 사전 동의를 받고 가정방문을 했다.

진호의 부모는 이혼했고, 아버지는 1주일에 한 번씩 집에 왔다.

진호의 가정 사정을 알게 되자 과잉행동을 이해하게 되었다. 하지만 언제까지 진호를 이해만 할 수는 없었다. 진호 한 아이에게만 관심이 쏠리다보니 다른 아이들과 상호작용할 시간도 없었다. 나는 진호와 다른 친구들을 위해 학습지도와 생활지도가 동시에 해결되는 습관 비법을 찾아보았다.

지난 학교에서 4학년 반 아이들에게 지도한 독서방법을 좀 더 보충해서 아이들에게 적용하기로 했다. 즉 독서를 매일 하는 것, 앞서 말한 해결책의 도구였다. 아이들의 변화의 출발은 아이들이 독서습관을 향해 달리게 하는 것이었다. 각자 아이들이 달릴 습관의 트랙이었다. 독서습관으로 진호의 엉덩이 오래 앉게 하기, 다른 친구들은 스스로 자기 책임을 다하는 것으로 계획했다. 나의 독서습관 기르기 비법으로 다음과 같이 아이들의 독서습관을 만들었다.

1. 5분 글쓰기

나는 글쓰기 연수에서 강사가 말한 글쓰기지도법을 벤치마킹하여 나만의 5분 글쓰기를 지도했다. 공책은 남의 입장을 생각하자는 의미에서 '역지사지 경청 노트'로 정했다.

처음 공책에 글을 쓸 때는 아이들이 공책 줄과 줄 사이의 간격이 좁자 두 줄을 차지해서 썼다. 손은 힘이 없어 컸다 작았다 하면서 글의 크기가 일정하지 않았다. 손에 힘을 너무 주어서 종이에 깊은 자국을 남기고 찢어졌다. 아이들에게 수시로 자기 생각을 담는 글쓰기 코칭을 했지만 저학년 때 썼던 글쓰기 습관을 바꾸는 데는 시간이 걸렸다. 이때도 종일 늘어지도록 글만 쓸 수 없어서 일단 '5분 글쓰기'로 글쓰기 속도를 맞추었다. 사실 5분이지만 10분이나 마찬가지였다. 심리적인 안정을 주는 5분에 집중하게 했다. 긴장이 풀리거나 많은 시간을 주면 부정적인 심리로 글쓰기를 포기하기 때문이다. 처음에는 이런 일도 보이기 시작했다. 특히 진호, 서철, 성민은 '선생님 쓸 게 없어요'라고 글쓰기 전부터 말했다. 나는 그 말에 그냥 지나칠 사람이 아니다. '그 말도 쓰면 된다'라고 답해주었다. 또 '안 쓰면 안 되나요?'라고 하면 '그럼, 안 쓰면 안 되나요?'라고 글 쓰라고 했다. 아이들은 그 말에 더 이상 핑계도 달지 못하자 차츰 글쓰기에 집중하고 속도도 빨라졌다. 두 줄로 썼던 글이 한 줄 안으로 들어왔다.

그때까지만 해도 글쓰기 습관형성이 되지 않은 상태였다. 글 쓰는 습관이 될 때까지 계속 동기부여하는 말을 했다. 그림책과 동화책으로 작가의 꿈도 심어주고 주인공을 상상하도록 했다. 내면을 긍정적인 생각으로 심어주었다. 자신감과 인내심은 물론이다. "글쓰기는 달리기다. 지금 너희들은 어느 정도로 달리기를 하면서 글을 쓴다." "잘 썼다. 점점 많이 잘 쓰고 있어. 그렇게 쓰면 돼." 마치 달리기 선수의 코치처럼 조금만 더 달리라고 말했다.

나는 아이들의 책상 사이를 다니면서 "글은 생각나는 대로 쓴다", "오늘 아침에 일어난 일부터 시작하자", "아까 친구들이 무슨 말을 했지?", "아침에 선생님이 무슨 말을 했지?"로 모든 잠재된 경험을 최대한 끌어올렸다.

다른 아이들은 빠르게 글쓰기 습관이 잡힌 반면에 진호는 겨우 글 한 줄 쓰면 밖으로 나갔다 들어왔다 반복했다. 많이 쓴 것은 3줄이었다. 하지만 진호가 공책에 쓴 글의 흔적을 들여다보고 희망을 가졌다. 의자에 글을 앉아 쓰지 않았던 진호는 점점 글쓰기를 하면서 자기 공책을 봐달라고 했다. 한편, 친구들은 글 쓰는 데 집중하여 진호의 행동에 신경을 쓰지 않았다. 친구들이 글쓰기 몰입으로 진호의 행동에 신경을 쓰지 않자 진호는 차차 공책에 글을 채워나가기 시작했다. 글 쓴 양도 점점 많아졌다. 5분 글쓰기는 들어도 쓰고, 보아도 쓰고, 생각해도 쓰는 습관을 기르게 했다. 특히 독서습관의 기초가 되었다.

2. 안네의 일기 필사

여름방학 중 독서습관의 공백을 메워줄 만한 것을 찾다가《안네의 일기》를 생각했다. 안네의 일기 필사를 하고 아래 부분 5줄에는 소감쓰기였다. 아이들은 5분 글쓰기 비해 안네의 일기 필사는 쉽다고 했다. 그냥 보고 베끼기, 소감 5줄만 생각하니 그다지 부담이 되지 않는다고 생각했다. 그렇게 해서 안네의 일기 필사는 1학기 독서습관을 잇는 다리가 되었다.

여름방학 중 서철이 부모가 '안네의 일기 필사를 왜 숙제로 내주었냐'라고 항의전화를 했다. 직장일로 1주일에 한 번 집에 와서 자녀에게 신경 쓸 겨를이 없는 아빠였다. 서철이는 오랜만에 집에 온 아빠에게 관심을 받고 싶어서 글쓰기가 싫다고 했다. 아빠는 아이가 자기 말을 들어달라는 말보다는 글 쓰는 고통을 인정해달라는 것으로 받아들였다. 그것은 글 쓰는 습관을 무너뜨리는 순간이었다. 하지만 아이가 글을 스스로 쓰도록 유도하는 과정에서 아빠의 항의로 그냥 나 몰라라 할 수 없었다. 아이의 독서습관이 중요했다. 나는 독서습관의 변화만 생각했다. 아빠를 설득하여 서철이의 안네의 일기 필사는 무사히 마쳤다.

개학 후, 진호의 학습보충지도를 해주는 인턴선생님이 안네 일기 필사 숙제를 보고 "아이들의 글씨가 너무 달라졌어요"라고 했다. 진호의 변화에도 놀랐다. 글씨체가 책 속의 글씨체와 닮아 있었기 때문이다. 또 진호는 '글을 쓴다는 것은 공부를 하고 있다'라고 생각이 달라졌다. 의자에 앉으면 공부한다는 것으로 의식이 변했다. 다른 친구들도 독서습관의 힘은 글쓰기를 통해 습득 된다고 인정했다.

3. 생활 일기 쓰기

매일 집에 가서 생활일기를 쓰고 학교로 가지고 오게 했다. 학교에서 있었던 일이나 집에서 가족과 있었던 일을 자유롭게 써오게 했다. 주로 아이들은 집에서 있었던 일을 글로 써왔다. 학교에서 썼던 5분 글쓰기를 다시 집에서 쓰는 복습 차원의 글이 되었다. 학교와 집에서 연이어 쓰는 글쓰기 달인이 되어 생활일기도 독서습관처럼 길러졌다. 친척, 애완견, 동생, 교회, 가족 여행 등 여러 가지 정보를 일기에서 볼 수 있었다. 그것은 아이와 대화거리를 깃게 하는 중요한 독서습관이 되었다.

4. 매일 책을 읽어주기

매일 도서관에서 빌려온 그림책은 하루에 한 권씩 읽어주고 그외 글밥이 긴 동화책은 페이지를 나누어 읽어주었다. 예를 들어 로알드 달의《멋진 여우 씨》는 아이들이 너무 재미있어 했다. 책을 읽어준 후 소감을 자유롭게 쓰게 했다. 글의 내용은 요약하지 않게 했다. 왜냐하면 전체 글을 요약하다가 떠오르는 생각을 놓칠 수 있기 때문이다. 생각을 끌어내는 작가 노트와 같았다. 책을 읽어주면서 '아이들이 좋아하는구나, 책이 주는 메시지를 알고 있구나, 이야기와 한 몸이 되었구나' 등 아이들의 반응을 살필 수 있었다. 아이들은 내가 읽어준 책은 다시 손으로 만지고 책을 빌리고 반복해서 읽었다. 그런 과정에서 독서습관이 길러졌다. 책 읽어주기를 싫어하는 아이는 없었다. 다만, 우리 어른들이 읽어주지 않을 때 싫어한 뿐이었다.

5. 학습 후 에디슨 노트 정리

교과시간에 쓰는 노트를 에디슨 노트라고 정했다. 메모의 왕 에디슨에게서 따온 이름이다. 선생님이 말한 것 중 중요한 포인트를 잡아 메모 식으로 쓰게 했다. 아이들은 선생님과 같이 있는 동안에는 선생님의 목소리, 얼굴 표정이 떠오르기 때문에 아이들은 선생님이 말한 내용도 기억해냈다. 방금 일어난 친구들의 이야기도 쓰고, 배운 학습 내용을 정리하고 배운 점, 소감도 썼다. 그 시간에 일어나는 모든 일도 공부이기 때문에 에디슨 노트에 정리했다. 모든 것을 놓치지 않고 기자처럼 노트에 메모해나갔다. 쓸 글이 없다고 하는 아이에게는 공부한 친구와 있었던 일을 쓰게 했다. 그래도 쓸 것이 없다고 하면 책이나 태블릿 PC를 이용하여 공부내용을 찾아 글과 그림을 정리하라고 했다. 매일 공책에 쓰고 정리하는 과정에서 학습이 되고 쓰는 독서습관이 길러졌다.

6. 책의 내용을 연극으로 발표하면 독서습관이 생긴다

진호는 집중할 수 있는 엉덩이의 힘이 부족하고, 다른 친구들은 생각 표현이 부족했다. 그래서 찾은 방법으로 연극을 선택했다. 안네의 일기 필사, 소감, 읽기 그다음으로 찾은 방법은 몸으로 체화하는 연극이었다. 몸으로 하는 독서습관의 보충이었다. 안네의 일기 내용을 대본으로 꾸며서 연극발표를 하게 했다. 등장인물의 역할을 나누어 두 달 시간을 주고 매일 틈새로 연습하게 했다. 교실에서 발표하는 날 아이들은 영화감독이 되고 등장인물이 되었다. 책의 내용을 연극으로 발표하여 몸으로 하는 독서습관이 생겼다.

일기 필사로 힘들어 했던 서철이는 2학기 수료식 날 '1년을 마치고'라는 글을 써서 전교생 앞에서 발표했다. 1년을 그냥 보내지 않았음을 서철이를 통해 알 수 있었다. 진호를 보면 공부시간에 다른 친구들과 동참하는 관계가 되었다. 글쓰기를 두려워하지 않았다. 책 읽어주기는 이벤트가 아니라 하루 일상생활이 되었다. 독서습관으로 생활지도와 학습지도를 동시에 얻었다.

3년이 지나 6학년이 된 진호는 복도에서 나를 보기만 해도 안네의 일기장은 집에 있다고 했다. 진호의 머릿속에 안네의 일기 이미지가 떠오른 것은 독서습관이 남아 있다는 증거였다.

　이처럼 내 아이 독서습관이 그냥 되는 것이 아니다. 여러 가지 노력의 결과로 습관이 만들어지는 과정들이 있기에 결과가 있는 것이다. 내 아이는 안 된다는 생각은 습관이 덜 형성된 상태, 미완성 상태이기 때문이다. 된다는 긍정적인 생각, 행동으로 옮기기는 독서습관을 기르기 위한 도구로 내 아이에게 적용하면 된다. 그것은 아이와 엄마가 함께 변하는 결과를 얻는 비법이다.

가장 중요한 것은
엄마의 독서다

딸이 고등학생이 되자 학습량과 학업 스트레스, 진학 및 진로에 대한 고민이 많았다. 뒤늦은 사춘기, 미래에 대한 불안감 등으로 짜증과 화의 횟수가 많아졌다. 아는 것이 난리를 치는 총량의 법칙을 따르고 있었다.

고등학생이 되면서 감정 아웃풋이 한꺼번에 나왔다. 나는 감정 폭풍을 감당해나가는 데 힘이 들었다. 딸이 심리적으로 이겨낼 수 있도록 엄마가 도와주어야 하는데 부족한 '나'였다.

그 당시에 나는 딸에 대한 막연한 기대감만 갖고 직장 일에 정신없이 보냈다. 딸은 정신적으로 성장해가고 있는데 엄마는 아이 성장 전의 모습만 보았다. 미래를 바라보는 시선 확장도 해야 하는데 어느새 커버린 딸 앞에 선 '나'였다. 내가 변해야 딸도 변하는 시점이었다.

그때, 나는 4학년 담임과 독서업무 담당을 맡게 되었다. 그것은 새로운 탈바꿈의 지렛대로 사용할 도구였다. 나는 변하기 위해 지렛대에 올릴 독서활동은 무조건 받아들였다.

때마침 학교에서 실시하는 독서사업이 〈책 읽는 사회문화재단〉의 책날개 학교였다. 독서사업의 혜택은 학부모, 선생님, 아이들에게 독서문학 기행, 작가와의 만남, 독서행사 등 기회를 주었다. 〈책날개 학교〉로 찾아오는 작가들은 교사들의 독서 연수와 워크숍에서 새로운 독서를 눈 뜨게 해주었다. 기존에 알고 있던 독서와는 달리 차별화된 혁신 독서였다. 즉 생각하는 독서, 활동하는 독서, 만나는 독서였으며, '사람 중심'의 독서였다. 다시 말해 과거 도서관 도서 정리로 책만 보이던 독서교육이 아니라 사람이 중심인 독서였다.

새로운 사람중심 독서교육은 자극이 되었다. 사람 중심의 독서교육은 도서를 주제별과 저자별로 선택해서 정리하는 유연성과 이야기가 있는 토론독서, 저자와 만남 등이 있었다. 이렇게 사람을 만들어가는 독서교육은 나를 더 적극적이고 긍정적으로 만들었다.

학교에서는 2학기가 되자 교사, 학부모 독서동아리 활동을 이끌어갈 독서담당으로서 책 읽기가 필요했다. 알아야 면장을 한다고 알아야 할 처지였다. 1학기 연수를 하여 배운 것만 독서지도 도구를 사용하기에는 턱없이 부족했다. 그래서 9월부터 몰입독서를 시작했다. 몰입독서에 부채질을 더한 것은 다름 아닌 딸의 본보기였다.

사실 딸이 초등학생일 때는 아이들에게 독서의 중요성을 알고 있어 책을 읽어주었다. 엄마 독서가 제외된 책 읽어주기였다. 그래서인지 나는 변하지 않고 딸만 독서영양제를 주었다. 엄마 자체에서 빛을 발산하는 가치 있는 프로그램 장치가 없었다. 늦게 난 딸의 소중함만 초점을 맞추고 책만 읽어주었던 것이다. 즉 초등단계에서 독서육아는 했지만 커가는 딸에게 필요한 엄마는 뿌리 깊은 독서가 아니었다.

나는 다시 보여주는 독서육아를 시작했다. 자식이 엄마를 만들어간다고 딸의 성장에 필요한 엄마의 독서였다. 책 읽는 엄마로 변하기 시작했다. 내가 읽은 책은 꼬리에 꼬리를 물어갔다. 책들은 삶의 안내자가 되어갔으며, 안내자는 또 다른 안내자를 만나게 해주었다.

아토피가 치유되어 영어학원을 차린 책, 부모의 빚에 쪼들리다 돈을 벌기 위해 베스트셀러 작가가 된 책, 두뇌 자체가 변했다고 책 읽는 순서를 소개한 책, 심리적인 기법을 적용하여 학습지도를 하여 상위권에 도달하게 한 책, 꿈의 공식을 이용하여 꿈을 이룬 책, 나를 변화시키는 기술이 있는 책, 의식 변화 책, 부자가 되는 책 등을 만났다.

책을 통해 내 자신이 달라질 수 있는 가능성은 무궁무진했다. 책은 삶의 정신적 도구가 되었다.

학교에서 퇴근 후 매일 3시간 이상 독서를 했다. 휴일에는 10시간 이상 독서였다. 그렇게 해서 6개월 동안 독서습관으로 100권의 책을 읽었다. 100권은 나를 최면 상태로 만들었고 나를 알아가게 하는 보물찾기였다. 나는 무의식에서 빠져나온 사람처럼 사람들에게 책을 소개했고, 언어도 확장되어 뭔가 있어 보이는 사람처럼 말을 했다. 갑자기 마법에 걸린 사람처럼 책의 문장을 술술 이야기했다. 딸에게 말을 해도 책 속의 문장을 넣어가며 말했다. 유식한 책 문장 인용은 나날이 많아졌다. 시간이 지나면서 독서시간이 길어졌다.

저자 강의 CD로 듣기, 작은 수첩에 중요 문장 적어 외우기, 좋아하는 책 필사로 독서시간을 넓혀갔다. 특히 자가용의 강의 듣기는 한 달 주기로 들었다. 그렇게 읽고 듣고 하다 보니 교사들과의 대화도 책과 관련되었다.

당시 같이 근무하는 정운향 교감선생님(현재 교장)께서 이제는 독서 강의를 할 때라고 용기를 주었다. 때마침 최혜원 교육과장님(교육장으로 퇴직)은 부산 독서교육연수에서 돌아와 독서교육을 어떻게 할 것인지 고민하던 중이었다. 독서 강의를 할 운명인지 교육과장님과 독서 이야기를 하다가 강사로 위촉이 되었다. 강사는 나에게 돌아온 첫 기회여서 무조건 강의를 허락했다. 강의는 인턴 교사 대상으로 자존감을 높이는 강의였다.

그동안 나는 자가용 운전 중 혼자 강의 연습을 꾸준히 하던 터라 강의에는 자신이 있었다. 더구나 이지성의 《꿈꾸는 다락방》 책을 읽고 R=VD를 하고 있던 중이었다. 간절히 원하여 이루어진 강의였다. 인턴 교사들 대상으로 강의를 준비하고 강의 내용을 고민했다. 그러던 와중에 제일 많이 반복해서 읽었고 손이 많이 갔던 책이 생각났다. 《죽음의 수용소에서》와 《논어》, 《펄떡이는 물고기처럼》, 그림책인 《점》이었다. 머릿속에 잠재된 책이 강의 원고의 재료가 되었다. 강의 원고는 '지금의 나', 작가의 꿈이 이루어진 마중물이었다.

한 번의 기회가 주어지자 다음 기회가 오는 것은 쉬웠다. 독서의 보상이 도전의 기회로 이어졌다. 여러 학교 학부모로 구성된 독서동아리 연수를 하게 되었다. 연이어 강의를 10번 했다. 엄마들 앞에서 강의는 내 자신을 들여다보는 성찰의 기회가 되었다. 책을 통해 독서력을 기르고 내공도 더 쌓아 평생학습이 되어야 한다는 것을 깨달았다. 나누어주는 독서를 해야겠다고 생각했다.

이런 강의 경험들은 딸을 위한 독서도 되었지만 나를 위한 독서가 되었다. 독서를 통해 나의 성격, 장점, 단점, 언어, 습관 등도 알아갔다. 내가 변하자 딸도 알아차렸는지 어쩌다 독서를 하지 않은 나를 발견하면 '엄마 얼른 책 읽어요'라고 말했다.

어떨 때는 나의 감정조절과 마음을 다스리라고 독서 치유 처방인 책을 갖다 주었다. 아이와 역할이 뒤바뀌는 신세가 되었다. 딸이 주는 선물은 무조건 책이었다. 딸과 빚어지는 사소한 오해는 책으로 풀어갔다. 결국 엄마독서로 딸에게 보여주는 독서, 내 자신을 위한 독서가 되었다.

"삶을 내 손으로 만들어가면서 아이들이랑 함께 살아가는 것을 원했어요. 그 책은 삶을 디자인해가는 책인데 저는 다른 사람들을 많이 추천해줍니다. 이 책으로 삶을 바꾸게 되었어요. 저의 부모님은 우리 가족이 시골생활을 이해하지 못했지만 모든 것은 완전한 것은 없다고 생각합니다. 지금은 아이와 책도 읽고, 글도 쓰고 새로운 꿈을 위해 준비 중이예요."

위의 글은 윌리엄 코퍼스웨이트의 《핸드메이드 라이프》 책을 통해 삶을 바꾸고 자녀들을 위해 꿈을 만들어가는 봄비 엄마의 이야기다. 엄마는《핸드메이드 라이프》책을 읽고 첫딸이 1학년일 때 면단위 시골로 내려왔다. 유치원생과 초등학생인 자녀들의 교육을 위해서 재봉틀, 호미, 바늘 등으로 자녀들과 같이 만들었다. 도시에서의 꿈꾸었던 상상의 힘이 지금 자녀들과 함께 하는 삶을 만들었다고 했다. 한 권의 책을 소개해주었는데 프레데릭 프랑크의《연필로 명상하기》다. 자신의 변화를 가져온 봄비엄마도 엄마부터 독서였다.

나는 40대 초반, 시력이 안 좋아 라섹 수술을 했는데 그 당시 교장선생님이 광명을 찾았다고 했다. 책도 마찬가지다. 시력이 좋지 않으면 앞에 놓인 사물을 대충 알아맞히는 것처럼 엄마의 독서가 되지 않으면 우리 아이도 대충 알아본다. 엄마라면 책을 통해 자신을 보고 자녀를 보아야 한다. 엄마 자신이 책을 뼛속 깊이 읽고 아이도 읽어야 서로 눈높이를 맞춘 대화를 할 수 있다. 내 아이에게 독서를 강요하는 것은 엄마가 시켜서 하는 독서다. 책을 읽은 엄마가 '엄마 자신'이 프로그램이 되어 아이에게 빛이 되고 엄마만의 언어가 되어야 한다.

아이는 엄마의 이야기에서 삶의 에너지를 받고 어떤 시련도 이겨 나간다. 엄마를 위한 독서를 뒤집어 생각해보면 내 아이를 위한 독서다. 결국 엄마 자신을 위한 독서가 내 아이를 독서하는 아이로 만든다.

내 아이의 인성은
독서습관으로 쌓인다

'역지사지'를 사전에서 찾아보면 '처지를 바꾸어 생각함'이라고 나온다. 나는 그 뜻을 살려 학생독서동아리 모임을 역지사지라고 했다. 다시 말해 역지사지의 나의 큰 목적은 독서를 통해 인성교육을 한다는 데 있었다.

독서동아리 아이들이지만 남 배려를 잘하나 독서습관이 부족한 아이가 있다. 반대로 독서습관이 되어 알아서 책을 읽지만 자기주장이 강하고 독서체험 활동에서 자기 것만 챙겨 배려가 무엇인지 몰라 자기 멋대로 행동하는 아이도 있다.

이처럼 두 부류의 아이들은 어느 한쪽에만 치우쳐 균형있는 독서로 인성교육이 필요했다.

적어도 역지사지 독서동아리라면 이름값도 하고, 다른 반쪽도 채울 각오가 되어야 한다고 생각했다. 그래서 나는 동아리 아이들에게 남과 나를 생각하도록 인문학인 공자의 《논어》를 준비했다. 논어가 초등학생들에게 어렵다고 할지 모르겠지만 실제로 지도하면 아이들은 생각이 많고 이야기도 많았다. 대신 초등학생들을 위해서 한글로 된 논어로 쉽게 접근했다. 독서활동에 맞는 부분과 실천 가능한 부분만 골라 매일 필사, 암송, 이야기 순서로 했다. 우리 선조들이 실천한 공부 방법 중 암송과 반복 독서를 했다.

논어는 공자와 그 제자들의 대화를 기록한 책인데 공자의 언행 중 금언이나 격언을 모아놓았다. 질문에 대답하고 토론한 것이 '논', 제자들에게 전해준 가르침을 '어'라고 한다.

만약 가정에서도 논어로 책 읽기를 한다면 엄마가 공자를 하고 아이가 그 제자를 하여 묻고 답하는 재미도 만들 수 있다. 질문과 답을 주고받다보면 그 과정에서 생각이 깊어지고 소통의 길을 찾는다. 아이들이 논어의 진리를 못 찾는다고 해도 이미 습득된 것들이 뇌 속에 축적되어 생활 속의 대화나 행동으로 나올 수는 있다.

가령 초등학교 시절 선생님이 강조하고 반복해서 말한 이야기들이 세월이 지나 그 선생님이 왜 그 말을 강조하고 중요하다고 했는지 알 것이다. 그래서 아웃풋의 효과는 당장 눈에 보이지 않지만 잠재된 의식이 드러날 때는 인성교육이 필요한 것이다. 기다리고 준비하면 된다.

역지사지 학생 동아리 아이들은 논어에서 하나의 장편을 한 번, 두 번 읽을 때마다 서로 암송의 소리를 맞추어 갔다. 아이들은 시를 읽고 음악의 리듬을 타는 것과 같이 즐겁게 했다.

모임을 할 때마다 아이들은 "배우고 때때로 그것을 익히면 이 또한 기쁘지 않은가?"였다. 아이들 덕분에 동아리를 끌어가는 교사인 나 또한 배움의 자리가 되었다. 가르치면서 배웠다. 우리가 모인 자리에 학교 청소하시는 여사님도 동참한 적이 있었다. 청소를 다 끝마치는 시간에 들어오셔서 잠시 옛것을 공부하는 마음으로 참여했다.

논어는 초등학생부터 나이 드신 어른까지 배울 수 있어 좋다. 아이들이나 어른들에게 평생 학습이면서 자기계발이고 인성교육이 되기 때문이다. 그동안 동아리 활동으로 논어를 쓴 소감을 보면 인성이 있는 독서습관이 잡힌 것을 알 수 있다.

4학년 태영이의 소감

오늘 논어에서 배운 것은 '남이 나를 알아주지 않은 것을 걱정하지 말고 자신이 남을 알아주지 않은 것을 걱정하라'를 배웠다. 이 뜻은 남이 나를 알아주지 않는 것을 화내지 말고 남한테 내가 알아주지 않는가? 즉 자신을 되돌아보고 배려하라는 뜻인 것 같다. 이 논어의 글처럼 동생을 알아주고 나를 알아주지 않는 것을 걱정하지 말아야겠다. 논어는 나에게 좋은 지식을 주는 것이라 할 수 있다. 논어를 이야기할 때 생각하고 느끼고 그런 것을 말로 하니 논어는 참 좋은 책이다.

5학년 보영이의 소감

역사독서동아리 4학년 동생들과 5학년 친구들과 함께 논어를 시작했다. 논어를 읽고 필사하기, 배운 내용에 대해 각자 자기 경험을 이야기로 주고받으니 왠지 내가 공자의 제자가 된 느낌이 들어 기분이 좋았다. 공자의 말씀대로 올바른 사람이 되고자 실천하겠다. 오늘 신중하게 생각하여 말하는 것이 잘 안 되었다. 앞으로도 후배들과 역지사지가 되기 위해 열심히 배워야겠다. 꾸준히 활동한 독서동아리 모임으로 나와 남을 보는 눈이 생겼다. 책을 통해 자신을 알아가는 힘이 길러졌다. 동아리 활동의 잦은 모임은 나와

남이 보였다. 매일 동아리 아이들끼리 이야기하다보니 의사소통도
되고 공감대가 생겼다.

4학년 남자 아이들 일기장에서 아이들끼리 밤에 만난다는 글을
읽었다. 그렇게 자주 만나 친구들 집을 오갔다. 그러던 어느 날, 영
준이가 태영이 집에 하룻밤을 지내고 아침에 오는 길에 자전거 사
고가 났다. 자전거를 타면서 한 손에는 베개를, 다른 손에는 핸들
을 쥐었는데 코너를 도는 곳에서 베개를 떨어뜨렸다. 자전거를 탄
채로 베개를 집다가 몸의 균형을 잃고 넘어지면서 머리를 다쳤다.
　영준이는 병원에 입원하여 학교에 오지 못했다. 동아리 아이들
은 병원에 문병 가자고 의견을 냈다. 병문안 위로 편지까지 준비
했다.
　병원에 들어서자마자 남자 아이들끼리는 서로 인사를 나누었지
만 같이 간 여자 아이는 왠지 쑥스러워 말을 못 꺼냈다. 그날 자연
이의 병문안 목적은 같은 반 친구이니까 환자에게 예의로 찾아왔
었다. 자연이는 영준이와 자주 이야기한 적이 없어 영준이를 짜증
을 많이 내는 아이로 머릿속에 그려왔다.
　그런데 영준이가 반가운 얼굴로 밝게 웃었다. 학교에서 한 번도
보지 못한 얼굴이었다. 논어 첫 장, 학이 편으로 '벗이 있어 먼 곳에
서 찾아오면 이 또한 즐겁지 않은가?' 문장과 같이 반갑게 맞이했
다. 친구의 밝은 모습을 본 자연이는 "선생님, 저는 영준이를 다시
보게 되었어요. 내가 생각한 영준이가 아니에요."라고 말했다. 이번
병문안으로 매일 학교에서만 보았던 친구를 새로운 모습으로 보게

되었다.

병원이라는 특별한 장소에서 '새로움을 보여준 친구'로 변해 있었다. 동아리 활동에서 배운 논어가 실생활에 적용이 되어 친구를 다른 시각으로 알게 되었다.

2학년 아이들이 도서관에서 빌려온 엘리자베트 뒤발의《현상수배 글 읽는 늑대》를 읽어주었다. 읽어준 그림책에 대한 소감을 쓰게 했다. 우연이의 독서 소감 글을 보니 늑대를 교육시켜야겠다고 썼다. 나는 "왜 늑대를 교육시켜야 한다고 썼니?"라고 물었다. "늑대가 양선생님을 꿀꺽 했어요. 양을 잡아먹지 말아야 하는데 먹었어요"라고 했다. 늑대가 글을 열심히 공부하는 것도 좋지만 늑대의 마음이 중요하다는 것을 말했다.

책은 저자가 전달하고자 하는 메시지가 들어 있다. 2학년 우연이가 양 잡아먹는 장면에서 늑대의 잘못을 지적했듯이 저자의 메시지를 알아차렸다. 책을 통해 남에게 어떻게 해야 하는지를 아는 것만 해도 인성교육이 된다. 그래서 독서는 자연스러운 간접경험으로 인성지도를 할 수 있다.

그림책을 연구하는 교사들은 그림책을 주제별로 나누어 책을 안내하기도 한다. 예를 들어 그림책을 교육 측면에서 주제별로 나누면 학교폭력예방, 다문화, 사랑, 진로, 인권, 양성평등, 자살예방 등으로 나눌 수 있다.

독서동아리 아이들에게 엄마의 고마움과 양성평등, 공동체 등을 생각하게 하는 앤서니 브라운의 《돼지책》을 읽어주었다. 그림 책을 읽어주자마자 아이들은 그 전에 미처 발견을 못한 돼지의 숨은 그림을 찾고 기뻐했다.《돼지책》배경 그림에 온통 돼지 그림이 있다는 재발견에 대한 기쁨이었다. 그 순간 아이들은 너도 나도 숨은 그림책 찾기 놀이가 되었다. 《돼지책》을 다시 보고 반복해서 보았다. 아이들 스스로 《돼지책》을 읽었지만 특히 선생님이 읽어준 책이라면 새롭게 보는 책으로 변했다. 역지사지동아리는《돼지책》한 권으로 많은 이야기를 나누었다. 무조건 남의 입장만 가르치는 일방적인 말보다는《돼지책》으로 얼마든지 인성지도가 된다.

아침 독서시간, 전교생에게 하세가와 요시후이의 《내가 라면을 먹을 때》그림책을 읽어주었다. 그림책에 나오는 등장인물은 가난하고 고통받는 아이들이다. 매년 아이들에게 읽어줄 때마다 동정심과 봉사정신을 불러일으킨다. 그래서 인성지도에 좋은 책이다.

그림책의 장면 중 한 아이가 사막에 쓰러져 있는 장면에서는 아이들 모두 불쌍한 아이에게 집중하면서 숨을 멈춘다.《내가 라면을 먹을 때》의 마지막 장면의 주인공의 모습을 보면 누구나 공감대가 형성된다.

어떤 아이는 독서 몰입이 잘 되어 "얼른 일어나 걸었으면 좋겠어요" 말하면서 슬프다고 했다. 당장에 "주인공을 돕고 싶어요" 하면서 좋은 아이디어를 내는 아이도 있었다. 저금통을 만들어 불우이웃돕기를 하자고 의견을 냈다. 누구를 돕자고 말한 적도 없는데 책을 통해 도와야 한다고 했다.

나는 아이들의 따뜻한 마음에 감동받아 독서체험 활동으로 돼지저금통을 샀다. 전교생에게 돼지저금통을 하나씩 나누어주었다. 돼지저금통 겉면에 꿈을 그리고 가져올 날짜를 쓰게 했다. 저금통이 채워지면 11월 아나바다장터 행사에 가지고 오기로 결정했다.

아이들은 행사가 있는 날에 잊지 않고 저금통을 가지고 왔다. 몇 개월 동안 모은 용돈이 불우이웃돕기가 되었다. 남을 위하는 마음은 책을 통해 실천이 가능하다는 것을 보여주었다.

19세기 독일의 유명한 칼 비테는 《칼 비테의 자녀교육법》에서 "독서와 노동은 아이의 문제점을 고치는 데 도움이 된다. 책 속의 지식과 이치는 아이를 좋은 길로 인도하고 노동은 모든 것에 대한 소중함을 일깨워준다. 그래서 독서와 부지런히 일하는 습관이 있으면 좋은 방향으로 발전해 교양 있는 사람이 된다"고 말했다.

책은 아이들을 가르치는 데 올바른 생활 지침서가 되고, 올바른 생각과 행동을 하게 한다. 따라서 독서습관이 생기면 인성은 자연히 만들어진다. 책 속의 좋은 글귀가 생각이 되고 행동을 만든다. 특히 칼 비테처럼 내 아이 인성은 독서습관으로 쌓인다.

04

내 아이의 집중력은
독서습관으로 길러진다

아이들에게 그림책을 읽어주다 보면 교사와 아이가 서로 눈빛으로 상호작용을 한다. 그럴 때 아이들의 태도가 보인다. 독서습관이 잡히지 않은 아이는 책에 집중하는 것이 아니라 귀로 듣지 않고 눈으로 상관도 없는 것들을 찾아내고 있다. 그다음 행동은 책상 위에 엎드리거나 옆 사람과 이야기를 한다. 귀로 듣는 자체가 괴로우면 몸을 뒤척이고 앞뒤로 고개를 돌리고 선생님을 억지로 쳐다본다. 더 참지 못하면 장난으로 이어져 주변 친구에게 시비를 건다. 집중을 못 해서 안 듣는 것이 아니라 듣지 않아서 집중을 못하고 있다. 이처럼 독서습관이 길러졌느냐 길러지지 않았느냐에 따라 집중력은 좌우된다.

지원이 엄마는 학부모 독서동아리 활동 모임에 빠진 적이 없었다. 엄마들이 돌려쓰는 '긍정의 바이러스' 일기는 항상 정성스럽게 써서 아이 편에 보냈다. 긍정의 바이러스 글을 읽어보면 엄마의 글이 달라지고 있음을 알 수 있으며, 동아리 중 성실한 엄마였다. 그만큼 믿음이 갔다.

하루는 지원이 엄마가 7월에 있을 전국 독서토론대회에 지원이를 참가시킨다고 연락을 했다. 엄마의 적극적인 참여 의사가 분명하고 진지하여 독서토론대회 준비할 것을 약속했다.

나는 지원이에게 독서토론대회 대상 도서를 읽게 하고 논술 쓰기를 지도했다. 엄마가 집에서 지원이에게 할 수 있는 엄마표 독서토론 지도방법을 코칭해주었다. 가정에서도 지도하여 아이가 독서습관부터 기르게 했다. 지원이가 독서습관이 길러져야 대회에 나가서도 집중할 수 있었다. 엄마가 가정에서 딸에게 독서코칭한 사례를 말해주면 그것에 따라 엄마표 독서코칭에 피드백을 주었다. 그야말로 학교와 가정에서 서로 공통적으로 알아야 할 것은 서로 공유해나갔다. 그렇게 되자 지원이는 틈틈이 나를 찾아와 독서토론을 배웠다.

여름방학 전, 지원이는 예선에 통과하여 전국 본선대회인 이야기식 토론대회에 참가했다. 이야기식 토론대회 결과 비록 등위에 들지 않았다. 하지만 지원이는 이야기식 토론을 하는 중에 반전을 했더니 다른 아이들이 달려들어 이야깃거리가 풍부해졌다고 했다. 지원이의 반전이 토론에 참석한 아이들에게 토론기회를 주었다는 것이 신기했는지 반전 성공담을 부모, 친척, 친구에게 말했다. 현장에 참가한 독서대회 경험을 무척 대단하고 자랑스럽게 여겼다.

그런데 2학기가 되자 지원이는 독서지도 받으러 오는 날이 뜸해지기 시작했다. 나는 지원이가 처음 참가한 대회에 부담감과 힘들었던 첫 경험은 이해했다. 토론준비를 위한 독서를 집중적으로 했지만 아이의 독서습관은 다시 생각해볼 일이었다. 독서토론 준비기간이 더 필요했다. 독서대회 행사가 끝나고 알았다. 지원이의 독서습관은 대회 준비를 위한 집중 독서활동인 것을. 하여간 결국 독서습관으로 길러진 대회는 아니었다. 독서습관으로 집중력이 길러진 아이는 나를 찾아오게 되어 있다. 하지만 독서습관이 되는 단계에서 집중력의 경지에 이르지 못하면 결국 독서습관 기르기는 원점으로 돌아가고 만다. 독서습관은 아이가 집중력이 있느냐 없느냐에 따라 판단이 되는 것이다.

전담교사였던 나는 과학시간에 과학관련 책을 읽으면서 토론의 시간을 주었다. 그리고 쉬는 시간에 아이들에게 자신의 독서 집중력에 대해 물었다. "내가 집중해서 책을 읽을 때 우리 엄마는 어떻게 하시는지 말해보자"고 했다.

그랬더니 지원이는 자신의 경험이 있는지 나의 물음을 신이 나서 제일 먼저 말했다. 지원이는 공부방에서 책 읽을 때 엄마가 동시에 3가지 일을 시킨다고 했다. 그러면서 3가지를 설명했다.

"책을 읽었으면 책을 정리하라."
"정리를 다했으면 물을 마셔라."
"어떨 때는 책을 읽으면 착하다고 해요."

지원이 말은 엄마가 아이의 집중력을 분산시키는 결과를 보여주었다. 지원이가 책을 집중하여 읽고 있는데 엄마는 다음 행동을 계속 말했다. 지원엄마가 바쁘면 아이가 책을 집중적으로 읽는 것에 보는 것이 아니라 오로지 엄마가 보고 싶은 대로 아이를 본 것이다.

한참 관심 있게 책에 집중하여 읽고 있는 아이에게 엄마의 심부름은 아이의 독서의 흥미를 떨어뜨리는 원인이 되었다. 아이가 책을 읽고 있는 경우에서는 모르는 척하고 뒤로 물러났다가 책을 다 읽었으면 칭찬하는 것이 책에 집중하는 아이를 돕는 것이다. 아이에게 말로 하는 독서코칭도 있지만 책에 집중하고 있는 아이에게는 말이 필요 없는 무언도 최고다.

아이가 다 읽기를 기다리는 것이 현명한 엄마다. 내 감정을 드러내어 아이에게 부정적인 이미지가 떠오르게 하는 것은 역효과를 낸다. 이럴 때 엄마의 감정조절도 필요하며 조심해야 한다.

지원이가 보았던 엄마의 이미지를 보여준 것이 아니고 엄마의 성급한 모습을 보여주었다. 동시다발적으로 일을 시킨 지원이 엄마는 사실 독서하는 아이를 싫어하실 분이 아니다. 아이를 위해 상담을 하거나 이야기를 자주 정도로 아이에게 관심이 많은 엄마이기 때문이다. 엄마가 집안일로 바쁘다보니 처음부터 아이를 살펴보지 않아 오해가 생긴 것이다. 아무튼 아이는 독서토론에 대한 배움이 멈춘 것은 무슨 이유가 있었다.

독서동아리 모임이 있는 날, 나는 엄마에게 지원이가 말한 내용을 물어보기로 했다. 딸에 대한 육아에 관심이 많은 엄마에게 제대로 내 아이를 다시 보도록 물어보았다. "아이가 책을 읽을 때 동시에 3가지 일을 시키신다고 하는데 맞나요?"라고 물었다. 그랬더니 엄마는 아이 독서지도에 잘못한 것을 인지하고는 바로 수긍을 했다. "아이가 책 한 권을 읽으면 만화책을 보고 있어요. 공부를 하거나 아이 수준에 맞는 책 읽기를 강요하다보니 여러 말을 동시에

했어요. 아이가 느린 행동에 혼낸 적이 있는데 늦은 행동에 말을 한 것이 아이에게는 상처가 되었네요." 엄마는 아이에게 잔소리해 봤자 아무 소용이 없다는 것을 알고는 있다. 그냥 엄마가 아이를 향해 말했다고 했다. 적절한 말을 아이에게 해주어야 하는데 엄마가 늘 생각하고 말한 것들이 먼저 나왔다.

어디 그뿐인가. 아이 말 들어주기가 먼저인데 방바닥에 물건을 어질러놓은 것을 보고 버럭 화를 냈다고 했다. 아이가 책을 읽고 집중하는 모습을 본 순간에 칭찬해주어야 하는데 그러지 못했다. 뒤늦게 깨달은 엄마의 행동은 아이의 독서습관을 길러나가는 데 방해자였다.

독서습관으로 집중력이 생긴 아이는 마치 최면 상태처럼 몰입되었을 때다. 엄마의 눈에 보이는 순간, 내 아이의 모습이 전부인 것처럼 보였다. 엄마 자신도 독서습관에 빠져보아야 내 아이를 이해한다. 가장 좋은 독서습관 기르기는 엄마와 아이가 함께 읽고 집중하는 것이다. 그래야 서로의 입장을 안다.

동아리 엄마들에게 '우리 아이 지금 얼마나 알고 있나?'에 대해 이야기를 나누고 글로 써보라고 했다. 엄마들이 '아이에 대해 잘 모른다'라는 것이 제일 먼저 나왔다. 우리 아이에 대해 오랜만에 적는 글이라 그런지 마인드맵으로 생각을 적어나가는 엄마도 있었다. 마인드맵을 쓴 엄마의 소감 글을 소개하자면 다음과 같다.

"내가 모르는 아이의 모습을 알았고, 아이가 마냥 어린아이로 보여 잔소리 대상이 되었다. 아이가 하는 것을 기다리지 못하고 그저 빠르게 다음 코스로 엄마의 말과 자세가 문제였다. 엄마가 바쁘다고 다그치고 해내길 바라는 것부터 고쳐야 할 것이다. 오히려 엄마의 사랑이 좋은 쪽이 아닌 역효과를 낸 것 같다. 아이가 의심을 받으면 병적으로 싫어하는 기질을 알면서도 아이에게 스트레스를 주었다. '세상에 잘못된 아이는 없다. 다만 잘못하는 부모가 있다'는 말이 새삼 나를 두고 하는 말임을 느낀다."

지금 하는 13세 전 엄마 독서육아가 중요하다는 것은 엄마들도 다 아는 사실이다. 하지만 아이가 독서에 집중할 수 있도록 독서 분위기를 만들어주었고, 긍정적인 마인드로 내 아이를 보았는지가 중요하다. 그리고 엄마도 책을 읽어야 한다는 것은 잊어버리면 안 된다. 엄마의 독서경험이 있어야 내 아이를 안다. 이해할 수 있다.

며칠 뒤, 쉬는 시간에 지원이가 나타났다. 자기도 독서토론논술을 다시 하겠다고 찾아왔다. 나는 어떻게 다시 왔냐고 물었더니 "토론대회 때 읽었던 책을 다시 읽어보고 글을 썼더니 글이 술술 풀렸어요"라고 했다. 정말 자기를 인정한다는 듯 웃으며 이야기를 했다.

나는 지원이가 써온 공책을 보고 저번보다 글이 엄청 좋아졌다고 칭찬을 했다. 엄마에게 전화를 하여 아이가 달라진 점도 칭찬했다. 다시 독서토론논술을 쓰고 독서습관으로 이어지게 한 엄마표 비법이 무엇인지 물어보았다.

그랬더니 엄마가 "책 좀 읽어볼래"를 부드러운 말로 해서 아이가 책을 읽고 논술을 썼다는 것이다. 엄마의 육아비법은 부드러움과 친절, 관심이 답이었다. 잔소리는 없었다. 엄마의 말과 태도로 독서의 힘을 다시 찾은 지원이는 집에서 엄마와 자신의 시간활용을 계획했다.

"책 읽는 시간 5, 스마트폰 2, 텔레비전 3이다."

그것은 자기 생활을 10으로 나누어 각각 집중하는 시간으로 정했다. 지원이는 자기 스스로 정한 시간이기 때문에 세 가지는 꼭 지킨다고 했다.

지원이는 그동안 독서습관이 생겼기때문에 자신에게 집중할 시간을 계획한 것이다. 결국 엄마가 아이에게 독서습관을 길러주는 데 큰 힘이 되어주었다. 아이가 독서습관이 생기고 집중할 때가 올 때까지는 엄마의 인내심은 필요하다.

에밀 쿠에의 자기암시
효과와 같은 독서의 힘

엄마들과 상담하다보면 대부분 자녀의 장점보다는 단점에 집중하고 부정적인 암시를 하는 경우가 있다. 독서육아의 한 예를 들자면 "우리 아이가 책을 안 읽을 거예요", "글쓰기는 하지 않을 거예요", "아침에 일찍 독서토론에 못 데려다줄 것 같아요", "책을 읽는데 끝까지 읽지 않아요"라고 암시한다. 미리 부정적인 암시를 앞세워 마음의 위안을 삼는다.

하지만 엄마가 암시한 말들이 내 아이가 독서에 대한 흥미를 잃어가는 원인이라는 것을 모르고 있다. 독서가 좋다는 것을 알면서도 방법을 찾는 것이 아니라 단점만 찾으려고 한다.

어떨 때는 엄마가 아이에 대한 걱정을 확장시켜 내 아이에게 불평을 돌리는 경우를 보았다. 결국 엄마와 학습 상담, 진로 상담, 친구 상담 등을 해보면 미리 앞선 부정적인 걱정으로 부정적인 암시 상태가 되어 있었다.

지금도 딸에게 부정적인 암시를 준 경험이 기억난다. 딸이 중학교 올라가면서 바이올린 연주를 그만두었다. 초등학교 때는 바이올린을 열심히 배웠고, 가르치시는 선생님을 잘 따랐다. 학교축제 발표회를 준비하는 동안에 새로운 바이올린 발표를 위해 아이디어도 제시했었다. 그만큼 바이올린 연주에 관심도 많았다. 키가 클 때마다 바이올린 크기도 달라졌다.

중학생의 키에 맞추어 바이올린 크기도 바뀌니까 손에 힘을 주는 과정에서 수시로 줄이 끊어졌다. 나는 딸과 바이올린 악기사에 가서 줄을 갈아 끼우며 줄이 망가진 것만 말했다. '나는 조심해서 다루어라'는 말로 악기에만 신경 썼다. 그 과정을 보는 딸의 감정을 읽어야 하는데 그러질 못했다. 딸에게 잔소리요, 부정적인 암시였다.

중학생이 되고 사춘기가 시작되자 바이올린 연주를 할 때마다 부정적인 암시가 떠오르는지 더 이상 하지 않았다. 결국 딸은 중학교 때부터 바이올린 연주를 하지 않겠다고 선포했다. 나는 딸이 바이올린 연주하기를 기다렸지만 딸의 마음을 움직이지 못했다. 바이올린은 집안의 장식품으로 모시고 있다. 딸의 바이올린 연주는 초등학교에서 멈춘 상태가 되었다.

돌이켜보면, 나는 딸에게 악기 연주를 부정적인 암시만 주었지 '날마다 잘할 수 있다'는 긍정적인 암시는 주지 못했다. 아이 스스로 자기가 연주를 잘한다는 마음도 못 가진 채 부정적인 생각만 키웠다. 결국 엄마의 잔소리가 긍정적인 자기암시가 되지 않고 자기부정이 되었다. 그 당시 내가 자기암시 관련된 책을 읽고 실천을 했더라면 그렇게 되지는 않았을 것이다. 아이의 마음을 움직이는 것에는 공부를 하지 않았다.

아이들이 배우는 과정에서 엄마의 잔소리나 염려는 하등에 도움이 되지 않는다. 잘 되라고 말하는 엄마의 심정은 가슴에 담겨있지만 아이가 원하는 언어에는 도움이 되지 않는다. 버스가 지나간 다음 놓친 버스의 뒷모습만 보는 격으로 후회만 생긴다. 딸에게 필요한 말을 시기적절하게 해주어야 하는데 나는 그러질 못했다. 자기암시에 대한 무지로 결과를 만들었다. 만약 초등학생인 엄마가 나의 사례처럼 하고 있다면 배움의 흥미를 잃어버릴 것을 대비해야 한다. 나는 내 아이가 고등학교 다니는 성장과정 중에도 딸에게 부정적인 사고를 물려주지 않기 위해 자기암시 관련 책을 많이 읽었다. 그리고 긍정적인 사고, 긍정적인 잠재의식을 갖기 위해 다음과 같이 했다.

나는 자기암시와 관련된 책을 읽고, 자기암시 문장을 종이 위에 쓰기 시작했다. 냉장고 문, 창문, 아이 방 등 여러 개를 붙여놓고 내면 깊숙이 자기암시가 뿌리내리도록 읽고 보고 했다.

차 안에도 글을 쓴 종이쪽지를 보고 출근과 퇴근을 했다. 수첩을 펼치면 자기암시 글이 보이도록 글을 써두었다. 그렇게 장시간 자기암시 글 읽기에 투자하다보니 쓸데없는 부정적인 생각들이 머리에서 빠져나갔다. 긍정적인 마인드를 갖고 자기암시 강화를 위해 갖고 싶고, 가고 싶고, 되고 싶은 사람 등 꿈을 이루기 위한 꿈 노트를 적었다.

지금도 딸에게 긍정적인 자기암시의 자양분을 만들어 일상생활에 활용하도록 노력하고 있다. 평생 사용할 자기암시로 말이다.

학부모 독서동아리 모임 날, 엄마들에게 프랑스의 약사이자 심리치료사인 에밀 쿠에의 《자기암시》 책을 나누어주었다. 그리고 긍정적인 생각을 할 수 있다는 동기부여의 시간을 가졌으며, '자기암시를 자녀와 가족에게 활용하라'고 했다. 집에서 써온 자기암시 문장을 엄마들에게 나누어주었다. '나는 날마다 모든 면에서 점점 나아지고 있다'는 문구를 시각화하라고 했다.

다음 날, 인진이 엄마는 돌려쓰는 〈긍정의 바이러스 일기〉에다 자기암시 활용에 대한 글을 써서 아이 편에 보냈다. 인진이 엄마는 자기암시 문장을 눈에 잘 띄는 냉장고문에 붙여 온 가족과 다 함께 본다고 했다. 가족들이 가장 많이 찾는 냉장고문에 자기암시 카드를 붙였다. 막내아들 유치원생은 엄마에게 자기암시 글이 뭐냐고 물었다. 엄마는 "이 문구는 주문을 외우는 글이야"라고 이해가 되도록 아이 수준에 맞게 말했다. 온 가족이 자기암시 주문을 외웠다. 주문결과, 겨울에 큰 학원을 차렸다. 엄마도 아빠 따라 바빠진 일을 거들면서 인성에 관한 자격증도 땄다고 했다. 인진이네는 자기암시로 꿈을 이루었다. 평소에도 꿈을 생각했지만 자기암시로 큰 학원을 차리게 되어 엄마도 놀랐다.

내가 어떤 자기암시를 하느냐에 따라 그 암시대로 살아간다. 자기 입으로 말하고 그 말에 따라 움직인다. '점점 나아지고 있다'고

자기암시를 매일 매순간 반복하다보면 긍정적인 자기암시로 채워진다. 자기암시대로 성과가 나온다. 자업자득이나 마찬가지다.

특히 13세 전 엄마들이 쓰는 언어는 아이에게 부정적과 긍정적인 자기암시를 준다. 어떤 암시에 따라 아이의 생각을 낳게 하는 동시에 마음가짐이 만들어진다. 내 아이를 위해 좋은 말, 잘 되라는 말을 했다고 말하지만 "그 말이 그렇게 당장 어떻게 고쳐지나요?"라고 반문할 수도 있다. 하지만 긍정적인 자기암시에 초점을 맞추기 위해 노력한다면 자기암시는 긍정적이 될 수밖에 없다. 말이 주는 힘은 끌어당기고 머릿속에서 떠나질 않기 때문이다. 그래서 내 아이에게 긍정적인 자기암시는 언어가 되고 생각이 된다. 행동으로 옮기기 위해 도전하게 된다.

긍정적인 자기암시에 집중하자. 그리고 종이에 크게 써서 벽에 붙여놓자. 시각도 긍정으로 바꾸어놓을 수 있으니 말이다. 잠재의식을 높여주는 독서를 하면 언어도 달라지고 교훈을 얻어 지혜롭게 행동한다. 믿고 그냥 따라해보자. 시간이 약이다. 내가 말하는 대로 된다.

유재석과 이적의 노래 〈말하는 대로〉는 자기암시를 말해준다. 말이 씨가 된다는 말은 수없이 들어봤을 것이다. 우리 엄마들은 씨라는 말보다 자기암시라는 말로 바꾸어 다음과 같이 반복해서 읽어보자.

"너의 꿈도 점점 이루어질 수 있어."
"꿈도 점점 많아질 수 있단다."
"점점 그림도 나아지고 미술선생님이 될 수 있어."
"친구와도 사이가 점점 좋아지고 잘 지낼 수 있어."
"악기도 점점 잘 다루고 노래도 잘 부를 수 있어."

안데르센의《완두콩 다섯 알》동화에서 다섯 알의 완두콩을 고무총으로 날려 보내면서 하는 말이 말대로 되는 이야기가 있다. 또 샤를 페로의 동화《요정들》에서 말을 할 때마다 다이아몬드가 나오고 흉측한 두꺼비나 뱀이 나온다.

어렸을 때 읽어준 동화이야기지만 말에 대한 교훈이 담아 있다. 자기가 말하는 대로 된다는 이야기다.

"나는 독특하고 똑똑하며 건강하고 존경받는 사람이 된다."
"나는 작가다. 베스트셀러 작가다. 전국 강연계의 1인자다."

이렇게 하면 이미 이루어지고 있거나 긍정적으로 내면이 강해진다. 의식이 변화된다. 자기암시는 꿈이 이루어지는 과정이다. 꿈보다는 해몽인 것처럼 내가 어떻게 해석하느냐에 따라 좋은 꿈이 된다. 아이가 공부하거나 친구들과 어울릴 때 어떻게 받아들이고 해석하느냐에 따라 뒤에 오는 효과도 달라진다.

내 아이에게 늘 자기암시의 효과를 불러일으키도록 동기부여해 주자. 아이의 사고를 긍정적인 마인드로 바뀌도록 계속 긍정의 부채질을 하자.

오늘부터 엄마도 긍정적인 마인드로 자기암시 글을 차 앞, 집 안에서 자주 접하는 곳에 붙이고 눈으로 보고 따라 읽자. 건강, 자녀교육, 돈, 인간관계 등에도 적용해보자.

그것이 엄마가 달라지고 아이도 달라지게 한다. 지금 당장 실천한다면 자기암시 효과를 얻을 수 있다. 제일 중요한 것은 신념은 있어야 한다.

나는 작가가 되기로 매일 '나는 작가다' 라고 이미 작가가 된 것처럼 암시했다. 그 결과 6개월로 작가가 되었다. 다른 작가들과 나보다 나은 사람들, 다양한 층의 사람들도 만나 나의 사고도 열리게 되었다. 그들처럼 행동하고 사고하는 것이 나를 다르게 했다. 나보다 나은 사람은 보기만 해도 자기암시 효과를 가지고 온다.

원주에서 2월 봄방학 때 열린 창의인문이야기학교가 초, 중등학생 대상으로 진행되었다. 그곳에서는 꿈, 진로, 한글의 중요성 등과 관련된 독서강의와 독서토론을 했다. 이 행사에 참석한 아이들은 남들이 쉬고 있을 때 독서행사에 참가한 셈이다.

내 아이의 잠재의식을 높여주면서 자기암시의 효과를 주는 행사라면 무조건 참석하자. 그 장소에는 자기암시의 효과를 주는 사람이 있다. 나를 도와줄 사람 말이다. 내 아이가 보다 더 나은 아이를 만난다. 계속해서 긍정적인 자기암시를 하다보면 무의식에서 현실로 이루어진다.

독서의 아웃풋
효과를 기억하라

초등학교 시절을 통틀어 책다운 책을 읽었던 경험
은 4학년 때였다. 뒷좌석에 앉은 친구가 집에서 안데르센의 《미운
오리새끼》를 가지고 왔다.

지금 생각해보니 애니메이션 책이었다. 그래도 컬러 그림과 글
이 들어 있어 당시에는 마법같이 신기한 책으로 보였다. 처음 읽는
《미운오리새끼》 책은 눈으로 복사하다시피 반복해서 읽었다. 책을
읽고 한동안 물 위에 떠 있는 오리 장면이 머리에서 떠나질 않았다.
미운오리새끼가 다른 오리들로부터 괴롭힘을 당한 장면은 왠지 마
음 한구석이 편하지 않았다.

그 기억 때문에 미운오리새끼 책이 더 추억으로 남아 있다. 《미
운오리새끼》 책은 나의 초등학교 시절 첫 책의 만남이자 첫 독서
인풋이었다.

중학교 1학년 때였다. 윤평애 국어선생님의 독서지도는 내 기억 속
에 언제나 생생하다. 국어선생님은 독서미션으로 중학생들에게 독서

의 경험을 하게 했다. 가끔 중학교 동문들을 만나게 되면 누구나 국어 선생님의 수업시간을 좋게 말할 만큼 훌륭한 선생님으로 기억했다.

국어선생님은 우리에게 이광수의 《흙》, 심훈의 《상록수》를 읽고 오라고 숙제를 내주었다. 중학교 시절에는 동네에 서점이 없어 버스로 30분, 걸어서는 1시간이 되는 거리로 찾아가야 했다. 당연히 해야 하는 선생님의 숙제였지만 지금은 여러 단계를 거쳐 독서할 만큼 독서미션과 같은 일이었다. 나는 집에서 1시간을 걸어 중앙시장을 헤매다가 겨우 서점을 찾아 책을 샀다. 처음으로 내 손으로 산 소설책이었다.

초등학교 시절의 연령별 독서단계에 맞는 독서의 경험도 없이 곧바로 소설을 읽기 시작했다. 그야말로 학년별, 연령별, 단계별 독서를 뛰어넘는 낙하산 독서였다.

지금 아이들이 연령별이나 시간을 고려한 책 읽는 순서, 즉 그림책-동화책-어린이 소설책, 이런 단계를 거치는 순서가 아니라 몇 단계를 뛰어넘는 독서였다. 그러니 내가 처음 읽는 소설은 읽는 속도가 느렸고 이해가 안 되는 문장과 어려운 낱말 등이 있어 이해력이 부족했다. 궁리 끝에 내 방식대로 소설의 내용을 추측하고 상상해나갔다. 시대배경도 같은 시대가 아니고 배경과 맞지 않아 어려운 것은 패스했다. 혼자 상상하고 해석하고 책의 즐거움을 찾고자 노력했다. 누구랑 동아리를 한 것도 아니고 혼자 책 세계에 빠진 독서였다.

아직도 중학교 때 읽은 책의 줄거리가 부분부분 기억이 난다. 선생님의 생생한 목소리와 우리에게 책을 읽게 하려는 의지는 지금도 눈에 선하다. 선생님의 열정으로 중학교 때 처음 가져본 소설책을 통해 독서라는 인풋을 경험했다.

그것은 책을 읽게 한 동기부여였으며, 독서할 용기, 글을 쓰게 한 독서 아웃풋이자 첫 마중물이 되었다.

책 읽기에서 국어선생님의 독서미션은 끝나지 않았다. 다음 타자가 기다리고 있었다. 독서미션으로 200자 원고지 200장에다 내 주변의 이야기를 주제로 삼아 소설을 써오라고 했다.

내 생애 처음 아웃풋 숙제였다. 원고지 작성은 처음 겪는 일이라 원고지를 보기만 해도 언제 끝날지 모르는 두툼한 원고지였다. 나는 원고지 쓰기와 마라톤을 할 정도로 생전 처음 하는 마라톤 경주를 했다. 나의 글쓰기 마라톤은 아웃풋으로 가는 길이 멀기만 했다. 원고지의 내용은 나와 관련된 가족들의 이야기로 써 내려갔다. 글을 쓰다가 막히면 담벼락에서 엄마와 옆집 엄마가 주고받는 이야기를 떠올려 글을 이어나갔다.

그때는 글쓰기를 위한 인터뷰도 없었고 오로지 주변 이야기에서 주워들은 것에 의지했다. 글을 썼지만 원고지는 채워지지 않았다. 그리고, 그래서, 그러나 접속어만 늘어갔다. 하지만 글을 무조건 닥치고 쓰다 보니 원고지 200장 첫 소설이 완성되었다. 마라톤의 결승점까지 간 아웃풋의 완성은 해방이자 성공의 기쁨이었다. 원고지 쓰기가 힘들었던 만큼 원고지를 제출한 우리는 선생님의 인정과 칭찬을 기다렸다.

드디어 선생님은 우리 반 아이들에게

"글은 자기가 살고 있는 배경을 중심으로 씁니다."

200장이라는 분량을 썼다는 힘든 경험의 보상으로 잔뜩 칭찬을 기대했는데 선생님은 글쓰기의 배경만 말했다. 나의 아웃풋 자축도 무산되었지만 나는 선생님의 말을 인정했다. 선생님은 우리의 몸으로 독서를 하게 했으며, 독서경험한 우리에게 평생 가져갈 명언을 말했다. 내가 생각해도 원고지 내용에 나오는 등장인물은 주로 나와 가족, 그리고 이웃이었다. 선생님의 말이 맞았다. 나는 경험의 가치를 얻은 셈이다. 첫 원고지 200장이라는 아웃풋은 의미 있는 내 것이 되었다. 나의 아웃풋 성공 경험은 눈 뜬 장님에게 첫 눈을 뜨게 해주었다. 아웃풋이 된다는 신념을 심어 준 윤평애 선생님이 계셨기에 아웃풋은 가능했다.

사실 국어선생님이 중학교 1학년의 교과서만 가르쳐도 국어공부는 다한 것이나 다름없었다. 하지만 선생님은 교과서의 공부를 넘어 우리에게 다른 독서경험을 주었다. 온몸과 마음으로 쓰는 마라톤과 같은 글쓰기 경험을 주었다. 원고지에 소설을 쓴 경험은 힘든 펌프질에서 나온 아웃풋 첫 물과 같았다.

엄마들에게 강조해서 말하고 싶은 것은 이렇다. 정말 훌륭한 선생님을 만났기에 아웃풋의 경험을 말할 수 있다. 나는 선생님을 못 만났다면 지금의 작가로서 나의 스토리도 없거니와 아웃풋의 잠재력도 없다. 아마 있다면 대학교에서의 독서단계를 거쳤을 것이다. 아웃풋의 첫 경험은 지금 작가가 되도록 용기를 준 나의 성공사례였다. 글을 쓸 때마다 나의 아웃풋 경험은 도전과 용기를 주고 글을 쓰는 재료가 되었기에 선생님의 지도는 훌륭했다.

지나간 중학교 시절을 생각하면 배운 모든 것들은 뇌의 기억의 망에서 다 사라지고 국어선생님의 글쓰기 아웃풋만 기억난다. 선생님의 특별한 독서지도는 나에게 독서의 출발점이자, 더 나아가 지금 작가로 성장하게 하는 도구였다.

여행에서 만난 황토문화연구소 박영선 소장님은 전화할 때마다 '안 되는 게 뭐 있어. 우리가 뜻만 갖고 하면 돼. 해보라고. 언제 하겠어'라고 용기를 준다. 소장님은 황토 벽돌을 연구하면서 어려운 경험을 했다.

그래서 자신의 경험을 조언한 것이다. 우리가 흔히 알고 있는 말은 경험에서 얻어졌기에 진리에 가깝다. 즉 '힘든 경험은 언젠가는 잉태되어 아웃풋이 되어 나온다.' 그리고 시작이 있으면 끝이 있다. 원인이 있으면 결과가 있는 것처럼 말이다.

나는 중학생이 된 용이 엄마에게 아이가 독서력이 많으니 독서토론대회에 나가라고 했다. 초등학교 6학년 때의 용이는 책에서 책으로, 장르에서 장르를 이동하면서 책을 읽었다. 독서벌레였다. 역사책을 읽고 유명한 역사 강사를 좋아해 유튜브 동영상 시청을 했고, 심리책까지 읽어 정신세계까지 확장시켰다. 엄마는 독서에 대한 카페, 블로그, 연수 등이 많지만 늘 어떻게 우리 아이 독서지도를 할 것인지, 어떤 책이 좋은 양서인지 찾고 있었다. 내 아이 독서육아에 지대한 관심이 많았다.

그런데 엄마의 새로운 걱정거리가 생겼다. "우리 아이가 인풋은 되는데 아웃풋은 안 돼요"라고 말했다. 독서량이 많은 반면에 아웃풋이 되지 않는다고 말했다. 아이는 인풋 독서습관에서 다음 단계인 아웃풋을 뛰어넘질 못했다.

그런 용이에게 아웃풋이 필요한 〈대한민국 전국독서토론 논술대회〉에 참가하라고 사이트와 참가 요령을 알려주었다. 토론논술대회야말로 아웃풋 하는 경험을 얻기 때문이다. 엄마는 아들에게 대회에 나가보자고 이야기를 했다. 아들은 왜 지금 알려주었냐고 오히려 되물었다고 했다. 그 자세라면 아들은 참가할 의사가 있다는 뜻이었다. 그래서 우선 책 읽기와 논술 쓰기부터 하게 했다. 논술 부분에 합격 통과를 하여 제16회 대한민국 전국독서토론 논술대회에 참가했다. 첫 시작의 토론 대회 참가한 경험이었다. 아웃풋의 기회를 갖게 되었다. 그 결과 창의인문이야기학교에 참가하여 토론지도를 친구들과 공부했다.

아웃풋의 효과는 반드시 온다. 그러기 전에 만나는 사람이 누구냐, 어떤 자극을 주느냐, 엄마의 독서육아의 관심에 따라 아웃풋은 가능하다. 3학년 아이들에게는 글 쓰는 공책으로 아침독서 보물상자, 5분 글쓰기 공책, 집에서 쓰는 일기장, 안네의 일기 필사노트 총 4권으로 아웃풋이 되도록 했다. 아이들이 써온 글은 학교문집이나 학교신문에 올리게 하여 '아웃풋' 경험을 주었던 것이다.

내가 좋아하는 그림책은 내가 닮고 싶은 내용이 있다. 바로 프란치스카 비어만의 《책 먹는 여우》다. 스테디셀러가 될 만큼 인기 있는 책이다.

책 먹는 여우 주인공은 책을 너무 좋아해서 그냥 먹는 것이 아니라 소금, 후추 양념을 쳐서 먹는다. 즉 자기 생각과 경험을 넣어 책을 읽었다. 집에 있는 책은 다 먹어 도서관에 가서 책을 빌려보다가 반납을 하지 않았다. 사서에게 책을 먹어치우는 장면이 발각되자 도서대출 금지령이 떨어졌다. 여우가 책을 먹기 위해 생각한 것이 서점에서 책 훔치기였다. 결국 감옥을 가게 되었다. 감옥에서 책을 먹지 못하자 그동안 인풋만 한 독서결과로 아웃풋 하여 작가로 성공하는 스토리다. 그림책에서만 있는 이야기가 아니다. 실제 감옥에서 독서를 하고 저자가 되어 독자들의 사랑을 받은 작가들도 있다.

독서를 하다보면 글쓰기가 저절로 되면서 작가로 성장한다. 독서-글쓰기-작가, 꿈이 이루어지는 나만의 공식이 만들어진다. 게다가 베스트셀러 작가라면 영화도 만들고 캐릭터도 만들어져 전 세계 사람들에게 사랑을 받는다.

내가 바쁠 때마다 우리 딸이 곰돌이 푸 인형을 내밀고 왜 푸가 만들어졌는지 이야기를 한다. 아들을 위해 만화를 그리다가 결국 그 만화가 유명해져 아빠가 더 바빠졌다고 했다.

독서 인풋으로 아웃풋이 된 성공사례는 많다. 독서육아를 하면서 엄마도 독서인풋하고 아웃풋도 시도해보자. 아웃풋의 효과는 다음 더 큰 아웃풋의 효과를 가지고 온다.

인문학은 내 아이를 위한
교육혁명이다

3년 전, 북(Book)돋움 교사동아리의 교사국외별 연수로 서유럽 독서문화탐방을 했다. 서유럽 6개국 나라 현장방문을 통해 수집하고, 문화, 예술, 역사, 도서관 시설을 탐색했다. 그중 기억에 남는 나라는 이탈리아다. 이탈리아 하면 〈로마의 휴일〉이 생각난다. 중학교 시절 〈로마의 휴일〉은 텔레비전에 코를 대고 본 영화였고 여러 번 본 영화다. 〈벤허〉, 〈글래디에이터〉, 〈시네마 천국〉, 〈인생은 아름다워〉 등도 이탈리아 대표 영화로 보고 또 봐도 감동 있는 영화다.

르네상스의 시초인 이탈리아 피렌체 도시를 갔다. 그곳은 미술, 가죽, 천재, 문학, 역사, 건축, 철학 등이 있는 인문학 도시다. 눈에 보이는 모든 것은 모두 예술 그 자체였다. 골목도 그냥 골목이 아니고 예술의 거리로 스토리가 있었다.

피렌체 시뇨라 광장의 좁은 골목길이 있었다. 단테의 생가 안에는 들어가지 못하고 벽에 있는 단테의 토르소만 보고 단테 생가임을 확인했다. 건물 아래에서는 기타를 치는 남자가 〈금지된 장난〉 곡을 연주했다. 골목의 공간은 단테의 생가와 일화, 사랑, 추억의 영화 노래로 인문학 공간을 만들었다.

시뇨라 광장으로 이동했는데 가이드의 안내에 의하면 피노키오가 피렌체 지역 작가가 쓴 책이라 했다. 피렌체 작가 카를로 콜로디의《피노키오의 모험》(1883년)은 어렸을 때 누구나 읽었던 동화책이다. 카를로 콜로디는 이탈리아 어린이들을 훌륭하게 키우기 위해 피노키오를 썼다. 그 시대에 아이들에게 필독서로 할 만큼 교육적이었다.

현장에서 들은 피노키오의 이야기는 색다르게 들려왔다. 전 세계 어린이들이 좋아할 만큼 대단한 책이 피렌체에서 만들어졌다는 이야기를 들었을 때 피렌체 도시가 달리 보였다. 외국관광객 가족은 피노키오 인형으로 인형극도 하고 이야기꽃도 피웠다. 나는 피노키오의 목각 볼펜을 사면서 학급 아이들에게《피노키오》를 읽어주기로 했다.

메디치가의 베키오 궁전과 우피치 미술관으로 이동하니 메디치가가 후원해준 예술가의 조각상들이 보였다. 르네상스 시대를 연 이탈리아의 메디치 가문은 고리대금업자이지만 당시대에 유명한 미켈란젤로, 갈릴레이, 다빈치, 마키아벨리, 보티첼리 등 천재들을 키우는 데 후원을 아끼지 않았다.

메디치 가문은 그리스 학자를 초빙하여 플라톤의 강연을 듣고 자녀들에게 철저히 인문고전 독서교육을 시켰다. 세계 각지에 있는 인문고전책을 사들이고, 도서관과 미술관을 세운 것을 보면 15

세기 피렌체는 인문학의 도시라 할 수 있다.

메디치 가문의 마지막 후계자인 안나 마리아 루이사는 메디치 가문의 모든 예술품을 토스카나 대공국과 피렌체에 기증하도록 유언을 남겼다.

그 결과 오늘날 피렌체는 세계의 관광객이 줄을 잇는 명소가 되었다고 한다. 나는 메디치 가문이 남긴 예술을 눈으로 보면서 정신의 위대함을 보았다. 예술을 공부하는 목적은 보는 법을 배우는 것이라고 《희망의 인문학》의 저자 얼 셔리스가 말했다. 예술도 인문학이라는 것을 말해주는 것이다.

우리 일행은 독서자료 수집을 위해 베키오 궁전 1층 서점으로 갔다. 메디치 관련 서적, 어린이들을 위한 그림책, 피노키오 책도 있었다. 무엇보다도 궁전입구에 어린이를 위한 그림책이 있다는 게 마음에 들었다.

해외 독서문화탐방연수를 계기로 교사들과 사전협의연수, 탐방연수, 탐방 후의 평가를 하는 과정에서 앞으로의 독서교육의 비전을 제시할 수 있는 매우 유익한 시간이었다. 수많은 문화 유적지를 지금도 보존해오는 이탈리아를 보면서 그곳은 인문학의 산 현장이라 할 수 있다.

그동안 나는 우물 안의 개구리였다. 아는 만큼만 보였다. 교사인 내가 '아는 범위, 안다'는 것이 아이들에게 교육적으로 영향을 끼친다는 것을 실감나게 해준 연수였다.

여행을 통해 인간의 힘으로 이루어낸 조각과 건축물을 보고 인간은 한계가 없다는 것을 깨달았다. 책에 국한된 지식보다 여행으로 얻은 인문학 경험은 또 달랐다. 독서해외연수는 '독서 종합선물 세트'였다.

해외독서연수의 실천으로 3학년 아이들에게 카를로 콜로디의 《피노키오》를 읽어주었다. 피렌체 도시를 다시 생각하면서 매일 읽어줄 분량의 페이지만큼 읽어주었다. 피노키오 교훈도 잊지 않고 강조하면서 읽어주었다. 상상만 해도 신기한 부분이 있었다. 아이들은 거짓말하면 코가 길어진다는 부분에서 다시 읽어달라고 했다. 아마 독서탐방의 경험을 살리고 작가 고향과 피노키오에 대한 이야기를 연상하면서 실감나게 읽어주었는지 아이들의 반응은 좋았다.

그래서 책 읽어주는 사람은 현장경험이 중요하다. 작가를 상상하고 이야기를 읽어주는 것도 작가의 의도를 전달한다. 아이들이 《피노키오》의 이야기를 듣는 동안에는 피노키오도 되지만 작가도 되어 거짓말을 하지 않는다. 그러면서 자신을 만들어간다. 나를 알아가는 기회가 된다.

인문학은 피노키오의 코처럼 작아졌다 커졌다 할 만큼 사람을 달라지게 한다. 조금씩 변화하는 것, 생각의 변화는 교육혁명이다.

1학년 일표 부모님은 계곡에서 야영장을 운영한다. 늘 손님들 챙기느라 바쁜 아빠는 야영장에 온 손님들한테 배울 점을 찾았다. 그리고 부모들과 대화를 나누면서 독서의 중요성도 알아갔다. 일표 아빠는 집안으로 들어온 야영 손님으로부터 독서교육을 배워

늦둥이 일표에게 자녀교육으로 적용했다.

그 결과 입학 전에 아들을 위해 책도 많이 읽히고 자녀교육에 최선을 다하고자 노력했다. 엄마는 말을 부드럽게 하면서 많이 들어주기, 아빠는 아이에게 한문공부와 논어 필사하는 모습도 보여주었다.

우리반 2학년 재적인원은 전체가 5명이었다. 한번은 아이들 5명을 자동차에 태워 집집마다 가정방문한 적이 있다. 친구 방을 보여주고 자기가 아끼는 물건을 소개하는 가정체험 공부였다. 제일 먼저 일표네 집에 방문했다. 일표는 부모와 관계형성이 잘 되어 있어 늘 밝았다. 누구나 대화를 잘하고 친화력도 좋아 관계를 잘 맺어갔다. 유머감각도 많았다.

나는 쉬는 시간에 일표가 장난을 많이 치면 농담으로 "아직 사람이 안 된 것 같아"라고 말했다. 그랬더니 일표는 "그럼 전 호랑이인가요?"라고 말했다. 그 말이 우스워 왜 그런 말을 했냐고 물었더니, 단군 이야기를 읽었고 곰이 사람이 되었다고 했다. 일표는 책의 문장을 대화에 넣어 적용하는 질문에 재치를 발휘했다. 가정에서 독서 분위기, 많은 사람들과의 대화 덕분에 선생님의 조언, 충고를 잘 받아 넘겼다.

늘 일표와 이야기를 나누면 답답함이 없었다. 그냥 소통이었다. 공부시간에는 일표는 자기가 읽은 책의 내용과 현재 자기가 처한 일을 적절히 섞여가녀 말을 했다.

일표네 거실에는 책이 가득했다. 작은 책상 위에 옛 등잔불과 필사 공책이 놓여 있었다. 옛 선비들의 공부하는 모습이 떠오르도록 등잔불을 상징화했다. 이처럼 가정에서도 독서에 신경을 쓰고 눈으로 볼 수 있게 환경을 조성했다.

가을 책축제 하는 날, 일표 아빠가 프로그램 한 영역을 맡았다. 논어 한 구절을 익히고 필사를 하는 코너였다. 가정방문때, 보았던 책상과 옛 등잔불이 준비되어 있었다. 일종의 인문학 체험 프로그램이었다.

아빠가 논어는 인성의 기본 책이어서 논어를 택했다고 했다. 그 당시 논어는 학부모동아리 활동의 기본도서로 정한 것이었다. 아빠는 가정에서 논어를 읽고 필사하면서 몸에 익힌 것을 아이들에게 인문학 독서코칭을 했다. 일표 아빠는 자녀의 인문학 독서를 '보여주기, 책 읽게 하기'로 실천했다. 아빠부터 가정에서 몸으로 실천한 인문학 독서는 자녀와 학교 아이들에게 돌아갔다. 축제날, 아빠는 아낌없이 주는 나무가 되었다.

교사와 학부모가 함께 독서연수 하는 날이었다. 책 읽는 사회문화재단 이경근 이사를 초청했다. 여전히 전국을 다니면서 독서전도사가 되어 독서운동을 하고 있었다. 이경근 이사의 강의 첫마디가 인문학이었고, 연수 주제는 〈인문독서와 실용독서〉였다.

박정섭의 《감기 걸린 물고기》를 읽어주고 강의와 비경쟁토론을 했다. 이사는 "인문독서는 나를 위해 읽는 것이고, 쓸데없는 놀이와 같은데 놀이가 수준이 높으면 예술이 됩니다. 그 예술은 인간의 정신놀이와 같으며 창의, 예술, 놀이는 내 마음대로 하고 아이들이 마음껏 놀아야 창의력도 생깁니다"고 했다. 아이들에게 놀이와 책을 통해 생각하는 힘을 길러주고 남의 판단에 의해 벗어나 나의 생각을 재구성하여 만들어낸 사고를 하라고 했다.

몇 년 동안 독서교육 연수 경험을 종합해보면 강사들이 강조한 핵심은 '아이들이 놀 수 있게 하자. 인문학을 하자'였다. 어른들의 사고로 아이들을 보기에 시간이 없고 공부만 강조했다. '나' 다운 사람이 우선이 되어야 그다음이 갖추어진다.

텔레비전과 인터넷에 나오는 뉴스 기사들을 보면 사람을 우선으로 하지 않아 벌어지는 사건들이 많다. 세월이 달라져도 생각하는 힘을 길러주고 자신을 알아가도록 이끌어야 한다. 다시 인문학을 찾는 이유가 무엇인가? 사람을 위한 인문학이기 때문이다.

그러기 위해서는 엄마표 독서육아는 아이 스스로 할 수 있는 힘과 세상을 바로 보는 눈을 길러주도록 뒷받침해야 한다. 독서 외에 사람이 중심이 되는 미술관, 박물관, 도서관 등을 접하면서 인문학을 접하는 것도 좋다. 다양한 체험으로 나를 알아가고 역지사지 입장의 경험을 얻게 된다.

졸업식에 합창지도를 하는 선생님을 만나 차를 마셨는데 중학생, 고등학생, 대학생 자녀들에게 어려운 봉사를 시켜 남의 입장을 알게 한다고 했다.

어려운 봉사를 하지 않아도 살아가는 데 지장은 없지만 무엇이 가치 있게 살아가는지 알게 해주는 엄마다. 그것이 인문학이다.

2장

책 읽는 아이가
공부하는 아이를 이긴다

독서는
공부의 어머니다

일주일에 버스가 한 대만 오는 벽지에서 근무한 적이 있었다. 관사주변에는 가게도 없고 볼거리도 없는 산골 그 자체였다. 열악한 벽지에서 문화생활을 접하는 방법은 시골밖으로 나가는 것이었다. 나는 집으로 가는 날에 시내에서 내려 미술학원으로 갔다. '그림 배우기'를 했다.

대학교 때 그림 그린 경험을 살렸기에 미술학원의 그림 배우기는 잘 적응했다. 서양화를 배우는데 문짝만 한 캔버스 100호에 그림을 그렸다. 먼 길 차를 타고 와서 피곤했지만 배운다는 것은 새로운 공부가 되었으며, 삶의 활력소가 되었다. 그림 그리기로 나의 불편한 벽지의 생활도 이겨냈다.

지금처럼 책이 많은 때가 아니어서 독서는 엄두도 못 냈다. 주말마다 그림을 그리러 간다는 목적이 있어 평일은 희망을 갖고 시간을 보냈다. 그림 그리기는 밖의 세상으로 나가는 공부였다. 문화생활의 필수조건도 되었다.

어떤 저자는 하고자 하는 목표가 정해지면 불편하고 어려운 환경 조건도 작게 만든다고 했다. 그 저자의 말처럼 나는 20대에 그림 그리기로 목표를 세워 불편한 벽지 생활을 작게 만들어갔다. 그 조건이 아이들에게 재능을 기부하는 무기로 사용하게 되었다. 방과 후에 아이들을 가르치고 내 자신의 발전도 도와갔다.

어려움 속에서도 이겨내어 배워나가는 것은 배움의 어머니라고 말하고 싶다. 우리 어머니들이 힘이 들고 어려워도 자식을 위한다면 자신의 고통도 작게 만들어 이겨내는 것처럼 말이다.

독서는 공부의 어머니라는 것을 다음과 같이 말하고자 한다.

1. 어려움을 이겨내는 독서는 공부의 어머니다

전학을 온 수한이는 엄마가 병원에 입원을 했고, 아빠는 집과 많이 떨어진 곳에서 일을 하여 가족이 떨어져 살았다. 수한이는 할머니네 집에 잠시 생활을 했다. 이곳으로 전입오기 전, 엄마가 독서육아를 했으며, 독서중심 학교여서 다양한 독서경험도 했다.

그래서 독서력이 있었다. 수한이의 독서습관이 형성되어 있었기에 동기부여, 피드백, 마음변화 등이 다른 아이보다 빨랐다. 수한이네 반 아이들에게 과학교과를 가르쳐서 수한이와 래포 형성도 된 상태였다. 독서지도를 하는 데 어려움이 없었다.

한 번은 내가 꿈에 대한 이야기를 했더니 수한이는 바로 엄마가 《꿈꾸는 다락방》 책도 읽었다고 했다. 엄마도 책을 읽고 독서육아 한 엄마라는 것을 아이를 통해 알게 되었다. 수한이는 항상 독서에 대해 말을 할 때는 엄마 이야기를 빼놓지 않았다. 엄마와 같이 독서육아 한 것을 떠올리며 독서에 대한 전반적인 경험은 엄마라는 단어에서 시작했다.

수한이 담임선생님에게 과학교과 평가결과 학업성취도가 우수하다고 말했다. 담임선생님도 수한이가 독서를 해서 학습능력이 뛰어나다고 말했다.

수한이가 가장 연습이 필요한 학교 축제 중 영어 뮤지컬 발표를 하는 것만 봐도 알 수 있었다. 늘 열정적이고 최선을 다했다. 자신이 무엇을 해나가야 하는지 알고 관심 분야에서 활동적이었다. 수한이는 독서, 학습, 놀이, 발표 등 어디에서든 최선을 다했다.

부모의 빈자리는 독서하는 시간으로 채워나갔다. 어려운 시기에 독서는 수한이에게 공부 이상으로 위안이 되었다. 수한이의 독서는 어머니를 대신했으며 어려움도 참고 이겨냈다.

2. 자신을 일으켜 세우는 독서는 공부의 어머니다

나는 새해가 되면 꼭 읽는 책이 있다. 책을 다 읽으면 날짜를 기록해두었다. 벌써 6년이 다 되어간다. 그동안 살아가면서 일어나는 시련들을 작게 만드는 데 일조를 했다. 마음을 다스리고 벼랑 끝에 세워 나를 이겨내게 한 빅터 프랭클의 《죽음의 수용소에서》였다.

이 책을 만나면서 나의 삶의 무대를 만들어 꿈을 가졌고, 살아간다는 것을 삶의 의미를 찾고 삶을 가치 있게 만들어갔다. 아우슈비츠 수용소에서 빅터 프랭클이 살아야 할 의미를 읽고 쓰기에 두었듯이 나는 하루하루 쓰는 일기에 삶의 의미를 두었다. 나의 하루하루 일기 쓰기를 삶의 지렛대로 썼다.

내가 가장 힘들었을 때도 빅터 프랭클의 아우슈비츠 수용소를 떠올리며 나의 위치에서 자신만이 취할 태도를 가졌다. 늘 나를 생각하고 미래의 꿈을 생각했다. 나에게 《죽음의 수용소에서》는 늘 살면서 눈 뜨게 하고 행동하게 하는 삶의 어머니였다.

사실 작가가 되기 위한 과정은 아우슈비츠 수용소에 비하면 아주 작은 것이다. 그에 비해 나의 고통은 작으나 책을 통해 어머니처럼 달래주고 참아주었다. 누구의 도움이 필요하다는 생각이 들 때면 죽음의 수용소 생각과 '탈리다 쿰' 외치기로 나를 일깨웠다. 그렇다. 나를 일으켜 세운 책은 공부의 어머니였다. 책에 나오는 이야기들을 그대로 믿고 따랐기에 오늘 내가 있었다. 지금은 《죽음의 수용소에서》가 내 옆에서 책 쓰도록 동기부여를 해준다. 옆에서 도와주는 어머니다.

3. 특별하게 하는 독서는 공부의 어머니다

책을 반복해서 여러 번 읽으면 그 책이 전부일 때가 있다. 학부모독서동아리 모임이 시작할 때마다 나는 엄마들에게 《죽음의 수용소에서》를 소개하고 반드시 읽어보라고 한다.

엄마 자신이 먼저 알고 자녀에게 독서코칭 하는 것을 원칙으로 정했기에 엄마들에게 읽고 넘어갈 책이었다. 《죽음의 수용소에서》의 삶의 의미처럼 자신에게 묻고 자신이 답하도록 안내를 했다. 왜 사는지? 왜 우리 아이가 책을 읽어야 하는지? 나의 질문에서 답을 찾도록 말이다. 질문의 답은 질문에 있듯이 질문하면 정답은 있다. 매일 반복하면 다른 사람에게 자신을 비추어볼 필요가 없다. 내가 보이기 시작하기 때문이다. 계속해서 내 가치를 찾고 살아가는 의미를 찾는다면 엄마 자신을 특별한 별처럼 여긴다. 그것이 곧 내 아이에게 돌아간다. 내 아이가 엄마에게 보고 배운다. 따라서 내 자신을 바라보는 특별함이 더 중요하다. 맥스 루카도의 작품 《너는 특별하단다》의 주인공처럼 말이다. 특별함이 자신에게 있다는 것을 모르는 내 아이에게 끊임없이 찾아주는 역할은 엄마에게 있다. 책을 통해 아이의 특별함을 찾다보면 어느새 아이의 전반적인 모든 것을 알고 있다.

한글 지도를 하면 울고, 글자가 어렵다고 생각하는 2학년 정효는 겨우 아는 글자가 '우유'다. 3월 초 글자 배우기를 했더니 얼굴이 빨갛게 되면서 울기 시작했다. 그런 상태에서 글자를 배운다는 것은 무리인 것 같아 천천히 접근하기로 했다.

그림책을 매일 읽어주고 한 달이 넘어 제일 좋아하는 그림책을 찾으라고 했더니 앤서니 브라운의 《우리는 내 친구》라고 했다. 다행이었다. 좋아하는 그림책이 있다는 것은 무엇을 배우든 가능성이 있기 때문이다. 정효에게 주인공 〈예쁜이〉를 그려주었더니 너무 좋아했다. 그러면서 자기는 그림을 잘 그린다고 했다.

그다음부터 일기, 학습 노트, 꿈 노트 등 학교에서 쓰는 노트에는 글자 대신 그림으로 채웠다. 정효에게 '화가'라는 특별함을 붙여 김화가, 김작가라고 불러주었다. 그랬더니 계속 그림을 그리고 글자를 따라 그렸다. 글자를 모르는 지금의 단계에서 친구들과 함께 그림으로 글을 쓰는 정효에게는 특별한 공부가 된다. 특별하게 만들어주는 것, 정효에게는 공부의 어머니와 같다.

4. 꿈을 갖게 하는 독서는 공부의 어머니다

책을 읽다보면 꿈을 갖게 하는 책도 많다. 어떤 저자는 책을 몇천 권 읽고 북 카페를 운영하면서 사람들에게 상담한 예가 있다. 자신의 꿈도 이루고 사람들에게 좋은 영향을 주었다.

나의 초창기 독서시기에서 겪은 일이다. 나는 책을 쓰면서 책 속에서 많은 저자들로부터 놀라우리만치 똑똑하고 배울 점이 많다는 것을 알게 되었다. 저자들 중 독서로 자신의 꿈도 이루고 하고 싶은 일을 하면서 어려운 사람들에게 기부를 했다. 저자들이 작가이면서 기업가이고, 작가이면서 최고의 강연가, 작가이면서 메신저 등 몇 개의 직업을 가지고 동시에 운영을 했다. 하나의 꿈이 이루어지자 다른 꿈들도 꼬리에 꼬리를 물어 꿈이 확장되었다.

어디 그뿐인가. 어떤 한 저자는 책에 대한 유튜브 강의나 강연회, 독서모임으로 유명해진 것을 보았다. 아이들 동화 이야기가 먼 이야기가 아니다. 어른들이 해본 경험들, 이룬 꿈들이 스토리텔링이 되어 책이 만들어졌다.

우리는 살아가면서 지구상의 사는 모든 사람들을 다 만나지 못하기에 책을 통해 사람들을 만나야 한다. 우리는 〈알라딘 램프〉의

지니처럼 될 수 있다. '무엇이든지 명령만 내려주십시오. 책에 다 있어요'하는 말처럼 말이다.

아이가 꿈을 꾸어 자신이 하고 싶은 일을 성취하도록 내 아이의 꿈맥 찾기는 계속해야 한다. 엄마가 찾지 말고 내 아이 스스로 찾아가도록 꿈맥 보는 시선을 책에서 찾아내도록 코칭하자.

꿈에 관련된 책들이 많아지고 있다. 다만 읽으려고 하지 않을 뿐이다. 계속해서 꿈을 묻고 쓰다보면 꿈을 찾게 된다. 꿈을 갖게 하는 독서는 공부의 어머니다.

위의 이야기 외에 독서를 통해 얻어지는 성과는 많다. 독서가 공부의 어머니가 되는 길은 엄마가 우선이라는 말은 계속해서 말했다.

지금부터라도 독서로 공부의 어머니가 되는 책을 찾아보자. 내 아이에게 꿈과 힘이 되는 책은 있다. 단 한 권이 나를 바꾸고 내 아이도 바꾼다. 세상에 하나밖에 없는 소중한 책이 세상을 바꿀 수도 있다. 반복해서 읽다보면 저자와 이야기를 하고 살아갈 방향을 가르쳐준다. 엄마들은 독서육아로 내 아이 모든 공부가 된다는 것은 알고 있다.

생각과 실천 사이에는 작은 생각 공간이 있을 뿐이다. 작은 생각 공간에 긍정적인 신념을 불어넣어 독서로 공부의 어머니가 되게 하자.

책은 훌륭한
인성 교과서다

사람에게서 오는 즐거움과 스트레스는 늘 있다. 그런데 책을 읽은 나에게 사람에 대해 말하라고 하면 나는 이렇게 말한다.

"모든 것은 사람에게서 온다."

물론 책을 통해 지식도 얻지만 '사람'을 더 알게 된다. 내가 읽은 책만 해도 사람을 강조했다. 나는 독서하면서 사람들과 래포 형성, 만남, 조언, 본보기 등에 관심이 많아졌다.

그래서 책을 더 원했고 더 끌어당긴 이유도 있었다. 아무튼 나는 지금도 책을 읽고 글을 쓰면서 느끼지만 책을 통해 나를 알아가고 사람에게서 배운다. 예전에 나와 달리 내가 달라졌음을 내 스스로 옛날과 다르게 느끼고 있다는 것만 봐도 알 수 있다. 책의 저자를 잘 만난 덕분이고, 책과 관련된 사람들과 관계를 잘 만들어간 덕분이다.

퇴근 후 빨리 읽고 싶은 저자의 책이 있다. 그 책만 가지고 다니기만 해도 책의 저자와 같은 수준에서 대화를 하고 곧 만날 것만 같다. 버킷리스트에 써두었지만 꿈은 이루어질 것을 믿고 있다. 그래서 책을 읽고 내 것으로 만들어가고 있다. 빅터 프랭클, 카네기, 네빌 고다드, 토니 라빈스, 앤서니 브라운, 나폴레온 힐, 랄프 왈도 에머슨, 고미숙, 조지 오웰이 쓴 책은 여러번 읽을 정도로 나를 찾게 했다.

특히 학기 초 새로운 학교에 가서 적응하는 시기에 변화를 주는 책이 있다. 내가 무엇을 하느냐에 따라 나에게 동기부여해주는 책도 달라진다. 예를 들어 찰스 해넬의 《성공의 문을 여는 마스터키》이나 토니 라빈스의 《네 안의 잠든 거인을 깨워라》책만 읽으면 안정이 된다. 뇌를 변화시키고 인생이 달라진다는 가토 토시노리의 《기적의 두뇌 강화법》도 동시에 읽을 때도 있다.

내가 살아가면서 가장 나에게 영향력을 준 사람은 내 가족이다. 가족이 변하기를 바라는 것은 손 안 대고 코풀기다. 가족보다는 차라리 내가 변하는 것이 가장 빠르다. 가족은 나의 과거를 알고 있고 늘 쓰던 언어가 있어 나를 제일 잘 안다. 그래서 가족이 변하기를 강요하지 말고 내가 변하기를 노력했다.

결과는 변했다. 구만호 박사의 NLP심리학을 같이 공부한 선생님도 몇 년 만에 나를 보고 변했다고 했다. 나는 되도록 나보다 나은 사람, 지혜롭고 성공한 사람들을 만나기 위해 노력한다. 내가 나아지기 위해서는 그런 사람들이 필요하다.

지금도 생각나는 아이와 엄마가 있다. 지독하게 책을 읽는 모녀다. 4학년 학부모 공개수업하기 전날, 학부모에게 참관 자리가 아닌 참여자가 되어 달라고 부탁했다. 엄마들도 수업에 투입이 되어 '그림책 소개 시간'을 진행하고 싶었다. 그 이유는 그런 시간을 통해 엄마들에게 내 아이 독서 중요성을 알리기였다.

공개 수업을 하는 날, 윤이 엄마는 애독서인 그림책을 소개했다. 아스트리드 린드그렌의 《남쪽의 초원 순난앵》은 가장 아끼는 책이라고 했다. 그림책을 소개하면서 아이들에게 책을 읽기를 권했다.

윤이 엄마는 아스트라드 린드그렌의 책을 교실에 두고 갔다. 아이들이 윤이 엄마처럼 자신의 희망을 찾으라는 메시지였다. 또 지금 아이들이 고통받지 않고 자유롭게 살아야 한다는 작가의 메시지를 전하고자 했다. 남자 아이들은 그때까지만 해도 그 책에 감동이 없었는지 관심을 두지 않았다.

그 후 윤이는 엄마가 두고 갔던 책이 친구들에게 관심도 없자 집으로 가지고 간다고 했다. 그래서 내가 엄마의 그림책을 읽고 싶다고 했다. 윤이가 빌려준 《남쪽의 초원 순난앵》을 집으로 가지고 와서 읽었다.

그림책의 아이들 그림은 작았고 우중충한 색에 표정 없는 얼굴, 자작나무 숲, 두껍게 쌓인 흰 눈은 추워 보이고 먹을 것이 없어 보였다. 글과 그림이 가난한 아이들의 생활상을 그대로 보여주었다. 가난이 묻어나는 글과 그림이 있는 그림책은 저자가 겪어보지 않고는 표현할 수 없는 그림책이었다. 배부른 사람들이 표현할 수 없는 그림이었다. 춥고 배고프고 희망이 없는 처지의 오누이의 대화에서도 가난을 느끼게 했다.

《남쪽의 초원 순난앵》을 읽고 윤이 엄마의 사업 실패, 잦은 이사, 부유했다가 가난, 도움 받을 처지를 이해했다. 그림책을 통해 자신을 들여다보며 눈물을 흘린 윤이 엄마를 누구보다 알게 되었다. 반면에 윤이 엄마는 책을 읽고 미래를 설계하면서 늘 씩씩하게 살아갔다.

《남쪽의 초원 순난앵》은 그림책이지만 윤이 엄마에게는 새로운 세상을 꿈꾸는 희망이었다. 엄마가 글과 배경으로 자신을 위로할 만큼 독서치료가 되었다. 학교 오는 길에 빨간 새가 이끄는 '남쪽의 푸른 초원 순난행 마을'로 들어간 것처럼 말이다. 윤이 엄마는 《남쪽의 초원 순난앵》에서 삶의 희망을 찾아갔으며, 자녀에게 인성교과서로 삼았다.

같은 해에 교사와 학부모 독서 워크숍에 여희숙 작가님이 학교에 방문했다. 여희숙 작가는 《토론하는 교실》, 《보물상자》 등 저자로 초등학교 교사시절 교실에서 책을 많이 읽어준 작가다. 작가는 정을병의 《독서와 이노베이션》을 추천해 주었다. 나의 독서변화에 영향을 준 책이었다.

그해, 인터넷이나 서점에서 품절이 되어 도서관에서 빌려 읽었다. 책을 살 수 없어 중요한 문장은 따로 공책에 필사해두었다.

정을병의 책처럼 내가 변화하고자 아래 글을 종이에 써서 붙여두고 벽에 붙이고 읽고 또 읽었다.

"독서를 하고 있으면 자연히 긍정적인 사람이 되고 긍정적인 사람이 되면 자연히 도와주는 사람을 만나게 된다. 우에나시 아끼라 사람이 쓴 《운명적인 사람은 있다》라는 책을 보면, 그 운명의 사람을 만나는 방법이 나온다. 운명의 사람은 적극성과 낙천성, 그리고 애타심을 가지고 살아갈 때 저절로 나타나게 된다. 무슨 일에나 적극적인 사람에게는 호감이 가서 누구나 도와주고 싶은 생각이 드는 것이다 항상 낙천적인 사람에게는 다른 사람들도 쉽게 접근할 수 있게 된다. 도와주는 사람은 오기 마련이다. 평소에 적극성을 가지고 항상 낙천적이고, 기회가 있을 때마다 남을 도우려 한다면, 아무리 불행한 위치에 있더라도 어떤 은인이 나타나서 반드시 이끌어주기 마련이다."

평소 나는 그다지 운이 좋다고 생각해본 적이 없었다. 이보다 더 좋은 운을 끌어드리는 방법도 알려고 하지도 않았다. 그런데 《독서와 이노베이션》이라는 책 속에서 운명은 적극성, 낙천성, 애타심을 가지면 저절로 나타난다고 했다.

내가 좋아하는 책에서의 가르침이라 책에서 배운 대로 실천해보았다. 무조건 열심히만 살아가면 운이 따른다는 기존의 생각이 바뀌었다. 잘못된 운명에 대한 선입견을 수정했다. 세 가지 조건을 갖추면 은인이 나를 이끌어준다는 말이 지금은 사실이 되었다. 작가가 되는 시기에 서로 이끌어주는 분과 도움을 주고받아 책 쓰기를 마치게 되었다. 정을병 저자 책대로 운명을 실천했다. 《독서와 이노베이션》은 나의 최초 인성 교과서가 된 책이다.

6월 농부 서정홍 시인을 초청했다. 작가는 노동자로, 시인으로,

생태활동가로 활동한다. 교사와 학부모 연수하는 날, '사람과 사람, 사람과 자연의 삶 이야기' 주제로 강연을 열었다. 책 읽는 사회문화재단에서 학교가 벽지인데다 자연과 잘 어울린다고 서정홍 시인을 추천해주었다.

강연이 있는 날, 서정홍 시인은 간단한 배낭을 메고 김삿갓 시인처럼 나타났다. 강의내용은 막노동판 일하기, 어머니의 고생, 가난, 작가의 유기농 농사, 자녀들에게 유기농 붕어빵을 파는 이야기, 똥 철학까지 했다. 강연에 대한 엄마들의 소감 글은 다음과 같다.

A 엄마: 인생의 길이 보인다는 것을 말씀하시면서 나태주의 풀꽃이 떠오른다.

B 엄마: 내 아이를 믿고 기다려주는 그런 부모이고 싶다. 학교공부보다 고추 심는 게 더 좋다는 우리 아이를 응원해주고 싶다.

C 엄마: 서정홍 시인의 《부끄럽지 않은 밥상》 책을 읽으면서 힘이 많이 난다고 하면서 내 인생에 굉장한 지지자, 격려자가 나타났다.

D 엄마: 도시에서 시골로 이사를 오는데 사람들이 한참 공부하는데 아이들을 시골에 왜 데리고 가냐, 불편하지 않냐 등 이야기를 들었고 엄마도 힘이 많이 들었다. 지금은 삶을 자유로운 느낌으로 산다. 아이가 다섯인 엄마는 자유로워지기 위해 욕심을 버리는 노력은 하고 있지만 내려놓을 것이 아직도 많다. 이 세상에는 돈으로 안 되는 일이 훨씬 많다는 것을 느꼈다.

강연에 참석한 엄마들은 지금 사는 곳이 귀중하다는 것과 시인의 강의에 공감대가 형성되었다고 했다. 마치 자신들의 입장을 알아주는 역지사지 시인이라고 감동했다. 엄마들은 시인의 강연에서 다시금 자신의 삶을 귀중하게 생각했다.

　서정홍 시인은 한마디로 왜 여기 살아야 하는지, 이곳은 희망이 있는 곳이라는 것을 엄마들에게 일깨워주었다. 엄마들이 사는 곳도《남쪽의 초원 순난앵》처럼 꿈터가 될 수 있다. 이처럼 책은 사람을 다시 생각하는 훌륭한 인성교과서다.

독서는 스스로
공부하게 하는 열쇠다

독서는 스스로 공부하게 하게 하는 열쇠다. 내가 가르친 아이들의 사례만 봐도 그렇다. 부모님이 독서육아에 관심이 많거나 경험이 풍부한 아이들은 배경지식이 많다. 공부시간 첫 동기유발 단계에서 아이들을 접해보면 알 수 있다.

독서육아가 잘 된 아이들은 책뿐만 아니라 여행, 교외체험, 부모와의 대화 등에서 잠재된 풍부한 경험들이 있어 교사가 생각을 터치만 하면 주르르 입에서 말이 쏟아져 나온다. 아이들이 갈 수 있는 그림책 도서관, 시립중앙도서관, 문화예술교육관, 해외여행, 박물관 등도 상당한 배경지식을 갖추게 해준다.

그런 곳을 찾아가서 배경지식을 갖춘 아이는 학습시간에 '발표만 시켜주세요'라고 기다리고 있다.

3학년 우주는 도자기 공방에서 아빠가 하는 도자기 만드는 제작 과정을 매일 보고 배운다. 오감으로 체험학습을 하고 있다. 흙으로 모양을 빚기도 하고 초벌구이가 된 도자기에 안료를 이용하여 그림도 그리면서 경험한다. 다른 친구들은 부모님과 같이 현장체험을 가거나 돈을 내고 일정 시간에 배워야 하는데, 우주에게는 현장체험이 일상과 같다. 또 부모가 펜션 운영도 하여 찾아오는 손님마다 학습정보를 듣고 서로 어울린다. 손님과 관계를 맺으면서 배우고 그중 본보기가 되는 가족은 살아 있는 공부로 받아들인다.

7월, 우주는 학교에서 처음으로 독서토론 과정을 배워 독서토론 대회에도 나가 새로운 경험을 얻었다. 책 읽기, 글쓰기, 토론 등 경험의 양이 많아지자 학급 친구들에게 학습 촉진자가 되었다. "나는 전국독서토론이 너무 즐거웠어. 내가 토론 반전을 하자 거기에 참석한 아이들이 내 이야기에 몰려들어 서로 발표를 했어. 내년에 독서토론에도 나갈 거야"라는 말로 스스로 자존감을 높이고, 긍정적으로 새로운 꿈을 말했다.

친구의 말은 그야말로 새로운 세상에 대한 자극이었다. 독서토론의 극찬에 영향을 받은 남자 아이들은 한 번도 독서토론대회 경험이 없는 상태에서 독서논술을 배우겠다고 나를 찾아왔다. 우주의 긍정적인 말들은 스스로 배우겠다는 열쇠였다. 나는 제자가 준비되면 스승이 나타난다고 스스로 준비된 제자들에게 스승이 되었다. 우주 말에 이끌려 아이들 스스로 공부할 열쇠를 쥐고 독서토론지도를 배우러 왔다.

이와 반대로, 앞에서 말한 3학년 진호는 할머니가 주로 아이를 양육했다. 가정에서 매일 텔레비전 시청이 가정교육의 전부였다. 그래서 학교에서 하는 이야기는 주로 텔레비전에 대한 이야기였다.

진호의 어휘력을 살펴보면 주로 눈으로 본 텔레비전의 시청의 한계여서 단순한 언어만 구사했다. 다양한 언어구사는 엄두도 못 냈다. 할머니가 사용하는 언어가 많았고 자기가 즐겨보는 만화에 나오는 언어를 자주 사용했다. 진호의 교과 수행평가를 살펴보면 교과별로 학습 부진이었다. 빈 칸에 서술식으로 쓰는 것은 엄두도 못 냈다. 부족한 보충 학습은 선생님이나 또래 친구들의 도움을 받아갔다. 그것도 또래 친구들의 멘토 역할은 인내심이 있어야 할 정도로 아이는 주의 산만했다. 진호에게 집을 벗어난 현장체험은 학교에서 단체로 가는 것뿐이었다. 어쩌다 집에서 외출하는 것은 친척 행사에 참석하기였다.

　책 읽어주는 사람, 책을 읽으라고 분위기를 만들어주는 사람, 이야기를 들려주는 사람은 없었다. 집에 책도 없어 혼자 스스로 책을 읽을 만한 독서환경도 갖추질 못했다.

　위의 3학년 두 아이의 사례를 비교해보면 독서와 학습에 차이가 많다. 이유는 간단하다. 우주는 부모가 하는 일이 아이의 학습과 연결되었고, 다양한 독서와 경험을 하면서 자신의 생각을 잘 표현한다. 또 진호는 늘 텔레비전이 노출되었고 엄마와 상호작용도 없을 뿐더러 자신을 표현할 줄 모른다. 가장 중요한 독서육아의 경험이 전혀 없다는 것이다.

　만약 엄마가 있는 아이도 집에서 독서육아가 없이 교과서만 의지한다면 학습에 영향은 있다. 누가 보더라도 환경의 차이와 부모의 역할에서 차이가 난다. 가정에서 언어 환경이라든가 부모의 상호작용만 봐도 차이가 나기 때문이다.

특히 13세 전이라면 그런 조건들이 차이를 만든다. 스스로 학습하는 태도는 그냥 나오는 것이 아니다. 그만큼 독서, 경험, 인성 등이 융합되어 나온다.

논어에서 "무엇을 안다는 것은 그것을 좋아하는 것만 못하고, 무엇을 좋아한다는 것은 그것을 즐기는 것만 못하다"라고 했다. "공부를 아는 것은 공부를 좋아한다는 것만 못하고, 공부를 좋아한다는 것은 공부를 즐기는 것만 못하다"라고 말을 바꾸어볼 수도 있다. 무엇을 하든지 즐기는 자는 따라 올 자가 없다. 즐기는 사람은 자기 스스로 몰입상태이기 때문에 누가 유혹하는 일에도 즐기는 일은 멈추지 않는다. 즐기는 것은 긍정의 에너지가 있어 또 다른 에너지를 전염시킬 수 있다.

따라서 책 읽기를 즐기는 아이는 공부도 즐길 줄 안다. 책과 교과서는 서로 연계점이 있기에 독서하는 아이는 공부를 알아서 스스로 한다. 책을 읽으면 배경지식도 늘어나고 어휘력이 많아 풍부한 사례를 들어가면 말을 한다. 이런 내재적 잠재력이 결국 아이 스스로가 자존감이 생겨 스스로 공부를 하게 한다.

초등학교 저학년 때는 선생님, 부모님 말씀 그대로 받아들이는 시기라 어디를 데리고 가도 관심 있게 본다. 또 엄마가 책을 읽어주고 책 관련 뮤지컬이나 연극을 같이 다녀도 빠르게 흡수한다. 도서관에 가서 작가를 만나면 자발적으로 사인도 받아오는 기특한 아이가 된다. 그 기특한 저학년 아이도 고학년이 되어 독서를 하지 않는다면 어떤가. 사춘기가 빠르게 온 고학년 아이는 친구에게 관심이 쏠리고 주로 친구 중심으로 생활을 맞추어 나간다. 친구 따라 움직이다 보면 친구가 하는 것은 동일시되어 그대로 따라한다. 한쪽으로 치우친 내 아이에게 공부만 주입한다고 공부하는 것은 부족하다.

그래서 고학년이 된다면 적절한 독서와 친구관계가 채워져야 관심의 균형이 잡히면서 스스로 공부하게 된다. 저, 중, 고학년의 학년 간극 사이에 독서체험을 채우지 않으면 자녀의 변화에 엄마들은 흔들린다.

내가 가르치는 5학년 아이들 중 다문화 가정 아이가 있다. 3학년부터 5학년까지 과학을 가르친 아이다. 2년 동안 과학 교과를 가르치면서 아이의 변화를 지켜보았다.

아이의 2학년 전의 이야기를 들어보면 4살 때 엄마가 꾸준히 책을 읽어주었다. 엄마의 책 읽어주는 습관이 아이의 기억에 남아 있어 지금도 스스로 책을 읽고 스스로 공부를 한다고 한다. 엄마도 읽고 싶은 책은 놓치지 않고 지속적으로 읽고 있다.

앞에서 말한 아이는 필리핀에서 온 문기의 이야기다. 문기네는 3학년, 5학년, 중학교 1학년 아이들이 있다. 3년 동안 세 형제들을 전담시간에 가르쳤다. 세 아이들을 가르쳐본 결과 세 형제들이 하나같이 성격과 행동이 다르다. 그런데 공통적인 것은 모두 집에서 엄마가 책을 읽어주어 공부시간에는 소극적이 아닌 자발적이었다. 첫째아이는 공부시간에 자기가 해야 할 것을 알고 책임을 다하고 말없이 공부했다. 주변 아이들에게 동요되거나 자기감정이 흔들리지 않았다. 둘째아이는 공부시간에 선생님이 질문을 하면 바로 손부터 들고 질문도 많았다. 둘째가 4학년 때 사춘기가 찾아왔는데 선생님과 상담하여 친구관계를 좋게 이어갔고, 새로운 친구가 전학을 와서 좋은 영향을 받아 즐겁게 공부했다. 셋째 막내는 공부시간에 잘 참여하고 가끔 상식이 풍부한 이야기를 하고 창의적인 말을 했다.

문기 엄마는 필리핀에서 대학까지 나왔으며 연극동아리도 참여했다. 사춘기가 찾아온 둘째 아이에 대해 상담을 할 정도로 선생님 말이라면 귀를 기울였다. 선생님들이 하는 말을 적극 받아들이고 매사 적극적이었다. 한 번은 학교축제에 원어민 선생님과 같이 영어 연극을 해달라고 했더니 즉각 허락을 했다. 무대 위에서 온몸으로 연극을 보여주었다.

문기 엄마의 훌륭한 점은 이렇다. 자녀들이 다문화에서 오는 한국어가 부족할까봐 그에 보완되는 독서로 보충해준 것이다. 독서 보충의 약은 스스로 공부할 수 있게 했다. 특히 다문화 아이들에게 엄마의 독서육아라면 스스로 공부하게 하는 열쇠가 되어 삶의 무대가 해외로 진출하게 된다.

책 읽는 아이가
공부시간에 적극적이다

학급의 아이들은 1년 동안 나와 함께 생활하는 아이들이다. 제일 중요한 것은 선생님, 아이들, 학부모 모두 삼박자가 맞아야 한다.

선생님들은 누구나 학기 초가 되면 내 반 아이들과 적응하고 맞추어 나가는 데 힘들다. 서로 모르는 상태에서 서로를 알아야 하기 때문이다. 매슬로의 욕구 5단계설에서 인정의 욕구도 채워져야 선생님을 믿는다. 그래서 삼박자는 시간이 있어야 하고 서로 공을 들일 노력이 필요하다. 뿐만 아니라 매년 학기 초에 의식처럼 치르는 것이 있다. 아이들의 수업태도, 학습 준비, 과제처리, 친구 관계, 습관, 꿈 등을 분석하고 관찰하는 것이다. 각종 안내장으로 학교생활을 알리고, 내가 학급을 어떻게 관리할지도 안내한다. 그런 다음 내가 잘하는 분야를 교과와 접목시켜 강조한다.

위에서 말했듯이 삼박자에 공들이고, 학기 초 의식 치루기에 필요한 것은 독서지도라는 무기가 있었기에 가능했다. 매년 내가 책을 통해 배우고, 배운 것을 아이들에게 돌려주다보니 독서지도로 학습지도가 해결되었다. 독서지도를 매일 해서 달라진 아이들은 대부분 독서습관이 생긴다는 당연한 공식으로 공부시간에 적극적이었다. 그렇게 될 수밖에 없다. 만약 믿지 못한다면 이렇게 생각해보자. 아이들에게 맞는 겉핥기식 독서지도이거나 독서습관이 부족한 상태일 것이다. 또 남들이 하는 독서, 엄마의 대리 만족 독서, 중학교나 고등학교 내신 점수 잘 받기 위한 독서라 생각한다.

내가 가르친 4학년 아이들은 그림, 노래, 공부, 운동 등 개인마다 뛰어난 잠재능력이 보였다. 하지만 독서경험에서는 상당한 차이가 났다. 독서량이 많은 아이면서 독서육아가 잘 된 아이가 있었다. 또, 어떤 아이들은 독서에 관심이 없고 책 있는 곳을 피해 다닐 정도였다. 거기다 가정에서 주로 텔레비전을 시청했다. 독서경험을 두 파트로 나누어보아도 분명하게 차이를 보였다. 공교롭게도 독서경험은 남자와 여자 아이로 나누어졌다.

학교 도서관에 가서도 확연히 볼 수 있었다. 책을 들고 앉아 읽는 자세부터가 불안한지 몰입상태인지 자세만 봐도 판단이 되기 때문이다. 책을 싫어하는 아이들은 읽고 싶은 책을 찾지 못해 읽을 책이 없다고 했다. 책은 다 재미없다고 하는 아이들이었다. 머릿속에 이미 읽을 책이 없다고 생각하고 책을 찾으니까 책이 없다. 책 읽을 것이 많다고 하는 아이는 읽은 책을 또 읽고 다음에 읽을 책을 정해둔다. 그리고 도서관만 오면 몸에 날개를 달았는지 활기가 넘치고 적극적이 된다.

"저요."

선생님 질문과 동시에 즉시 손을 드는 자연이는 독서로 체화된 아이라고 할 정도다. 자연이의 학습태도는 다른 친구들의 본보기가 될 정도로 에너지를 갖고 있다. 어느 별에서 왔는지 공부시간만 되면 긍정의 마법 분위기로 만든다.

다른 두 아이들은 자기들도 수업 참여는 해야 하는데 자연이의 긍정적이고 적극적인 행동을 따라가지 못해 속상했다. 그러면서 자연이의 행동을 살피고 적극적인 공부 자세를 보고 감탄했다. 다른 친구들은 자연이가 오기 전 선생님들로부터 무엇이든지 잘한다고 칭찬받았던 아이들이었다. 그런데 본인들이 자연이에게 끌려가는 기분에 부담감과 자존심이 상했다. 나의 입장에서는 독서 모델링, 학습 모델링의 선두주자가 되어 적당한 자극제가 되어가는 것이 고마웠다. 적당한 긴장은 선의의 경쟁을 주기 때문이다.

나는 적극적인 자연이를 보면서 엄마의 가정교육이 궁금해졌다. 어느 날 학교 뒤를 걸어가는데 자연이 엄마를 만나게 되었다. 엄마에게서 들은 가정 독서육아의 비법은 이렇다.

집에 텔레비전이 없고 온 가족이 책을 읽는다고 한다. 그리고 엄마와 대화가 많다고 한다. 1학년 동생도 누나와 함께 학교에서 책을 매일 도서관에서 대여해간다.

이렇게 엄마의 이야기 핵심은 독서와 대화였다. 가정독서는 '학교독서와 같다'였다. 자연이는 교과시간 외의 행동에서도 다른 아이와 차이가 났다. 청소시간이 되면 자기에게 주어진 청소 외에 남자 아이들 청소까지 해주었다. 교실 꾸미기를 좋아해서 아이들의 작품도 보기 좋게 환경정리를 해두었다. 뿐만 아니라 궁금증도 많아 쉬는 시간에는 개인적으로 다른 선생님한테도 질문이 많았다. 남자 아이들은 자연이가 무엇을 하든 간에 당해낼 재간이 없었다. 행동이 빠르지 않으면 모든 일을 놓쳤다. 마치《거울 나라의 앨리스》에서 붉은 여왕이 앨리스에게 어딘가 다른 곳에 가고 싶으면 적어도 이것보다는 두 배는 더 빨리 달려야 한다고 말했던 것처럼 행동을 두 배로 움직여야 자연이를 따라갔다.

하지만 쉬는 시간이면 운동장, 뒤뜰, 복도에서 한바탕 뛰고 들어와야 직성이 풀렸던 남자 아이들이었다. 또 수업시간에 적극적으로 공부하는 아이는 자기들의 이야기가 아니라고 한계를 지었다. 그래서 전입해온 여자 아이가 자기들보다 낫다는 것을 인정하는 시간은 길었다. 여자 친구가 오기 전까지는 교과서 공부가 최고였고, 공부에만 최선을 다했던 아이들이었다.

남자 아이들이 나의 질문에 손을 드는 법이 없었다. 선생님이 묻는 질문에는 "예, 아니오, 했어요, 몰라요" 간단하고 짧은 대답뿐이었다. 실수가 두려운 아이들이었다. 더구나 책 읽기는 스스로 접근해본 적이 없었다. 독서경험은 다 함께 참여하는 책 축제 행사와 엄마가 조건을 내세운 책 읽기가 전부였다. 그런 남자 아이들에게 '책을 읽자, 책을 읽어준다, 글을 써보자' 하면 힘들다고 울었다. 영준이는 모든 말이 부정적이면서 못한다고 한계를 그었고, 태영이는 책 읽는 척만 했다.

국어 문학영역 부분을 배우는 공부시간의 아이들의 모습을 말하자면 이렇다.

영준이와 태영이는 글을 적어야 하는데 글을 쓰는 경험은 처음이었다. 그래서 글을 쓰기도 전에 머리를 짜내는 표정을 지었다. "글은 무조건 힘들어요. 안 돼요" 하면서 울고 아예 손도 움직이지도 않았다.

자연이는 수업시간, 도서관에서 책 읽기, 노래 부르기, 악기 연주 등 모든 활동에 적극적이고 지칠 줄 몰랐다. 남자 아이들의 장난에 동요되지도 않았다. 결국 남자 아이들은 학급 분위기를 자기들의 뜻대로 만들어가는 데 영향력을 발휘 못했다. 오히려 여자 아이에게서 좋은 영향을 받았다.

어느 날부터 도서관에 와서 앉은 남자 아이들의 모습은 달랐다. 아이들의 뒷모습은 독서할 마음의 준비되었다. 나는 아이들에게 다가가 "무슨 책을 읽니? 재미있겠다" 칭찬부터 했다. 자기들에게 관심과 칭찬받기는 오랜만이라 좋은 표정이 아니라 멋쩍은 표정이었다. 결국 독서력이 있는 자연이의 적극적인 자세가 독서 모델링이 되었고 남자 아이들의 마음을 움직였다.

물론 여기에는 나의 끈질긴 책 읽어주기가 한몫했다. 귀가 열릴 때까지, 마음이 움직일 때까지 책 읽어주기를 하루도 빠짐없이 했다. 영준이와 태영이는 서서히 책을 읽어야겠다고 스스로 판단 내렸던 것이다. 그때부터 나를 담임으로 인정했다.

한 번은 남자 아이들이 스스로 찾아와서 "자연이가 우리와 같이 공부시간에 손을 안 들었으면 하고 생각했어요. 그런데 자연이 공부자세가 너무 좋아요." 그러면서 "자연이가 전학을 와서 자연이 같이 독서나 공부하는 것을 미처 따라가질 못해요"라고 말을 했다. 두 아이의 마음이 변하기 시작했다. 그리고 선생님의 좋은 독서방법을 기다렸다.

그 뒤 아이들에게 독서습관을 길러주기 위해 매일 책 읽어주기, 5분 글쓰기, 독서동아리로 이야기 나누고 발표하기, 가까운 제천 기적의 도서관체험, 원주 시내 독서체험, 주변에 있는 박물관도 함께 다녔다. 머리로 마음으로 몸으로 느끼는 독서에서 공부로 이어져갔다. 아이들은 자기가 하는 일이 어제보다는 나아지고 있다는 것을 알아갔다. 스스로 공부시간에 동기부여를 시켜나갔다. 단순한 교과서식 공부가 아니라 종합적이고 융합적인 독서로 하는 공부였다.

책 읽는 아이는 단순하게 어느 분야만 알고 있는 것이 아니라 여러 분야를 넓혀간다. 분야에서 멈추는 것이 아니라 분야는 다른 분야를 끌어당기기 시작한다.

그 정도가 되면 아이는 독서가 공부시간에 적극적으로 만든다. 그래서 책 읽는 아이가 공부시간에 적극적이다. 어느 과목이든 자신 있다.

성적을 두 배로
올려주는 책 읽기

학기 초, 도서담당교사는 학급담임으로부터 1년 동안 아이들이 읽을 도서를 추천받는다. 그럴 때 교사들은 교과와 연계된 책을 찾아본다. 교과서 내용 안이나 교과서 뒷장에는 교과 관련 도서이름이 적혀 있어 도서선정을 할 때 많이 참고가 된다. 교과서에 실린 책은 교과서 지면이 제한되어 있기에 책 전체 내용을 읽을 수 없다. 책이 요약되었거나 한 부분을 떼어 교과서에 실었다.

그래서 교과서를 배우기 전과 배운 후에 관련 도서를 읽는 것은 학습에 대한 이해를 두 배 이상으로 올려준다. 한 예로 초등학교 1학년 교과서에 추천된 도서를 읽는 데 도움이 되는 책을 살펴보면 다음과 같다.

- 《국어과 1-1 가 교과서》의 '4. 글자를 만들어요'라는 단원에서 연관이 있는 도서는 한규호 작가의 《이가 아파서 치과에 가요》로 선생님이 들려주는 이야기를 듣고 낱말 읽기를 할

수 있다. 또 '5. 다정하게 인사해요'라는 단원에서도 허은미 작가의 《인사할까, 말까?》를 따라 읽고 인사할 때의 마음가 짐 갖기가 있다.

- 《국어활동 1-2 교과서》의 '8. 떠어 읽어요'의 단원에서는 이 솝 우화의 《양치기 소년과 늑대》도 들어 있다. 또, '10. 인물 의 말과 행동을 상상해요'라는 단원에서는 송정화 작가의 《붉은 여우 아저씨》가 실려 있다.

- 《1학년 봄, 1-1 교과서》에는 '만나요, 해 봐요, 마무리해요' 순으로 활용한다. 그중에 '해 봐요' 영역에서는 차시를 재구 성하거나 만들 수 있는 동화를 읽으며, 하고 싶은 활동을 정 하고 해 보게 한다. 교과서 안의 동화는 우종영 작가의 《봄 숲 봄바람 소리》가 실려 있다.

이렇게 교과서는 도서와 연계되어 있다. 책으로 두 배의 성적을 올리고 싶으면 간단하다. 교과와 연계된 독서는 학습 동기유발, 반 복학습, 세부내용 파악 등이 된다. 독서로 교과서의 내용 파악을 했으며 전체 줄거리가 어떻게 되는지 알 수 있다. 이미 아이의 뇌 에 저장되어 있기에 교사나 엄마가 아웃풋만 도와주면 된다. 배경 지식, 독서의 경험 등은 잠재되어 언제든지 아웃풋할 수 있다는 것이다.

다른 역량 발휘도 된다. 예를 들어 교과서의 원칙에 해당하는 비판적 사고 역량, 창의적 사고 역량, 자료 정보 활용 역량, 의사소 통 역량, 공동체·대인 관계 역량, 문화 향유 역량, 자시 성찰·계발 역량이 된다. 그 외 제재나 활동에도 인성교육과 다양한 교육이 관련되어 있다. 따라서 교과서에 실린 동화, 그림책, 소설 등을 읽고 학습을 한 아이와 그렇지 않은 아이의 차이는 역량 및 다양한 교육 등도 두 배 이상의 차이를 보인다. 결국 책을 읽은 아이는 다른 아이보다 성적에서 두 배 이상이 차이를 낸다.

만약 가정에서 학교 성적을 두 배로 올리고 싶다면 먼저 교과서와 관련된 도서를 먼저 파악하라. 아이에게 '공부해라'라는 말보다는 새 교과서를 같이 살펴보고, 사전 배경지식을 줄 자료나 체험, 독서 등을 점검하고 계획하면 자발적 공부가 된다. 그러면 서로 알아가면서 학습의 대화로 발전한다.

교과서에는 책 내용 일부분이 들어 있어 책의 전체내용을 알지 못한다. 전체 내용을 알고 단원을 공부하는 것과 교과서 단원 안에 들어 있는 내용만 아는 것과는 차이가 있다.

책 한 권 읽는 아이는 그만큼 글의 맥락도 파악하고 공부의 이해도 빠르다. 저자의 의도, 묻고자 하는 내용을 빨리 알아차린다. 또 이런 방법도 아이에게 책을 읽어줌으로써 성적을 두 배로 올릴 수 있다.

나는 학기 초가 되면 독서습관 길들이기에 바쁘다. 아이들에게 교과서와 관련된 책은 아이들의 학습 접근성을 높이기 위해 내가 가지고 있는 도서나 도서관에서 빌린 도서를 교실에 둔다. 그건 하나의 아이들의 관심을 끌기 위한 특별한 독서동기부여 작전이다. 어떤 교사는 책을 반만 읽어주고 뒷이야기를 상상하라고 하면 아이들은 책을 빌려가고 싶어 사정을 한다고 했다.

이렇듯 아이들은 당연히 선생님이 준비한 작은 책꽂이에 꽂힌 책으로 눈이 가기 때문에 동기부여가 잘 된다. 정말 아이가 읽고 싶은 마음이 있는 아이는 집에 가지고 가도 되냐고 물어본다. 그런 질문이 나왔다는 것은 독서 동기유발이 잘된 것이다.

다음 성적을 두 배로 올리는 책 읽기 방법을 실천해보자.

첫째, 대화 속에 교과관련 도서 내용을 넣어 이야기하자.

자녀와 대화도 쉽게 하고 공통된 화젯거리도 나눌 수 있다. 일석이조다. 이 사실을 모른다면 엄마나 아이가 학교에서 공부한 것을 문제풀이와 정답 맞추기에 초점을 둔다. 문제의 답이 틀리면 다시 교과서 내용을 읽고 문제의 답을 고르게 된다. 시간 낭비고 머리에 오래 남지 않는다. 일시적인 해답 찾기다.

이제는 교과평가가 단답식 문제 출제보다는 서술식 문제로 늘어가고 있다. 수행평가도 마찬가지다. 교과평가에 대한 문제유형을 알아야 아이의 공부를 도울 수 있다. 가정에서 엄마가 교과관련 도서를 읽고 아이와 대화 속에 사례를 들어 이야기해보자. 아이가 학교에서 엄마가 읽어준 내용을 공부한다면 분명히 엄마의 이야기가 연상될 것이다. 절대 잊어버리지 않는 강한 경험이다. 엄마와 이야기한 책 이야기는 아이에게 학습의 자원이 되어 성적을 두배로 올린다.

둘째, 책 한 권을 아이와 엄마와 읽고 토론을 해보자.

엄마가 알아야 아이도 믿고 따른다. 아이가 엄마에게 질문하거나 스무고개를 하듯이 아이도 질문을 계속 유도할 수 있다. 서로 이야기하면서 공부한다는 것은 사고력도 길러진다. 이야기 하는 과정은 내가 모르는 것에 대해 알게 되고 한 번에 여러 가지를 알게 된다. 교과서에서만 알았던 공부가 엄마와 아이가 책 한 권으로 토론하는 과정 속에는 풍부한 지식과 지혜를 얻는 폭넓은 학습이 된다.

결국 자녀에게 학습, 인성 등 고루 도움이 된다. 토론은 엄마와 아이는 서로를 알아가는 과정도 되어 학습의 효과는 크다. 서로의 생각을 알면 공통된 점을 찾아 말할 거리를 찾는다.

창의이야기인문학교에 반장을 맡은 김애경 선생님은 나와 독서토론지도사 과정을 공부한다. 중학교 1학년 현정이 엄마면서 독서육아 책을 읽는 엄마다. 현정이 엄마는 아이가 유치원 때부터 책을 좋아해서 엄마가 책을 읽게 되었다고 했다.

지금은 중학생이 된 딸과 《메타인지로 공부하기》라는 책으로 같이 읽고 토론을 하고 있다. 엄마와 딸이 함께하는 '어깨동무' 독서토론을 과정중심이라 했으며, 딸의 공부에 몇 배의 도움을 준다고 했다.

셋째, 꿈이 있는 책으로 학습에 집중하게 하자.

꿈이 있는 아이는 어떤 감정에도 휘둘리지 않는다. 꿈의 목표를 눈에 그리고 공부한다. 그래서 공부를 할 때는 공부에만 집중한다. 사실 공부의 집중력이 부족한 것은 머리가 아니라 자신의 꿈에 대한 확고한 신뢰가 없기 때문이다.

자신의 신뢰는 자신을 사랑하는 꿈에서 생긴다. 우리 아이의 꿈이 무엇인지, 무엇을 향해 가고 있는지 목적지를 찾아주면 공부의 목표도 생긴다. 목표 방향이 잠깐 틀어져 다른 방향으로 흘러가는 돛단배 같은 아이가 된다면 아이의 꿈을 다시 쓰고 자신을 믿도록 코칭하자.

아이에게 공부만 강요할 것이 아니라 꿈과 관련된《존 아저씨의 꿈의 목록》책을 읽게 하면서 동기부여해주어야 한다. 꿈은 학습을 동기부여해주면서 동시에 학습에 집중하게 한다. 즉 스스로 공부하고 성적을 배로 올릴 수 있다. 꿈은 무엇이든 집중하게 하는 과녁과 같다.

넷째, 책의 배경지식 활용으로 자신감을 갖자.

한 번은 동물의 한살이 중 각자 좋아하는 동물을 관찰하여 한 장의 보고서를 쓰는 시간을 마련했다. 3학년 지원이는 전국 독서 토론대회에 나가기 위해 사전에 예영의《귀신 쫓는 삽사리 장군이》책을 읽고 논술과 토론을 했다. 지원이는 읽고 쓰고 토론을 하다 보니 멸종 위기의 천연기념물 삽살개에 대한 새로운 지식을 알게 되었다. 시대적 배경이 일제강점기라는 것, 동물을 사랑하는 기환의 동물 사랑에 깊은 감동을 받았다.

지원이는 집에서 기르는 동물에 대한 경험과 동물이 나오는 독서경험이 〈동물의 한살이〉 단원에 나오자 학습에 대한 집중력과 발표가 한꺼번에 나오기 시작했다. 친구들은 입도 떼지 못한 상태인데 지원이는 삽살개 박사가 되어 있었다. 게다가 일제강점기 시대 일본 사람들이 삽살개에 대한 잔인함을 보여준 것도 덧붙여 이야기를 했다. 일제시대와 관련된 역사 이야기도 했다. 한 동물을 공부하면서 몇 가지를 얻어가는 학습효과를 보여주었다.

지금은 우리 동네에 삽살개가 보이지도 않아 입에도 오르내리지도 않던 동물이다. 친구들이 아는 것은 교과서에 제시된 동물그림과 글이 전부였다. 친구들은 지원이가 이야기하는 새로운 정보를 그대로 듣고 있었다. 지원이의 독서효과는 친구들이 아는 것 이상으로 학습이 되어 있었다. 그렇다면 과학평가에서 성적은 두 배의 효과를 얻는다는 것은 두말하면 잔소리다.

나는 수업의 학습동기유발과 학습목표, 순서를 이야기하고 학습내용으로 들어가는 단계에서 도서관으로 가게 한다. 만약 동물의 한살이에 대한 관련 도서를 찾는다면, 《동물 백과사전》, 《둠벙마을 되지빠귀 아이들》, 동물사전, 친구가 신나게 발표한 《귀신 쫓는 삽사리 장군이》, 《동물도감》 등이 있다. 수업에 총 동원된 자료들을 아이들끼리 돌려보고 글과 그림으로 정리할 수 있다.

교과 시간에 교과 외의 교과연계 도서를 충분히 활용한다면 학습성적도 두 배 이상으로 올릴 수 있다. 엄마와 함께 교과연계 도서를 알아보고 독서육아 계획을 세워보자.

독서교육은
학습의 동기부여다

학교에 등교하면 아이들은 제일 먼저 가방을 내려 놓고 숙제를 제출한다. 그다음으로 학교 도서관으로 직행한다. 그렇게 하루의 첫 만남을 책 읽기로 시작한다.

글을 잘 모르는 친구에게는 책을 읽어주어 남을 돕는 행동도 하루씩 돌아간다. 글밥이 적고 눈으로 그림을 볼 수 있는 그림책을 읽어준다. 그다음은 귀로 듣는 즐거움과 눈과 마음에 행복감을 주기 위해 교실에서 그림책 읽어주기를 한다.

나는 책 읽어주기 전 아이들에게 "누구 책을 읽어줄까?" 하고 물어본다. 아니면 아이들 중 기분이 좋지 않은 아이의 빌린 책을 선택해서 읽어준다. "제 그림책을 읽어주세요"라고 말하는 아이 것도 읽어준다.

책 선정은 그날그날 아이의 심리상태에 따라 달라지기도 한다. 아이들은 내가 빌려온 책이 선정된다는 것을 좋아한다. 단박에 자랑거리가 생긴다. 도서관에서 내가 빌려왔다고 친구 앞에서 말할 거리가 생겼기에 자랑이지만 좋은 자랑이다.

그래서 선생님이 아침에 책 읽어주기는 학습 시작 전 동기부여
의 시작이다. 책을 통한 하루의 첫 시작은 아침부터 마음의 동기
를 부여하는 창문과 같다.

맞벌이 철이 엄마를 만났다. 퇴근 후 자녀에게 독서를 어떻게
지도하는지 물어보았다. 엄마는 순서대로 이야기했다. 제일 먼저
아침에 정해준 엄마의 과제를 점검했다. "숙제 했니? 책 한 권 읽
었니? 일기 썼니?"라고 엄마의 말부터 했다. 하지만 3학년 올라와
서 아이는 엄마의 습관적 물음에 따라주지 않는다고 엄마는 걱정
아닌 걱정을 했다. 이제는 엄마의 말이 들리지도 않고 여러 번 말
을 해야 겨우 움직였다. 그러면서 저학년때 말 잘 듣던 이야기만
했다.

나는 철이 엄마에게 엄마가 묻는 말을 아이가 반대로 엄마의 하
루를 묻게 만드는 것이 어떠냐고 제안해보았다. "엄마 누구와 점
심을 드셨어요? 오늘은 사람들 몇 명을 만났나요? 사람들과 어떤
이야기를 했나요? 기분 좋은 일은 있었나요?"라고. "아이도 엄마
에게 같은 말을 매일 듣는 것보다 엄마에게 묻는 말을 하게 해서
스트레스 안 받게 하는 것이 좋지 않나요?"고 말해보았다. 즉 엄마
가 아이를 보고 화내지 않는 방법을 해보는 것이다. 아이가 묻고
엄마가 대답을 하면 엄마는 한 번 생각할 것이고, 아이는 질문을
연구할 것이기 때문이다.

엄마 마음이 진정되고 아이에게 집중되고, 아이는 엄마에게 집
중된다. 서로 역지사지 하는 입장에서 엄마와 자녀가 서로 상처를

주지 않는 방법이라 할 수 있다. 엄마가 화내지 않는 방법과 엄마에게 질문하는 아이로 될 것이다.

학교에서 돌아온 아이의 기분도 알아보자. 아이 입장에서 보면 아이는 학교에서 있었던 많은 이야기를 집으로 가지고 왔다. 그런 아이에게 엄마가 해줄 일은 무엇일까? 생각해야 한다. 아이는 학교에서 있었던 일을 쏟아놓으려고 집으로 간다.

그런데 엄마의 눈에 보이는 장면만 이야기를 한다면 학습동기가 될까? 아이의 충분한 이야기와 휴식이 있고 그다음 이어질 공부가 되어야 학습효과도 있다. 그래야 가정에서도 학습 동기부여가 된다.

나는 교과수업 시간에 학습목표를 높이기 위해 동기부여 시간을 가졌다. 과학교과에서 용액의 진하기를 어떻게 비교하는지 알아보는 수업을 했다. 아이들에게 용액의 진하기를 알기 전 사해바다에 대해 사전지식을 알아보았다.

나는 수업 도입부분에서 사해바다에서 둥둥 떠 있는 사람들이 책을 보고 있는 사진을 보여주었다. 그런 다음 사람들이 왜 물에 둥둥 떠 있는 이유를 질문했다. 아이들 중 사해바다 관련 책을 읽거나 세계여행에 대한 동영상 시청을 한 아이는 사해바다에 대해 발표했다. 이렇게 학습단계에 들어가기 전 사전 배경지식은 학습활동에 적극 참여하게 되면서 학습단계가 무엇인지 궁금증을 유발시킨다.

아이들에게 학습목표에 도달하기 위한 동기부여 단계에서 학습의 흥미를 높이고 문제 파악하도록 자극을 주어야 한다. 두뇌에서 학습의 흥미를 유발시키기 위한 작업을 해야 한다. 특히 동기유발은 사전경험, 지식이 총동원된다. 결국은 많이 경험하고 책을 읽은 아이들이 잘 참여한다. 학습활동단계에서도 동기유발단계는 선생님과 아이들의 활동이 활발하게 질문과 답하기로 돌아간다. 과목에 따라 실험, 실습, 만들기, 읽기 등 다양한 활동과정에서 학습 사고력이 증진된다. 또 교과 학습활동 과정 속에 교사의 경험, 아이의 경험, 책과 관련 이야기 등이 융합되어 하나의 학습목표를 도달한다. 학습 의욕은 촉진되어 동기부여가 되어 있다.

아이들과 쉬는 시간, 현장체험 활동 시간, 점심시간을 이용하여 독서와 관련된 말과 행동으로 소통하는 것도 동기부여의 한 부분이 된다. 엄마들도 가정에서 많은 대화나 책 이야기, 교훈이 되는 이야기도 아이에게 학습할 준비를 갖추게 하는 것이다..

3학년 과학 전담 시간이었다. 아이들에게 과학 단원 주제에 맞는 토론을 한다고 교과와 연계된 책을 도서관에서 찾아오라고 했다. 아이들은 집에서 키우는 애완동물로 학습자료의 일부분에 활용하면 공부 자체를 즐거워한다. 도서관에서 책을 빌려온 아이들은 동물들이 사는 형태, 새끼 낳는 시기와 마리 수, 좋아하는 먹이의 종류, 사는 곳과 습성 등을 자세히 조사해 나갔다.

선희는 동물에 관한 책을 보여주면서 집에 개와 토끼를 키우고 동물을 좋아한다고 했다. 선희는 학습할 만반의 태세를 갖추고 있어 친구들과 토론할 때 과학지식을 총동원하여 이야기했다. 친구들의 사전 배경지식은 바닥이 나서 더 이상 주장을 못하고 끝이

났다. 실생활에서 얻어지는 동물의 관찰도 있지만 평소 동물에 관한 책에 관심이 많아 자주 읽은 책이 과학시간에 학습동기부여가 잘 되어 있었다.

그 결과 친구들보다 더 많이 더 깊이 알게 되어 친구들의 학습을 끌어가는 또래가 되었다. 주변 친구들이 많이 배웠다.

아이들은 책을 읽을 때 그림까지 관찰하고 세세한 부분까지 기억한다. 공부한 내용을 서로 공유하고 자기가 아는 것이 있으면 도서관에 가서 그림을 확인한다. 책에서 자기가 좋아하는 동물이나 그림, 경험한 것이 비슷하게 나오면 무척 흥분된 상태에서 발표한다. 교과서에서 끝나는 학습은 아무 효과가 없다. 그냥 두뇌에서 사라진다. 그만큼 자기가 아는 시야에서 더 넓은 시야가 되게 확장시켜 나가야 한다.

엄마가 아이에게 '숙제를 다했니? 공부를 했니?'라고 묻는 것으로 확인하기보다는 스스로 하는 동기부여가 우선되어야 한다. 다짜고짜 '아이에게 공부를 시킨다', '책 읽은 것을 확인시킨다'는 방법은 마음에 부담을 준다. 동기유발은 가볍게 알아가는 학습이다. 즉 운동 전 워밍업이라고 할 수 있다. 충분히 워밍업이 된 후 운동을 하는 것과 안 하는 것은 천지차이다.

운동과 같은 워밍업의 동기유발은 학습의 분위기를 부드럽게 만들어주면서 아이들 뇌의 활성화도 돕는다. 그때는 자유로운 사고가 열리는 순간인지라 그동안 입을 닫고 있었던 아이들도 손을 들고 활발하게 발표한다.

내 아이를 위한 학습동기부여 독서코칭을 다음과 같이 해보자.

- 아이의 교과관련 도서를 먼저 파악하게 한다.
- '공부를 하라'가 아니라 관련도서를 소개하자.
- 엄마가 먼저 읽고 너무 재미있다고 하면서 책 읽기를 유도하자.
- 내 아이의 친구관계를 알아보고 선한 영향을 주도록 관계형 성에 힘쓰자.
- 도서관에 가서 교과서에 나오는 책을 찾아보게 하는 미션을 주자.

점심시간에 아이들이 교실에 모여 있어 《이솝우화 123가지》 중 〈사자와 곰, 여우〉를 읽어주었다. 사자, 곰, 여우가 나오는 동물 이야기가 나오니까 독서습관이 없는 인진이가 슬금슬금 다가왔다. 눈으로 책에 그림이 있는지 살펴보더니 귀로 들었다. 책을 다 읽어주자 갑자기 아이들이 교실 바닥에 펼쳐두었던 그림책을 소리 내어 읽기 시작했다. '책을 읽어라'라고 말을 하지 않았는데 내가 읽어준 책이 재미있다고 생각했는지 아이들은 갑자기 책이 있는 쪽으로 가서 소리 내어 읽기 시작했다. 아이들은 시키지도 않았는데 책 읽어준 선생님 흉내를 내고 있었다.

이처럼 짧고 집중할 수 있는 책도 아이들에게 다음 행동으로 옮길 수 있는 마음의 동기부여를 줄 수 있다. 책도 마음이 따라가야 동기부여가 되고 그 단계가 지나면 학습과 이어지는 것이다.

책 읽는 아이가
공부하는 아이를 이긴다

"선생님 공부 안 해요?"

학기 초, 처음 만난 아이들에게 책을 읽어주면 공부하지 않느냐고 묻는다. 교과서 속 한계에 갇힌 아이들을 보면 교과서만 학교 공부라고 생각한다. 교과서 진도를 나가야 공부했다고 인정하는 아이들이 있다. 독서와 연계하여 교과서를 재구성하거나 교과 관련된 독서지도를 하면 공부와의 상관이 없다고 간주한다.

그리고 아이들이 기억하고 있는 공부만 엄마에게 전달할 때가 있는데 그 과정에서 오해가 발생한다. 아이는 하루 중 공부시간에서 가장 기억에 남고 관심 있는 부분을 말한다. 기억나는 부분만 말하면 "교과서 공부는 안 했니?"라고 엄마가 물을 때가 있다. 이럴 때 오해가 생긴다.

선생님이 가장 기본적인 읽기의 기초를 위한 동기부여로 교과서 속에 책을 읽어주었는데 아이들은 기존 공부 방식의 틀이 공부라고 생각한다.

고정관념, 선입견은 부모로부터 습득된 공부방식이다. 여기에 공부 고정관념의 틀을 깨기 위해서는 독서가 있다. 공부의 프레임을 독서의 즐거움과 연결시켜 공부와 연계되도록 해주어야 한다. '책이 공부가 아니다'라는 공식을 버리기 위해 시간은 걸리지만 책 읽는 아이가 공부하는 아이를 이긴다는 신념으로 책을 읽어주다 보면 책의 힘은 세진다.

동아리 엄마 중에 지금 내 아이의 교육을 엄마의 초등학교 시절과 비교해서 말하는 경우가 있다.

내 아이를 엄마의 초등학교 시절에 비추어본다. 내가 달라지기 위해 독서동아리에 참석한 것을 잊어버리고 엄마의 어린 시절 과거를 떠올린다. 이런 상태에서 독서동아리 운영을 하다보면 시간도 많이 걸린다. 지금 현재 내가 바로 보아야 하는데 엄마 자신을 보고 말하기 때문이다.

엄마에게 자녀의 독서육아와 알고 있는 모든 것을 아낌없이 나누어주어도 소용없다. 그 이유는 특별하고 기억에 남는 독서경험이 없었고, 학습성적의 효과를 보았다는 독서를 해보지 않았기 때문이다. 엄마의 기억은 과거 나의 초등학교 공부에 투사되어 지금의 공부를 본 것이다. 교과서로만의 성적을 보았다.

3년 전, 아이들에게 그림책과 동화책을 번갈아가며 읽어주었다. 글쓰기도 매일 했는데 한 엄마가 자녀에게 왜 선생님이 책만 읽어주냐고 물었다.

그 말을 들은 아이는 다음 날, 내게 와서 엄마가 한 말을 전해주었다. 그렇게 전한 아이는 사실 책을 읽어주면 소감 글을 실감나게 쓴다. 책 읽어달라고 할 정도로 책을 좋아했다. 나는 엄마의 말에 섭섭한 것이 아니라 그 아이가 엄마로 인해 책에 흥미를 잃을까 걱정이 앞섰다. 독서습관이 잡힌 아이에게 엄마의 부정적인 말은 곧 자녀의 독서흥미를 잃게 하는 원인이 되기 때문이다.

그럴수록 나는 엄마 말보다는 아이가 책을 좋아하는 것에 더 신경을 썼다. 다시 독서계획을 세우고 3학년 아이들에게 1년 동안 책 읽어주기, 책 읽기, 글쓰기와 병행하여 수업을 해나갔다. 초등학생인 아이들이 엄마에게 선생님이 책 읽어준 목적에 대해 자세히 이해시키지 못해 오해가 되었지만 아이가 커서는 자신을 성장시킨 것은 책이라고 기억할 것이다. 특히 학습의 흥미를 갖고 공부가 된 것이 책이었다는 것으로 기억할 것이다.

엄마가 독서에 대한 앎이 부족하기에 아이에게 묻는 말도 부정적으로 나온다. 그래서 엄마가 독서를 했느냐에 따라 내 아이의 독서기간도 길게 간다.

짐 트렐리즈의 《하루 15분 책 읽어주기의 힘》에서 "읽기는 모든 학습의 기초이다. 읽기는 교육의 중심에 있다. 읽기가 최우선이다. 학교에서 배우는 모든 지식은 읽기에서 비롯된다. 수학문제를 풀려면 복잡한 시험문제를 읽고 이해해야 한다. 과학과 사회 책을 비판적으로 읽어내지 못하면 질문에 답할 수 없다." 그러면서 "읽기야말로 사회적 성공을 이룰 수 있는 가장 중요한 요인"이라고 강조했다. 이런 주장을 뒷받침하는 공식을 다음과 같이 간단하게 말했다.

"많이 읽으면 더 많이 알게 된다."

"많이 알면, 더 똑똑하게 자란다."

"똑똑할수록 학력도 높아진다." (중략)

로 말했다. 《하루 15분 책 읽어주기의 힘》에서 이야기했듯이 책 읽기와 학업성취에 관련된 수많은 연구내용 결과를 말해주었다. 책 읽기는 공부를 이긴다는 의미로 받아들여야 한다.

12월 학교 학부모 및 교사 연수에 신성욱 작가를 초청했다. 뇌과학이 알려준 새로운 생각이라는 주제로, 연수를 위해 학부모에게 작가의 책을 내주었다. 신성욱의 《뇌가 좋은 아이》에서 가와시마 류타 교수는 책을 읽으면 뇌에서 어떤 일이 일어나는지에 대해 질문을 했다. "책을 읽는 일은 뇌를 많이 사용하고 그것을 받아들임으로써 뇌가 더욱 발달하는 선순환이 가능해지는 것이다"라고 답했다.

그러면서 교수는 다른 방법으로 책 읽는 것도 뇌 활동을 하지만 특히 소리를 내서 책을 읽는 것은 뇌 전체가 발달한다고 했다. 전두전야의 발달은 다양한 행동작용이 일어나는데 그중에 배우고 공부하는 능력도 생긴다. 그래서 책 읽기는 전두전야를 단련시키기에 공부 이상의 것이 생긴다고 할 수 있다.

2015 개정 교육과정에는 '한 학기 한 권 이상 읽기'가 국어과에 편성되었다. 이제는 교과서 안의 책의 한 부분, 요약내용이 아닌

보는 시야를 넓히는 것으로 책 한 권을 읽기에 도입이 된다.

3, 4학년부터 책 한 권을 읽는다면 대충 읽고 줄거리만 아는 것이 아니다. 책에 관심을 갖고 한 권의 책을 읽고 제대로 깊이 알아가는 독서교육이라고 할 수 있다. '책 따로 생각해서 책을 읽어라'가 아니라 책과 병행해서 공부가 되어야 한다.

사실 벌써 초, 중, 고학년에서 작품 중심 독서교육을 시작했어야 한다고 생각해왔다. 학교 현장에서 아이들을 살펴보면 책 읽은 아이가 공부를 잘한다. 풍부한 지식과 많은 경험이 있으며 생각 자체가 다르고 공부하는 데 지칠 줄 모르는 에너지가 샘솟는다. 그런 아이는 꿈 너머 꿈도 있다. 장기간 계획이 있어 미래 진로의 줄기가 되어 한없이 뻗어나간다.

아이 혼자만 움직인 것이 아니다. 그런 아이 뒤에는 반드시 그렇게 해준 엄마 독서육아가 있다. 다시 말하면 엄마가 독서의 중요성을 일찍이 터득했다. 막연히 책이 좋다고 생각한 엄마가 그렇게 했다고 생각하지는 않는다.

겨울방학 때 오랜만에 재영이 엄마를 만났다. 재영이 엄마는 아들의 공부에 신경 쓰지 않을 만큼 독서육아를 해온 엄마다. 중학생이 된 지금도 공부는 상위권이다. 재영이 엄마는 태교 때, 유치원 아이들에게 책을 많이 읽어주었는데 그것이 자녀의 태교가 되었다. 아이가 태어나자마자 책을 읽어주어 16개월부터 말을 하고 글을 읽었다.

항상 아이와 눈을 마주치고 책을 읽어주었고, 아침에 일어나면 그림책을 병풍처럼 늘어놓고 그림을 보도록 환경을 만들었다. 명화 그림도 아이에게 볼 수 있도록 그림을 세워 펼쳐놓았다.

초등학교 수업시간에는 집중력이 좋고 아는 것이 많아 질문이 많았고 상식이 풍부하다고 담임선생님들마다 이야기를 했다. 다양한 책을 많이 읽어 명석하다는 말이 생활기록부에 기록이 되었다. 자기에게 관심 있는 분야의 책은 수십 번을 보고 책에 나오는 단어는 대화나 발표할 때 활용했다.

엄마가 강조해서 말한 것이 있다. 초등학교 1학년 때 역사에 관심이 많아 사회성 발달에 관한 책을 구입하여 읽게 했다. 전집을 샀는데 부록으로 준《맹꽁이 서당》만화역사책에 관심이 많았다. 어린아이인데도 불구하고 아침 6시면 일어나서 책을 읽었다. 반복해서 읽고 또 읽어 몇 달 뒤에는 시대별로 역사를 파악했다. 2학년 올라가서는 역사에 대한 이야기가 나오는 시간이 있었는데 아이가 시대별로 발표를 했다.

선생님은 2학년 아이가 조선시대를 시대별로 이야기를 하여 엄마에게 역사책을 다 읽었냐고 놀라면서 물었다. 독서 반복의 힘이 1년 동안 인풋이 되었다가 2학년 선생님이 역사 이야기에서 화산이 분출하듯 아이의 잠재된 역사 이야기가 나왔다. 그 시간 아이는 같은 반 공부하는 아이 모두를 이긴 셈이다.

책 읽은 아이는 다양한 지식과 경험이 쌓여 잠재된 능력이 많아 공부하는 것과 연결만 시켜도 공부 이상으로 뛰어넘는다. 책 읽는 것과 공부가 따로 분리된다는 것은 결코 완전한 공부가 아니다. 책 읽은 아이가 자신이 공부한 것과 통합시켜 복합적인 지식이 나오는 것이다.

그렇게 학교 교육활동이 융합되었기에 독서는 반드시 공부하는 아이를 이긴다고 할 수 있다. 다시 말해 공부하는 아이를 이긴다는 것은 남을 이기는 것이 아니라 나를 이기는 것이다.

3장

생각하는
아이로 만드는
9가지 독서코칭

독서육아는
생각하는 아이로 키운다

코칭(Coaching)이란 사전적 의미로는 '교육하다, 훈련하다, 힌트를 주다, 사실을 알려주다'로 정의된다. 코치가 하는 활동을 코칭이라고 한다. 코칭의 기원은 마차(coach)다. 마차가 도착지까지 도달할 때 도로 사정에 따라 경로를 수정할 수 있다고 볼 수 있다.

스즈키 요시유키의 《코칭력》에서 "코치가 되려면 목표달성 면에서 상대방의 모델이 될 만한 요건을 갖출 필요가 있다. 또 사람들은 좀처럼 자기 안의 보물을 꺼내보려고 하지 않는다. 눈앞에 닥친 문세에만 골몰하여 나른 것을 생각하거나 돌아보지 못한다. 바로 그렇기 때문에 코치가 필요하다"고 한다.

당연히 엄마는 아이의 코치가 되어 아이의 잠재된 생각의 보물을 꺼내는 역할을 해야 한다. 내 아이에게 책을 읽어주고, 같이 책을 읽으면서 생각이 나오도록 질문과 분위기를 만들어야 한다. 이런 활동이 생각하는 아이가 된다.

아이와 가장 많은 시간을 보내고 가깝게 독서코칭을 할 사람은 엄마다. 사소한 잔소리로 아이의 생각을 막는 역할이 아니라 아이 스스로 생각을 열어가도록 코칭하는 엄마를 말하는 것이다. 다시 말해 엄마의 의도가 개입이 되지 않고 아이가 스스로 생각하도록 지지해주며, 생각의 아웃풋이 되도록 초점을 맞추어 나가는 독서 코칭을 말한다.

월요일 2교시에 전교생 아이들에게 도서관활용 수업으로 독일 그림책 작가 프리드리히 카를 베히터의《우리가 바꿀 수 있어》라는 책을 읽어주었다. 이 책은 아이들 모두가 친구가 되고, 새로운 놀이를 만들어 친해진다는 내용이다.

나는 무학년제로 모인 동아리가 함께할 독서놀이계획에 대해 이야기하라고 했다. 아이들에게 도화지를 주고 이야기한 것을 글로 적으라고 했다. 그 사이 나는 동아리별로 모인 아이들에게 다가가 인터뷰(아이들에게 핸드폰에 음성을 저장한다고 하면 잘 말한다)를 했다.

먼저 1학년 정헌이에게 어떤 놀이를 생각했냐고 물어보았다. 그랬더니 "무궁화 꽃이 피었습니다를 변형시켰어요. 술래가 무궁화 꽃이 피었습니다 하고 멈추잖아요. 술래도 멈추게 할 수 있어요. 도망자가 술래가 멈추라고 하면 멈추게 할 수 있어요"라고 말했다. 1학년 아이인데도 놀이를 다르게 만들어 놀 수 있다고 생각했다.

아이들에게 책을 읽어주고 질문을 하면 새로운 아이디어에 신이 나서 말하는 것을 그칠 줄 모른다. 다른 동아리 부서는 그 시간에 놀이계획을 정하지 못했다고 점심시간을 이용해서 더 의논한다고 말했다. 그리고 동아리 부서끼리 만나는 시간을 정했다. 아이들은 《우리가 바꿀 수 있어》의 주인공처럼 놀이를 정하는 이야기에 푹 빠져 들어갔다. 이처럼 아이들에게 책을 읽어주고 독서 체험할 과제를 주면 다양한 생각들이 나온다.

도서관활용 수업이 끝나고 우리 반 교실로 들어왔다. 아이들은 그림책을 멀리서 보여주었더니 그림이 안 보였다고 다시 읽어달라고 했다. 나는 다시 《우리가 바꿀 수 있어》를 읽어주었다. 아이들은 가까이 그림을 보게 되어 이해가 빨랐다고 했다.

두 번 읽어준 책에 대해 아이들의 생각을 발표하라고 했다. 아이들은 "처음 봤을 때는 멀리서 봐서 무슨 그림인 줄 몰랐어요. 그래서 상상을 해도 그림을 모르니까 상상도 되지 않았어요. 실제로 가까이에서 보니까 오리 맞추기에 대해 알게 되었어요"라고 말했다.

그림과 글을 같이 보는 것도 아이의 생각을 더 넓힐 수 있다. 다시 책을 읽어주는 것도 아이들에게 상상의 세계를 넓히고, 자신의 생각을 분명하게 말할 수 있게 한다.

책을 많이 읽었는데 생각할 줄 모르는 아이는 독서의 의미가 없다. 그런데 엄마들 중 책은 읽어주었는데 아이 생각이 달라지지 않는다고 말을 한다. 즉 책을 읽어주었는데 어떤 도움도 없고, 아웃풋도 없다는 것이다.

그러나 독서는 처음부터 그냥 효과가 나오고, 아웃풋이 되는 것은 아니다. 단번에 좋은 생각이 나오길 기다리는 것은 감나무 아래에서 감 떨어지길 바라는 것과 같다. 감을 따는 과정이 있어야 감을 얻을 수 있는 것이다. 아이들이 감을 잘 따도록 도구와 자세가 갖추어져야 하고 그것은 엄마의 독서코칭이 있어야 가능하다.

벽지에서 근무하던 시절, 미술학원에서 서양화를 배우면서 미술선생님(고등학교 미술선생님이었음)이 초등학생들에게 그림 가르치는 것을 엿보았다. 선생님은 아이들에게 생각이 나올 수 있도록 계속 질문하고 그리게 했다. 선생님은 손으로 가르친 것이 아니라 말로 그림지도를 했다. 나는 선생님의 그림지도 방법을 보고 배웠다. 아이들에게 그림지도 방법은 '생각'이었다. 그림의 기술이 아니라 '생각 꺼내기'인 것이다. 미술선생님은 아이들 틈새를 돌아다니면서 생각을 끌어내기 위해 질문과 잠재의식을 나오게 했다. 그림을 배우러 가면 항상 열정적인 목소리가 들렸다.

그 당시 나는 군대표로 미술대회에 나가는 아이들에게 그림을 가르칠 때마다 미술선생님의 미술 지도방법, 즉 선생님의 '생각을 꺼내는' 그리기코칭을 떠올렸다. 그리고 미술선생님의 열정도 포함시켰다. 그 뒤, 나는 미술 학원선생님의 그림 그리기코칭으로 12년간 아이들을 지도했다. 지금은 그림지도코칭을 적용한 독서코칭으로 아이들의 생각을 변하게 한다.

미술선생님의 '생각 꺼내기' 그리기코칭이 독서코칭의 지렛대가 되었다. 즉 책을 읽어주고 계속해서 아이들의 생각이 나오도록 말을 하고 말을 시키는 독서코칭을 했다.

아인슈타인은 "똑같은 생각과 일을 반복하면서 다른 결과가 나오기를 기대하는 것보다 어리석은 생각은 없다"고 말했다. 엄마나 아이가 똑같은 생각과 똑같은 일을 하면 결과는 매일 똑같다. 교사가 현장에서 생각의 변화를 주도록 노력해도 엄마의 변함없는 자녀교육을 보면 아이의 생각도 엄마와 같다. 생각의 유연성보다는 엄마의 생각으로 말한다. 이때는 엄마가 생각을 바꾸라는 신호가 온것이다. 엄마는 아이의 생각을 바꾸도록 새롭게 변할 준비를 갖추어야 하는 시기가 왔다. 가끔 내가 똑같은 말을 하면서 어제와 똑같이 행동하는 나를 발견할 때가 있었다. 그럴 때는 생각따라 행동했다는 것을 알 수 있다.

내 딸도 나를 보고 같은 말, 같은 행동을 한 것을 보았다. 나와 같은 닮은꼴로 행동한다고 생각하니 어떤 새로운 결단이 필요했다. 생각 없이 사는 것을 아이에게 물려준다고 생각하니 정신이 들었다.

한 가지 방법, 책을 읽고 생각을 달라지게 하는 독서몰입을 했다. 독서는 운이 따라주었는지 사람들 앞에서 강연을 하게 되었다. 강연으로 생각도 달라졌고, 그다음 행동도 변하기 시작했다. 점점 나의 생각과 행동에 따라 딸도 변하기 시작했다. 모든 것은 생각하기에 달라졌고 생각에 의해 작가의 꿈도 생겼다.

안네 프랑크는 "내 주변에 있는 아름다운 것들을 생각하라. 그러면 행복해질 것이다"라고 밀했다. 무엇을 생각하느냐에 따라 행복도 달라진다. 몇 초를 생각해도 생각을 어떻게 하느냐에 따라 불행과 행복이 갈리고 불행과 행복이 동전의 양면과 같다. 불행을 누가 생각하고 싶을 것인가? 하지만 자신도 모르게 불행하게 생각하는 것으로 몰고갈 수도 있다. 인간은 습관의 동물이기 때문에 매일 습관적으로 행복을 생각하면 행복해진다.

나는 아침 학교로 가는 출근길에 하브 에커의 《백만장자 시크릿》 부록의 한쪽을 읽으면서 쓸데없는 생각이 들어오지 못하게 한다. 저자의 메시지처럼 부자 마인드로 생각하니까 긍정적인 생각과 긍정의 에너지가 되어갔다. 아침 출근길에 손바닥 크기의 부록을 읽는 독서는 나를 즐겁게 해주는 일이 되었다. 행복하게 학교로 향하고 있다. 이왕이면 엄마의 독서로 새로운 생각을 만들고 아이도 새로운 생각을 갖게 하자. 행복하게 사는 나를 생각하는 것이 곧 내가 된다. 생각과 행동은 서로 떨어질 수 없는 관계이기 때문이다.

6학년 도일이는 책의 주인공을 자신의 현재 생활에 비추어 부정적인 면을 보인 적이 있었다. 도일이는 독서습관이 있어 책을 읽지만 하교 후 집에서 대화 나눌 사람은 부모가 아닌 할머니, 할아버지였다. 부정적인 생각을 걸러주는 부모가 안 계시자 자신이 생각한 대로 학교에 왔었다. 그래서 아이가 해결하지 못하는 일에 대해서는 자신도 모르게 불안한 생각을 했다.

나는 도일이의 두려운 생각을 벗어나게 하기 위해 책을 읽게 하고 꿈도 갖도록 지도했다. 칭찬도 함께 넣어 생각을 바꾸게 했다. 도일이의 김중미의 《괭이부리말 아이들》 독후감을 쓴 노트에다 가난에 대한 글을 썼다. 자신과 생활이 비슷한 사람들을 격려했으며, 그 안에서 자신의 꿈도 찾아갔다.

이렇듯 아이의 생각은 독서를 통해 자신을 찾으면서 달라진다. 엄마도 책을 읽고 엄마 생각도 성장해야 아이의 생각도 달라지는 것을 알 수 있다. 엄마가 매일 같은 말, 같은 행동, 바뀌지 않는 습관이라면 아이에게 생각코칭을 할 수 없다. 하지만 엄마 자신이 생각을 바꾸기 위한 긍정적인 책을 읽고 자신을 성찰하면 생각이 달라진다. 그러면 아이에게 질문하는 말도 아이에게 생각하게 하는 힘을 준다. 생각을 바꾸는 엄마가 되어 아이의 생각을 변하도록 코칭하자. 엄마의 생각이 곧 내 아이의 생각이다.

하루 10분 책 읽어주기로
사고를 자극하라

나는 엄마들에게 "아이에게 책을 읽어주나요?" 물으면 대부분 "책 읽어줄 시간이 없어요"라고 답한다. 엄마들과 상담하다보면 아이가 늦은 밤에 학원에서 온다고 한다. 학원에서 공부를 다 했기에 그다지 독서는 신경을 쓰지 않는다. 독서육아를 하지 않은 엄마에게 독서육아 모델링이 보이지 않는다는것은 당연하다.

내가 지금 만나는 사람이 지금의 나라고 누군가가 말했다. 나의 관심사에 따라 보이기도 하고 들리기도 한다. 그래서 많이 보고 많이 듣는 것이 나를 만들고 그렇게 생각하고 그렇게 산다.

유치원 때부터 초등학교 저학년 때까지 딸에게 마이클 로젠의 《곰 사냥을 떠나자》 그림책을 반복해서 읽어주었다. 그림책도 읽어주었지만 딸에게 원어로 된 그림책의 테이프도 들려주었다.

원어로 된 그림책도 같이 들려주면 좋을 것 같아 영어 원어 전문서점에 가서 원어로 된 《We're going on a bear hunt》 그림책을 샀다. 그 당시 원어로 된 책에는 노래와 챈트가 있는 테이프로 되어 있었다. 딸에게 원어 영어그림책의 테이프를 들려주고 한글판 그림책은 내가 읽어주었다. 둘 다 번갈아 들려주었다.

《곰 사냥을 떠나자》 책은 리듬감이 넘친 문장으로 되어 있고, 의성어가 들어가 있어 재미를 더해준다. 글의 활자가 작았다 커졌다 하는 변화도 있다. 딸에게 몇 번이고 읽어주어도 책 뒷부분에서 상상을 마음껏 하게 해주는 책이라서 더 좋아했다.

딸이 초등학교 3학년이 되어 원어민학원에 다녔다. 하루는 영어학원을 갔다 와서 "엄마 내가 영어학원에서 화장실을 갔다 오는데 다른 교실에서 내가 많이 들었던《곰 사냥을 떠나자》영어 챈트가 들렸어요"라고 했다.

그동안 내가 잊고 있었던 그림책이다. 딸은 알고 있었던 그림책의 이야기를 오랫만에 듣게 되어 좋아했다. 어렸을 때 매일 읽어주었던 책이 잠재되었다가 아이가 성장하여 들었을 때는 기쁨의 배가 되었다. 독서로 잠재된 이야기들은 새로운 아이템이 필요할 때 사고를 자극하게 하는 도구가 된다. 하루 책 읽어주기는 아이에게 사고를 자극할 새로운 도구로 저장해두는 것과 같다.

멤 폭스의《하루 10분 책 육아》에서 아이와 친구가 되는 과정을 누린다는 것이야말로 아이에게 소리 내어 책을 읽어주는 일의 가장 큰 장점이라고 한다. 또 책을 읽으며 맞닥뜨리는 단어와 그림, 아이디어와 관점, 리듬과 운율, 고통과 위안, 희망과 두려움, 그리고 삶의 거대한 문제들을 아이와 함께 나눌 수 있다고 한다. 엄마와 아이가 신뢰하는 관계는 독서에만 국한된 것이 아니다. 아이의 인성에도 영향을 준다. 책을 읽어주는 엄마로 사고를 촉진시켜 내재되어 있는 잠재의식을 자극시켜보자. 아이의 사고가 촉진되도록 엄마와의 관계형성, 따뜻한 사랑, 인정하는 모습도 보여주어야 한다. 아이의 무궁무진한 사고를 열도록 도와주는 것은 아이 안의 잠재력을 끌어내는 힘이 있기때문이다. 빙산에 잠긴 잠재력을 바다의식 수면 위로 올려놓는 일이야말로 엄마의 독서코칭의 힘이다.

아이들에게 그림책을 읽어주는 시간은 10분이면 된다. 학교 등교하여 아이들은 도서관에서 그림책 한 권을 읽고 교실로 들어온다. 그 전 학교에서도 3학년을 담임할 때도 매일 읽어주었지만 지금 2학년 아이들도 계속 읽어준다. 아이들은 자기가 빌려온 책을 읽어준다는 말을 제일 좋아한다. 주로 10분 그림책을 읽어주고 5분 이야기를 나눈다. 바로 이어 〈작가노트〉 공책에 생각을 적는다. 다 쓴 아이는 자기가 쓴 글을 읽으면서 생각하게 한다. 10분 그림책을 읽어준 것에서 그치지 않고 자기의 생각을 쓰고 읽도록 하여 사고를 자극하게 한 것이다.

새학기부터 지금까지 쓴 〈작가노트〉 공책을 보면 아이들의 생각이 달라지고 있다는 것을 비교할 수 있다. 하루 10분 책 읽어주기의 효과는 아이들의 이야기와 글 쓴 내용에서 생각이 달라짐으로 알 수 있다.

차츰 독서습관도 생겨서 으레 그림책을 읽어주면 글을 쓴다. 쉬는 시간 놀이활동을 보면 아이들 대화속에 책의 내용이 들어갔다.

놀이에도 그림책 이야기 한 부분이 차지하여 계속해서 사고하고 이야기를 만들어간다는 것을 알 수 있었다.

아이들에게 책을 읽어주고 즉시 독후결과를 바라면 안 된다. 아이의 사고를 넓혀주는 자극제가 되길 바라는 마음에서 책을 읽어주어야 한다. 책을 읽어주는 사람과 아이와의 관계는 신뢰가 쌓인 상태에서 상호작용이 일어나야 사고가 촉진된다. 글을 쓸 때, 무엇을 어떻게 쓰라는 제약이 들어가면 생각이 막힌다. 그래서 다양한 이야깃거리가 나오도록 사고의 범위를 넓게 잡고 자유롭게 쓰도록 해야 한다. 엄마와 아이가 상호작용하면서 사랑의 촉진제인 책 읽어주기가 있어야 사고도 활발하게 일어난다.

월마다 진행하는 교사독서교육협의회 연수가 있었다. 교대 미술교수를 초청하여 명화감상 연수를 했다. 미술연수는 대학교 이후 오랜만이라 듣는 미술 감상 강의라 새로웠다.

미술 감상 순서는 다음과 같다. 유명한 명화 중 자기가 마음에 들면 고르게 했다. 그런 다음 A4용지에 명화를 보고 자기가 아는 것, 느낌을 적었다. 그림에 대해 자유롭게 쓰라고 하여 아이들 지도한 경험을 살리고 내가 아는 지식과 그림을 살펴보면서 생각나는 대로 자유롭게 썼다. 그림에 대해 질문과 답을 요구하지 않아 더 자유롭게 표현할 수 있었다. 우리의 생각을 다 쓰자 교수님은 명화 뒷장에 나와 있는 작품설명을 다시 보라고 했다.

나는 조르주 피에르 쇠라의《그랑드자트 섬의 일요일 오후》명화를 내가 아는 만큼 글을 썼다. 하지만 작품 해설과 교수님의 설명을 들으면서 나는 많은 것을 모르고 있었고, 내 자신이 다 알고 있다고 믿고 살았다. 하지만 작품에 대한 작가 이야기, 작품 연도, 시대적 배경, 인물이 하는 일, 그림 기법 등 모르는 것도 많았다. 마치 그림 한 장이 주는 메시지는 책 한 권에서 얻는 가치와 같았다. 우리는 교수로부터 명화 감상코칭을 받으면서 명화에 대한 생각을 다시 갖게 되었다. 감상코칭으로 보는 눈과 사고의 자극제가 되었으며, 왜 세계 명화인지 알게 되었다.

교사 연수는 배움의 동기를 주는 명화 감상코칭이 되었으며 새롭게 보는 시각을 열어주었다. 그림책의 그림도 화가들의 작품과 같아 아이들이 그림을 보고 상상하고 생각한다. 그것이 아이들의 사고를 자극한다.

3학년 아이들에게 구로야나기 테츠코의 《창가의 토토》를 매일 10분 동안 읽어준 적이 있었다. 책을 읽어주자마자 아이들은 마치 토토가 옆에 있는 것처럼 토토에게 빠져들었다. 한 권을 다 읽어줄 때까지는 모두 토토처럼 행동했다.

창가의 토토를 읽어주는 날에는 토토 같은 아이들이 교실에 돌아다녔고, 토토의 유행어가 교실에 돌았다. 경희가 쓴 《창가의 토토》에 대한 소감 사례를 살펴보자.

오늘은 선생님께서 시간이 남아서 내가 좋아하는 《창가의 토토》를 읽어주셨다. 난 기분이 좋아졌다. 여름방학에 대한 내용인데 엄청 스릴 넘친다. 토토가 여름방학이 시작될 때 캠프를 연다고 통지문이 나와 교장선생님 말씀을 듣는데 웃겼다. 야영을 땅이 아니라 강당에서 한다는 것이다. 난 속으로 웃겨 죽는 줄 알았다. 궁금한 건 어떻게 강당에서 야영을 하는지 말이다. 텐트를 치고 담력시험을 보았다. 그래도 끝까지 간 아이들은 없었다.

얼마나 무서웠으면 그럴까? 그런데 조금 웃긴 것은 귀신 연기를 하려던 7명의 아이들이 기다리다 무서워서 나왔다는 것이 그것도 울며 선생님 손에 끌려왔다. 다른 애들도 다 끌려왔다. 귀신이 끌려오니 아이들은 다 깔깔대며 웃었고, 귀신으로 변장한 아이들도 울다가 웃었다. 이 내용을 듣고 나도 언젠간 담력시험을 해봐야겠다는 생각이 들었다. 난 한 번도 담력시험을 해본 적이 없기 때문에 해봐야겠다는 생각이 났던 것이다. 아빠한테 꼭! 얘기해야지! 그다음 이야기는 토토의 대모험이다. 기대가 된다. 재밌었다.

그 당시 아이들 모두 그렇지만 특히 경희는 '창가의 토토'라고 할 수 있었다. 한동안 '창가의 토토' 이야기는 반의 화젯거리가 되어 모든 말에 인용되었다. 사소한 친구들의 기분 나쁜 말투나 작은 싸움도 토토 덕에 잘 넘어갔다. 토토도 그렇게 개구쟁이였으니까 자기들도 이해한다고 생각해서 장난치는 아이를 잘 받아주었다. 무엇보다 경희는 토토의 영향으로 어휘력이 많은 수다쟁이가 되었다. 토토가 된 경희가 엄마에게 선생님에 대해 좋게 이야기를 했다고 했다. 토토 덕에 경희가 나의 팬이 되었다.

10분씩 읽어주는 《창가의 토토》는 아이들의 작은 사건들을 통과시키는 힘도 되었다. 창가의 토토는 아이들 사고를 자극하는 신드롬이였다.

이처럼 매일 하루에 10분씩 책 읽어주면 매일 사고가 자극되어 어휘력, 친화력, 상상력, 사고력, 집중력, 표현력 등이 길러진다. 그날 읽어준 그림책 장면은 머릿속에서 떠나지 못하고 생각이 작동하여 친구와 같은 생각을 서로 공유하면서 대화의 자료로 즐겁게 생활한다. 친구와 학교생활에서 토토처럼 언어를 사용하는 과정에서 어휘를 익히고 어휘 사용경험이 사고력을 촉진시킨다. 아이에게 사고를 자극받는 만큼 아이는 사고한다. 하루 10분 책 읽어주기로 사고를 자극하여 생각하는 아이가 되도록 하자.

그림책 읽어주기로
상상력을 자극하라

입학한 1학년 학부모 중 50살 늦둥이 아빠가 있었다. 매일 아침 아들을 따라 아빠도 등교했다. 점심때가 되면 집으로 돌아갔다. 그 시간까지 아빠는 아들의 공부 소식이 궁금했다. 쉬는 시간이면 아이가 밖으로 나오길 기다렸다.

밖으로 나오는 아들을 만나면 아들을 붙잡고 오늘 수업이 어땠는지 물어보았다. 친구관계, 기분, 무슨 시간 등 여러 가지를 알고 싶어 했다. 친구들과 뛰어놀고 싶은 아이의 심정과는 거리가 멀게 아빠는 오로지 아들의 하루를 듣고 싶어 했다.

매일 찾아오는 아빠는 '전설의 아빠'가 되었다. 주로 아빠의 활동은 학교주변, 복도, 화단에서 기웃거렸다. 하루는 그런 아빠를 보고 한 가지 제안을 했다. "아들을 보고 싶어 밖에서 기다리지 마시고 교실 안으로 들어와서 같이 공부하는 것이 어때요?" 했다. 나는 교실 안에 들어온 아빠에게 무엇을 하게 할까 고민하다가 그림책 읽어주는 아빠로 정했다.

나는 "그림책 읽어주는 아빠가 되는 것이 어때요?" 말했다. 그것이 아들을 교실 안에서 보는 방법이라고 했다. 아빠는 수업시간에 아들의 수업을 볼 수 있다고 하자 바로 승낙했다. 아빠는 아들도 관찰하고 그림책도 읽어주는 일석이조의 효과를 얻게 되었다. 나는 곧바로 아빠에게 그림책 읽어주기 코칭을 했다. 즉 아이들을 쳐다보며 읽어주기, 읽어주는 속도, 그림책의 그림 보여주기의 순간, 읽는 태도, 시선 주고받기, 페이지 넘기는 법을 코칭했다.

교실 밖에서 기다리는 아빠가 아니라 교실 속 마을선생님처럼 책 읽어주는 아빠가 되었다. 아이들은 특별히 부모님 중 한 분이 책 읽어주는것을 좋아했다. 아빠라는 말에 무척 호기심을 가졌다.

드디어 책 읽어주는 날, 일표 아빠는 모리스 샌닥의《괴물들이 사는 나라》를 독서 코칭한 대로 잘 읽어주었다. 일표 아빠는 아이들에게 마치 아들에게 읽어주는 것처럼 정성을 다해 읽어주었다. 아빠가 그림책 읽어주기는 아이들의 집중력을 높이는 데 그야말로 최고였다. 그림책에 나오는 괴물들의 표정과 움직임에 따라 아이들의 얼굴 표정도 수시로 달라졌다.

한 아이는 괴물 그림 장면을 보기 위해 몸을 앞으로 내밀고 자세히 들여다보았다. 마지막 맥스가 집으로 돌아온 장면에서는 "다행이다"라고 소리를 쳤다. 소희는 맥스가 계속 괴물들과 있으면 엄마를 못 만날까봐 걱정을 했다고 말했다. 어떤 상상을 했는지 물어보았더니 소희는 "괴물들과 친하게 노는 것도 좋지만 엄마를 못 만나면 어떻게 될까 그 생각 때문에 조마조마했어요"라고 했다. 외동아들 천진이는 "괴물들이 우리 집에 있었으면 좋겠어요.

저랑 친구하게요"라고 말했다. 아빠가 읽어준 그림책에 대해 아이들은 서로 자기 이야기하기에 바빴다. 일표 아빠는 아이들에게 책을 읽어준 후 다음과 같이 소감을 말했다.

"책을 읽어주는 동안에 아이들이 조용히 듣는 자세가 너무 좋아 책 읽어주는 내가 더 떨리고 조심스러웠어요. 아이들이 그림책 듣는 태도가 너무 좋았어요."

그림책 읽어주기를 직접 체험한 사람만이 느낀다. 내가 아이들을 직접 가르치는 것과 남이 가르치는 것을 보는 것과는 느낌이 다르다. 그림책을 읽어주는 동안에는 머릿속으로 온갖 아이들의 반응에 신경을 쓰면서 읽어주기 때문에 책 읽어주기는 쉽지 않다. 그래서 부모도 아이들에게 책 읽어주기에 참여하면서 아이들의 반응을 보는 것도 내 아이를 볼 수 있다. 그림책 읽어주는 동안 아이들이 어느 부분에서 좋아하는지 알기 때문이다. 아이들에게 매일 그림책을 읽어주면서 아이들의 생각이 변하는 것을 보면 행복하다.

2학년 정효는 앤서니 브라운의 《우리는 친구》의 예쁜이만 상상하면 기분이 좋다고 했다. 경철이가 화가가 되겠다고 한 것은 바로 '예쁜 고양이'였다.

한글 해득이 되지 않는 아이도 그림책으로 자신의 꿈을 상상할 수 있다. 그림이 상상력을 자극하고 귀에 들려오는 이야기들이 풍부한 상상 세계로 이끈다.

정효가 그림책을 통해 하고 싶은 꿈을 상상했다면 반드시 글을 읽을 것이라 믿는다. 좋아하는 글자부터 그림책에서 골라 읽기를 한 정효는 시각으로 읽고 상상하고 즐거워했다.

나는 신문기사에서 미국 오바마 대통령 시절, 어린이날 아이들에게《괴물들이 사는 나라》를 읽어준 장면을 보았다. 나라의 일로 바쁜 대통령도 시간을 내어 아이들에게 책을 읽어주었다. 오바마 대통령은 책을 읽어주면서 괴물들처럼 손가락이 무엇을 잡듯이 손을 내밀고 무서운 얼굴 표정을 했다. 아이들에게 책 읽어주기를 선물하는 대통령의 사진은 진지하고 최선을 다하는 아빠의 모습 그 자체였다. 대통령의 괴물 얼굴 표정과 신체 표현은 보기만 해도 아이들에게 상상력을 불어넣어주기에 충분했다.

아이들 수준에 맞는 그림책과 신체표현과 음성은 상상력을 자극하기에는 좋다. 오감을 갖게 만드는 그림책 읽어주기는 상상력을 자극하기에 최고다.

6월, 교사와 학부모 연수를 위해 이상희 작가를 초청하여 강연 시간을 가졌다. 한 달 전부터 작가 섭외를 한 후 작가와의 만남의 시간은 이루어졌다.

이상희 작가는 2학년 교과서에 나오는《선생님, 바보 의사 선생님》을 소개를 했다. 엄마들에게 그림책이 만들어지기까지의 과정이 쉽지 않다는 것을 말했다.

그림책은 보통 3년이 걸리는데 글 안의 장기려 선생님이 살던

곳을 여러 번 방문하고 그곳의 장소에서 시대의 배경을 알아냈다. 주인공의 지인들을 아시는 동네 분들로부터 조금이나마 주인공의 이야기를 듣고자 노력했다.

직접 현장을 찾아다니며 책 쓰는 노력의 결과를 부모님께 들려주었다. 작가의 그림책이 탄생하기까지의 3년이 보통이라는 말씀에 학부모님들은 그림책의 가치를 다시 한 번 실감했다. 이심전심 학부모독서동아리의 작가와의 만남 소감글은 다음과 같다.

A 엄마: 작가님이 직접 쓰신 책을 직접 읽어주셔서 더 좋았습니다. 그냥 무심히 책의 내용만 읽어줬는데 그림을 보면서 좋은 그림책을 찾아서 읽어줘야겠습니다.

B 엄마: 책은 무조건 많이 읽어주면 좋은 줄 알았습니다. 한 권을 읽더라도 제대로 기억되게끔 열심히 읽어줘야겠습니다. 작가님과의 뜻깊은 만남 아주 좋았습니다.

C 엄마: 책 속에 있는 그림이 먼저 어떤 그림인지 그것에 따라 그 책의 내용이 좋아도 나중에 인상이 좋은지 아닌지 생각이 달라집니다. 읽고 싶은 마음이 생긴다고 생각합니다. 그림 그리기는 좋아해요. 내용 만들기는 힘들 것 같습니다만 해보죠. 그리스로마 신화보다 우리나라의 삼국유사를 공부, 연구하시어 그림책을 만든 것에 너무 감사드립니다. 앞으로도 우리나라의 신화 등을 많이 연구하시어 아이들을 많이 일깨워주시길 너무 감명 깊게 말씀 잘 들었고요, 우리 아이들에게 책을 많이 읽어줘야 되겠구나 생각했습니다.

D 엄마: 저도 많이 읽어야 되겠구나 생각 많이 했습니다. 앞으로 자녀와

책을 많이 읽겠다고 생각 많이 하게 하네요. 감사합니다. 먼저 부모가 책을 소중하게 하는 습관, 책을 읽어줄 때 아이들한테 생각하는 시간, 상상하는 시간 무엇보다 책을 소중하게 읽고 있다는 느낌이 있었습니다.

E 엄마: 나는 외국에서 온 엄마인데 엄마가 이해 못하고 있으면 감정 있게 읽지 못해서 그 점이 어렵습니다. 먼저 제가 책에 관심을 가져야 된다고 생각했습니다.

F 엄마: 그림책 읽기에도 방법이 있다는 것을 처음 알았습니다. 그림책 한 권이 아이들에게 미치는 영향력을 알게 되어 기뻤습니다. 좋은 그림책에 대해 고민하는 계기가 되었고 아이들에게 그림의 영향을 생각해 정독하는 자세로 열심히 읽어주어야겠습니다. 선생님께서 내용 중 그림책의 중요성에 대해서 말씀하셨는데 예전에는 무조건 독서해라 말만 했지만 지금 작가님 말씀을 듣고 아이와 함께 책도 읽고 그림도 한번 그려보면서 아이와 놀이 식으로 책과 어울려 보겠습니다. 아이들과 작가님 말씀 잘 새겨서 책을 읽으면서 시간을 잘 활용하겠습니다. 책도 읽고 그림도 그려보겠습니다. 오늘 강의 고맙습니다.

그날 역사(역지사지 준말)독서동아리 아이들도 작가와의 만남이 있었다. 이상희 작가가 학교에 온다는 소식을 접한 역사독서동아리들은 사전에 작가의 책을 읽었다. 그림책에 나타난 그림과 글에 대해 궁금한 점, 질문할 점 그리고 보지 못한 작가의 얼굴을 상상하면서 기대감이 키웠다. 아이들은 이상희 작가에게 작가의 꿈을 언제 꾸었는지, 작가의 그림책에서 좋은 부분, 어디에 사시는지, 어떻게 하면 그림책 작가가 되는지에 대해 궁금했던 점을 적극적으로 물어보았다. 아이들은 자기가 읽은 그림책의 작가를 만난다는 기쁨과 함께 작가의 책 3권에 사인을 받은 행운을 얻었다. 그리고 아이들은 작가를 만나는 과정에서 이상희 작가처럼 그림책 작가가 되겠다는 꿈도 가졌다.

작가를 직접 만나는 계기는 그 자리에서 꿈이 만들어지고 모델링이 된다는 것을 보여주었다. 실제 작가를 만난다는 것으로 새로운 꿈으로 연결되어 상상력을 키워가는 과정이다.

작가들은 아이들에게 그림책에서 상상력을 끌어내기 위해 작가의 의도와 작가의 모든 것을 책에 담는다. 책 한 권은 그냥 얻어지는 것이 아니다. 책이 만들어지는 과정에 대한 이야기도 아이들의 상상력을 길러준다. 그림책으로 아이들이 상상력을 자극하는 것은 책 읽어주는 부모와 교사의 사명이 있으면 된다.

부정적인 아이가 아닌
긍정적인 아이로 키워라

3학년 수인이는 과학 실험실습과 과학교과 관련 독서활동 시간에 긍정적으로 참여한다. 그래서 전국 독서토론대회 나가면 어떠냐고 물었다. 아이는 토론대회에 나가고 싶어 하는데 문제는 엄마의 허락이었다.

다음 날 아침, 수인이 등교하는 시간에 엄마를 만났다. 엄마에게 수인이가 독서토론대회에 나갈 능력이 충분하니 이번 대회에 나가보자고 했다. 대회를 참가하면서 경험과 자신감도 중요하다고 덧붙여 설명했다.

하지만 엄마는 겨울방학 동안 책 읽기를 하지 않는 이유로 지금 당장 독서지도를 받는다는 것은 부정적이었다. 작년 시내 책방에서 아들이 독서지도 받은 것만 생각했다. 독서지도는 그 길밖에 없는 줄 알고 있었다. 시골에서는 어떤 것도 못 한다는 엄마의 생각이었다. 결국 엄마의 부정적인 선입견이 아들의 독서대회참가할 기회를 놓치고 말았다.

6학년 성진이는 미술시간마다 자신이 그림에 소질이 없다고 말했다. 내가 보기에 성진이의 그림을 보면 사람형태를 갖추고 스토리도 있다. 아이 자신이 가능성이 없다고 단정 짓고 있었다. 나는 성진이가 미술시간 외에 그림을 그렸던 때가 언제였는지 물었다. "그림을 그리고 싶어 미술학원에 갔고, 학원에서 아이들이랑 친하게 지내고 싶었어요. 그리고 자유롭게 그림을 그리고 싶었어요"라고 했다.

그런데 학원에서는 성진이가 배우고 싶은 그림이 아니라 주로 데칼코마니, 콜라주 등 주로 기법에 대해 배웠다. 학원에서 자기 의도와는 다르게 가르친다고 학원을 그만두었다. 성진이는 하고 싶은 대로 되지 않자 그림 그리기는 부정적인 딱지를 붙여 이때까지 부정적인 생각을 키워왔었다.

그 결과 미술시간이면 자신은 하지 못하는 자아로 만들었다. 그리고 자신을 못한다는 이유를 달면서 노력하지 않았다. 스스로 자신을 작게 만들어 한계를 긋고 부정적인 생각으로 미술에 관심을 끊어버린 셈이다.

위 두 사례만 보아도 부정적인 생각으로 스스로 할 수 없다는 장애물을 마음에 설치해버렸다. 그래서 긍정적인 생각으로 바꾸는 데 시간이 걸렸다. 나는 '할 수 있다'는 가능성을 열어주기 위해 긍정적 방법을 찾아보았다.

나는 1학기 내내 수인이 엄마를 설득했다. 2학기가 되자 수인이를 중간놀이 시간에 독서지도를 하게 되었다. 아이에게 과제로 해온 독후활동에 대해 자기 의견을 말하게 하고 독서지도 결과를 엄마에게 전달했다. 학교와 가정에서의 아이의 행동이 다르다는 것을 보여주었다. 아이가 활동한 독서결과를 꾸준히 보여 주었다. 그러면서 아이가 쓴 글씨체나 철자를 보지 말고 변화되는 과정만 보라고 했다. 아이의 노력과 완성하려는 마음가짐을 보고 칭찬하라고 했다. 맞벌이로 늘 바쁜 엄마가 잠깐 멈추고, 아이를 바라보는 시간적 여유만 있다면 긍정적인 태도는 바뀐다. 엄마가 마음의 여유를 갖고 내 아이를 멀리서 바라본다면 내 아이가 긍정적으로 보일 것이다. '우리 아이가 왜 이러지?'라고 의심하는 말이 '우리 아이가 이렇구나'라고 이해할 것이다.

그리고 성진이는 아이 스스로 긍정적인 생각을 바꾸는 기회를 주어야 되는 케이스였다. 다행이 성진이는 독서체험을 많이 한 아이다. 스토리도 풍부하고 이해력도 좋다. 그림에 대한 부정적인 생각 바꾸기가 남들보다 빠르다.

나는 아이에게 "그림을 못 그린다는 것을 떠올리지 말고 지금 그림 그리고 배우는 것에 집중하라"고 했다. 그리고 "너가 그 당시 원하는 것만 생각하고 학원을 갔기 때문에 부정적인 생각을 한 것이야. 그것은 재능과는 다르다"라고 말했다. 나를 가르치는 사람이 내가 원하는 것을 다 줄 수는 없다고 했다. 성진이가 잘할 수 있다는 것만 생각하라고 했다. 아이가 그림에 대한 부정적인 기억만 했기 때문에 현재까지 자신감이 없었던 것이다.

한 번은 미술시간에 자기를 주제로 스토리를 만들어 만화로 그리는 활동을 했다. 만화 칸을 6칸으로 만들고 그 안에 그림과 말주머니를 넣는 것이다.

그날도 성진이는 자신 없다는 말을 앞세웠다. 나는 성진이가 그림을 그려나가는 것을 관찰했더니 선이 약간 떨린 상태에서 사람 형체를 완성했다. 이 부분에서 아이에게 말을 해야 할 기회라 생각하고 이야기를 했다. "이것도 너의 개성이고 너만의 캐릭터가 될 수 있으니 누구도 따라할 수 없는 캐릭터 주인공이 될 수 있다" 라고 했다. 그 말에 자신감을 주었는지 그다음부터는 부정적인 말이 줄어들었다.

아이들은 주변 사람들에게 영향을 받아 언어가 달라지고, 잠재된 언어들이 부정적인 생각을 만들 수 있다. 아이들에게 부정적인 생각들을 일반화시키지 않도록 해야 한다. 그러기 위해서는 혼자서 만들어가는 부정적인 언어를 만들지 않도록 책을 읽어주어야 한다. 긍정적인 생각을 말하게 해야 한다. 엄마의 독서육아가 부정적인 생각을 지워나가게 해야 한다.

아이가 유치원, 초등학교 다닐 때는 엄마가 했던 부정적인 말들은 잘 드러나지 않는다. 하지만 중학생, 고등학생이 되어서야 아이가 쓰는 말이나 행동이 엄마나 아빠에게서 온 말로 드러난다. 뒤늦게 가정에서 사용한 언어와 행동이 아이들을 통해 나오기 시작한다.

지금 쓰는 언어나 행동은 마음의 상태를 말해준다. 성공한 사람은 긍정적인 사고방식을 갖고 일을 성사시킨다. 늘 긍정적인 사고에 큰 꿈, 열정, 사람들과 어울리기 때문이다.

하루하루 살아가면서 내가 아이를 보는 시각이 달라지는 것을 느낄 수 있다. 엄마가 '하지 말아라'라는 말은 아이를 생각해서 하는 말이 아니라 '하면 안 된다'라는 말이 내포되어 있다. 내가 아는 우리 아이가 중요한 것이 아니라 내가 쓰는 언어가 우리 아이를 만들어간다는 것을 아이를 통해 볼 수 있다.

나는 나만의 작은 수첩에 긍정의 명언을 적었다. 아침 출근길에 자가용안에서 한 문장을 큰 소리로 외우면서 가고, 성공 강의를 들으면서 학교로 갔다. 그 시간만큼은 나를 긍정으로 만드는 골든 타임으로 긍정의 '나비효과'를 준다. 하루 시작을 긍정적인 생각, 긍정적인 마인드로 나만의 의식을 치른다.

나에게 긍정 마인드를 심어주는 날은 벌써 4년이 넘었다. 출퇴근 시간 35분씩 합쳐 70분이지만 내 생활의 패턴을 긍정으로 바꾸는 변화에 영향을 주었다. 맞벌이하는 엄마라면 출퇴근시간에 걱정거리를 만들지 말고 긍정적인 생각을 할 수 있는 방법을 찾아보자.

나처럼 작은 수첩에 명언을 적어 읽어보는 방법도 좋다. '오늘 하루 직장에서 무슨 일이 일어날까, 아이는 학교에서 잘하는가, 집에서 아이가 책을 읽지 않으면 어떻게 할까'라는 일어나지도 않는 부정적인 일을 만들지 말자. 그 생각은 결국 아이에게 돌아간다. 부정적인 생각 자체를 전염시키지 말아야 한다.

과학수업을 시작하면 아이들 중 과학시간이 좋다고 자기암시를 하고 오는 아이들이 있다. 그런 아이들은 과학시간 끝까지 즐겁게 공부 하고 간다. 반대로 움직이기 싫고 주의 산만한 아이는 끝까지 자기 마음을 어디에 둘지 모른다. 그 아이는 공부시간에 안정이 안 되는 이유가 많다. '아침을 못 먹었다, 어제 어디를 갔다 와서 늦게 와 잠을 못 잤다, 엄마에게 혼나고 왔다' 등 이런 마음을 갖고 있으면 공부 또한 안 된다.

아이들은 늘 아침 머릿속에 엄마들이 한 말, 집에서 일어나는 일들을 머리에 담고 온다. 그럴 때는 아이들의 기분을 환기시키는 약은 긍정적인 마인드를 갖게 하는 책 읽어주기가 최고다. 아이들에게 잠자기 전 긍정적인 생각으로 잠들게 하면 수면 속에서도 뇌는 긍정적으로 활발하게 움직인다. 따라서 내 아이가 잠자기 전의 마음가짐은 다음 날 행동으로 나온다. 긍정적인 아이가 되길 원한다면 아이가 자기 전에 책을 읽어주자. 잠자는 뇌에 긍정적인 언어가 잠재된다.

뇌 과학 전문가인 가토 노시노리의 《기적의 두뇌 강화법》은 칭찬을 들으면 기쁜 성질이 있다고 한다. 긍정적인 정보에 청각계 뇌 번지가 반응하여 다른 사람의 말을 더 잘 들어주게 된다는 것이다. 마찬가지로 말을 잘한다는 말을 들으면 전달계 뇌 번지가 반응하고, 보는 눈이 있다고 하면 시각계 뇌 번지가 반응한다고 한다.

따라서 긍정적인 말은 뇌 번지를 순조롭게 성장시킨다고 한다. 다시 말해 긍정직인 밀들이 뇌 빈지를 자극하여 뇌를 효과적으로 단련시킨다고 한다.

소극적인 아이에서
적극적인 아이로 키워라

철학자 바뤼흐 스피노자는 말했다. "자신은 할 수 없다고 생각하고 있는 동안은 그것을 하기 싫다고 다짐하는 것이다. 그러므로 그것은 실행되지 않는 것이다"라고 했다.

아이들도 다른 아이들보다 재능이 많고 시키면 잘하는데 소극적인 태도를 취하는 경우가 있다. 남들 앞에서 실수할까봐 두려워 앞에 나오지 못한다. 스피노자의 명언처럼 자신은 할 수 없다고 생각했기 때문에 행동하지 않는 것이다.

2학년 연주는 도서관활용 수업 시 도서관에 가면 책을 읽어주고 발표를 시키면 전혀 손을 들지 않는다. 공부를 못하거나 한글이 미해득되거나 전혀 그렇지 않다. 남 앞에서 나와 발표하라고 하면 손과 입이 소극적으로 변한다. 친구들이 옆에서 "너 말 잘하잖아. 왜 일어나서 말을 못해"라고 말하면 머리를 흔들고 안 한다고 한다.

연주를 알고 보니 자기가 하고 싶은 것만 했기 때문에 해보지 못한 것은 받아들이는 데 힘들어 했다. 그리고 엄마가 집에서 책을 읽어주는 시간이 없자 남에게서 듣는 책 읽어주기조차 거북스러워 몸을 뒤척였다. 먼 나라 이야기처럼 들었다. 이럴 때일수록 연주에게는 더 책을 읽어주고, 쑥스러움을 없애기 위해 책으로 연극을 하도록 역할을 주었다. 교실과 도서관을 왔다갔다 장소를 옮겨가며 연극을 하게 했다. 처음에는 백희나의 《구름빵》의 등장인물을 나누고 원고를 다 외우게 했다.

한 달 넘게 준비한 그림책 연극에서 엄마의 역할을 맡은 연주는 한다 안 한다 여러 번 결정을 못 내렸는데 막바지 발표를 앞두고 자신도 모르게 적극적인 아이로 변했다. 이렇게 소극적인 아이는 무대를 마련해주고 격려해야 한다. 그럼, 어느 날 적극적인 아이로 변해 있다.

소극적이라고 그냥 두면 자신은 못 하는 아이로 여긴다. 아이가 할 수 있는 데까지 이 방법 저 방법 다 써봐야 한다. 그래서 발표때 손을 못 들었던 연주는 자연스럽게 연극에 참여했고 이렇게 하자는 둥 아이디어를 내는 적극적인 아이로 변해갔다.

독서를 지도하는 교사 입장에서 소극적인 아이와 적극적인 아이로 나눈다는 것은 단지 독서습관으로 나누는 것과 같다. 우리 교사나 엄마들이 아이들에게 책에 관심만 가져주면 얼마든지 적극적인 독서를 하는 아이로 키울 수 있다.

이심전심 학부모동아리를 운영할 때였다. 여름방학 중 자발적으로 모임을 가졌다. 방학이라 일표네 집에서 독서동아리를 했다. 모임의 소식을 듣고 일표네 집으로 교감선생님과 갔다.

학부모동아리들에게 집에서 읽을 백화현의 《책으로 크는 아이들》을 나누어주었다. 학부모들은 아이들에게 읽어줄 그림책을 가져오고, 책 놀이가 될 그리기 도구, 물놀이 용품 등을 각자 분담하여 가져왔다. 책 읽어주는 엄마 담당은 아이들에게 제일 먼저 그림책을 읽어주었다. 독서동아리 엄마가 읽어준 그림책을 듣고 그림을 그렸다. 엄마들이 코치되어 아이들을 코칭했다. 다 완성한 작품은 나뭇가지에 걸었다. 아이들은 한 명씩 자기 작품을 설명했다.

다음 활동으로 아이들은 계곡 아래 물을 막아 만든 풀장 같은 곳에서 물놀이를 했다. 아이들이 움직일 때마다 엄마들도 뒤를 따라다녔다. 아이들 덕분에 엄마들은 동심으로 돌아가 물놀이를 했다. 일표아빠는 현장 공부를 시킨다고 물에 들어왔다. 아이들을 부르고 달팽이 잡는 방법을 설명했다. 교과서와 연계하여 달팽이를 눈으로 직접 보게 하고 잡는 방법을 공부시켰다. 아이들은 달팽이 잡는 방법을 배운 대로 개울가에서 잡기 시작했다.

그런데 평소 말이 없어 엄마가 고민했던 은민이가 갑자기 소리를 질렀다. 자기도 모르게 "잡았다"라고 큰소리를 냈다. 은민이 엄마는 딸의 큰소리에 놀라 주변 엄마들을 쳐다보았다.

1학년 은민이가 동생이 태어난 후 말이 줄어들었고 행동도 소극적인 태도를 보여 엄마는 늘 마음에 걸려 고민하던 터였다. 갑자기 은민이의 말문이 터진 소리를 듣고 엄마는 놀랐다. 엄마는 아이가 큰소리를 낸 것에 용기를 얻어 다음에도 야외체험도 하고 동아리 활동도 하겠다고 했다. 여럿이 노는 것도 생각해보겠다고 말했다.

자녀와 함께하는 여름방학 학부모독서캠프는 아이에게 변화를 주는 기회의 시간이 되었다. 달팽이 공부가 아이의 말문을 트이게 한 동시에 엄마의 적극적인 자녀교육을 하게 했다. 개울에서 달팽이 잡는 것이 배움으로 끝나기도 했지만 아이들에게는 즐거움 그 자체였다. 일표 아빠는 본인이 가르친 학생이 즐거워하는 모습을 보고 보람을 느꼈는지 아이에게 한 가지 약속했다. 다음 독서동아리 시간에 은민이에게 고기 잡는 법을 가르쳐준다고 했다.

이심전심 학부모동아리로 모인 활동은 아이들에게 독서지도로 적극적인 아이로 만들었다. 그런 일이 있은 후 엄마들끼리 적극적인 만남이 이루어졌다. 아이들의 변화로 엄마들이 적극적으로 움직이기 시작했다. 서로 친화력도 생겼다.

다음 순번의 동아리 활동은 교사가 개입하지 않아도 방학이 되면 으레 동아리 모임을 꾸려갔다. 독서동아리 모임이 내 아이에게 적극적인 행동으로 만든다는 것을 깨달은 동시에 다른 아이들과 어울리는 관계를 만들어주었다.

아이들끼리 경쟁하지 않고 서로 우리 아이를 위해 모임을 만든다면 주말이든 한 달에 한 번이든 소풍, 나들이도 좋다. 다른 아이들과 엄마와 함께 공동참여하는 것은 적극적인 태도와 자신감도 생긴다. 만약 내 아이를 적극적인 아이로 키우고 싶으면 독서모임을 만들어 아이들 활동을 위해 만들어보자. 주제가 있는 모임은 적극적인 아이로 만든다.

3학년을 가르치는 6월이었다. 교장선생님이 지역에 사시는 시인 한 분을 소개했다. 지역 내에서 거주하는 시인으로 '예술인파견 지원' 사업으로 우리 학교를 선택했다. 시인의 활동내용은 아이들에게 그림책을 읽어주고 관련 독후활동을 하는 것이었다.

내가 맡은 학급 아이들 중 반은 조부모 육아, 이혼 부모 육아, 맞벌이 육아였다. 가정에서 그나마 독서육아를 한 가정은 맞벌이 부모 밑에 있는 한명의 아이였다. 나머지 아이들은 가정에서 독서육아를 받을 기회가 없었다. 그래서 우리 반 학급 가정환경에 맞추어 작가와 같이 예술인파견 사업 계획의 대상을 선정하고 활동내용을 정했다. 사업에 대한 시인의 의도는 수업 중 독서지도의 의도였지만 나의 의도는 아이들 가정 형편에 따라 독서지도의 방향을 맞추는 쪽이었다. 시인과 전화로 서로 의견을 조율해가면서 최종 결정을 내렸다. 부모님 한 분만 계시는 아이들 대상으로 시인의 프로젝트를 정하기로 했다.

시인이 아이들 집으로 찾아가서 지도할 일은 책 읽어주기, 책과 관련 활동하기, 엄마를 대신 하기다. 주제는 '집으로 찾아가는 이야기'였다. 그래서 주 1회 시인이 책 읽어주는 엄마의 역할이 되면서 집으로 찾아가는 이야기가 되었다.

작가가 집에 방문하면 할머니들은 낯선 사람이라 생각하고 자리를 피하거나 낯설어했다. 작가가 집으로 찾아가 아이들에게 그림책을 읽어주고 다양한 활동을 했다. 할머니와 이야기 상대가 되어 차츰 정이 들어갔다. 차차 시간이 지나자 작가에게 차까지 대접했다.

다음에는 저녁 밥상까지 차렸다. 작가가 손자에게 정성 드리는 모습을 보고 적극적인 자세로 가족처럼 대하기 시작했다. 집으로 찾아가는 이야기 활동은 시간이 지나면서 서먹했던 할머니와 시인 사이는 정이 들었다. 그리고 아이들 교육에 협조적인 관계로 변했다. 할머니께서 낯선 사람에 대한 인정도 베풀었다. 우리 손자에 대해 어떤 피해를 줄까봐 내심 걱정과 불안이 있었다. 그러나 아이와 이야기도 나누고, 할머니와 인사를 나누다 보니 시인을 '고마운 사람'으로 대우했다.

나는 매월마다 시인과 만나 프로젝트 참여 상황을 듣고 교실에서 아이들의 학습과 생활지도에 참고해 나갔다. 서철이 아버지 경우는 아이와 할머니를 통해 집에서 시인의 집으로 가는 프로젝트를 듣고 만족해했다.

나중에 들으니 아버지가 가정교육이 최고였다고 생각해서 집으로 찾아오는 이야기에 대해 반대할 의향이 있었다고 한다. 아버지는 직장일이 늘 바쁘고 할머니가 아이들을 돌보는 상황인지라 가끔씩 아이들을 통해 이야기를 듣는 형편이어서 내가 모르면 부정적이었다. 그렇지만 아이들과 할머니가 아버지에게 긍정적으로 이야기를 전달했고, 아이와 할머니도 시인의 프로젝트가 좋았다고 말했다.

진호네는 주말이 되어야 아버지가 아이와 지내는 형편인지라 한 번씩 찾아가는 시인의 프로젝트 상황은 몰아서 들어야 했다. 그런데다 진호가 일주일 동안 일어난 일은 다 잊어버려 아버지에게 전달할 말이 없다고 했다. 아버지는 아이의 변화에 도움을 주는 데 시간이 되지는 않았다. 대신 할머니가 조금씩 달라졌다. 작가가 집으로 방문을 한 지 한 달이 지나자 할머니는 커피를 준비하고 반가운 가족처럼 대했다.

그 해 여름방학, 시인, 진호와 경철이는 개울가에 가서 텐트도 치고 피자도 먹으면서 야외수업을 했다. 야외수업에서 시인과 아이들의 관계가 급속도록 가까워졌다. 집으로 찾아가는 작가를 아이들은 엄마처럼 따랐다. 책을 읽어주고 그림도 그리고 그림책의 글을 읽어 녹음까지 하는 다양한 활동을 했다.

2학기 들어 시인이 찾아가는 프로젝트에 참여한 일부 아이들은 점점 정서적으로 안정이 되었다. 책과 아이들과 관계를 맺는 프로젝트에서 서로 만남이 있는 독서활동이 되었다.

진호는 시인에게 전화를 걸어 《안네의 일기》를 필사한 것을 3시간이나 읽어줄 만큼 적극적으로 변했다. 집으로 찾아가는 프로젝트를 한 시인은 가족이 적극적으로 달라짐을 보고 느꼈다. 우리 반 아이들은 5분 노트에다 시인과 만나는 시간이 기다려지고 좋았다고 썼다.

소극적인 식구들이였지만 열정을 갖고 찾아오는 시인에게는 적극적인 자세로 변하지 않을 수 없다. 재능과 특기가 있다고 사람의 마음을 움직이지는 못한다. 바로 열정과 적극적인 행동만이 사람의 마음을 열게 한다.

학년별 그림책
독서코칭 방법

나는 독서업무를 맡으면서 부모가 쓴 독서육아 관련 책을 읽고 아이들에게 매일 그림책을 읽어주었다. 독서육아 책을 읽고 그림책의 그림과 내용의 깊이를 더 이해하게 되었다.

나는 다양한 독서경험과 연수를 받으면서 독서의 시각도 달라졌다. 책날개 사업을 시작으로 그림책 작가와 만나기도 하고, 그림책 작가를 알고 아이들에게 책을 읽어주었다.

작가들을 만나면서 그림책이 만들어진 배경, 그림책 읽어주는 방법, 작가의 의도 등을 알게 되었다. 또 교사, 학부모 독서동아리를 운영하면서 그림책에 대해 배우고 독서코칭했다. 서로 가르치고 배워가는 과정에서 그림책의 깊이를 알아갔다.

그것은 공병호 박사의 〈자기경영노트〉 CD에서의 강조하는 말, 'learning by doing'처럼 '실천하면서 배운다'였다.

나는 학부모동아리 모임에서 글자 해득이 되지 않는 아이에게 그림책을 읽어주라고 말했다. 특히 그림책 읽어주기로 성공한 도로시 버틀러의 《쿠슐라와 그림책 이야기》를 소개했다.

내가 이 책을 읽은 것은 책날개 학교 선정이 된 2012년 벽지 학교에 근무할 때다. 그때 딸은 중학교에 다니고 있었다. 그 당시 책을 읽고 일찍 이 책을 알았더라면 하는 아쉬움과 안타까움이 있었다. 독서육아를 많이 읽지 않고 독서에 좀 더 공을 들이지 못한 것이 아쉬웠다. 대신 독서동아리를 하는 엄마들에게는 반드시 책을 소개하고 함께 읽을 책으로 나누어주었다.

지금도 독서육아에 관심 있는 엄마, 교사라면 제일 먼저 《그림책과 큐슐라》를 추천한다.

독서업무를 하다 보니 작가 섭외하는 일이 있다. 그 덕분에 독서강연을 준비하는 그림책 작가를 만나게 되었다. 독서관련 행사에 작가 섭외는 우선 순위였다. 학교에서 만난 그림책 작가들은 많은 정보를 주고 갔다. 작가들이 학교에 오면 직접 만나 이야기를 나눌 수 있는 혜택이 주어지는 아이들은 내 반이었다.

내가 만난 작가 중 김인자 그림책 작가는 다양한 연령대에게 그림책을 읽어주는 작가로 특별하다. 작가는 전국 학생, 학부모 대상으로 그림책 강연을 다니다가 학교 주변 마을회관에 들어간다고 했다. 조건 없이 할머니 할아버지께 그림책을 읽어주었다. 할머니 할아버지는 작가가 읽어주는 그림책을 듣고 감동하면서 우시는 분도 있었다. 할아버지, 할머니는 다시 어린 시절로 돌아가 그림책을 듣는 기분은 너무 좋다고 했다.

일본의 그림책 전문가인 마쓰이 다다시는 그림책을 보는 연령대를 0세에서 100세까지라고 규정했다. 김인자 작가는 마쓰이 다다시의 말대로 100세까지 그림책을 읽어주는 것을 몸으로 실천하는 작가라고 할 수 있다.

박정선 작가는 책 축제 때 그림자놀이, 과학교과연계 수업에 할 수 있는《그림자는 내 친구》를 강의했다. 커다란 스크린에 아이들의 그림자를 비추어 보도록 그림자놀이를 했다. 한 명씩 스크린에 몸 전체를 비추어 그림책의 주인공이 되는 체험은 아이들에게 창의적인 사고를 불러일으키게 한다.

토지를 쓴 박경리 작가를 존경하여 서울에서 내려와 원주에서 생활하는 강무홍 작가는《마법의 두루마리》시리즈,《까불지 마》를 관련하여 학생, 학부모, 교원에게 역사 강의, 그림책 강의를 했다. 나는 강무홍 작가를 만나면서 그림책 독서코칭의 경험을 축척해나갔다.

그동안 그림책을 독서한 경험과 그림책 작가를 만나 배운 경험을 살려 학년별 그림책 독서코칭 방법을 소개하고자 한다.

1. 1학년 아이들에게 학교 적응을 잘하도록 독서코칭을 하자

초등학교 1학년 아이들은 학교적응 시기에 학교생활이 즐거워야 한다. 그림책은 입학식 날부터 아이와 엄마에게 함께 읽어주는 것이 좋다.

입학식 날 그림책 이야기를 들은 것을 아이와 소통하는 도구로 사용하고, 대화의 매개체로 사용하자. 입학식 날 읽어준 그림책은 평생이 되도록 읽어주자. 아이에게는 소중한 그림책이 되도록 의도적으로 반복할 필요가 있다. 언어 습득과 상상력은 커지기 때문이다. 자연스런 효과에 접근시키는 방법이다.

가정에서는 학교에 대한 두려움을 없애는 그림책을 읽어주어야 한다. 입학생이 학교에 대해 좋은 이미지를 심어주기 위한 동기부여의 그림책은 필요하다. 입학식 축하선물로 그림책 선물이 최고다. 그림책 선물은 특별한 책이 되어 아이에게는 강한 독서의 동기부여가 된다. 학교생활에 대한 두려움이 없는 그림책을 선정하여 읽어주자. 최대한 엄마의 사랑으로 읽어준다. 매일 10분씩 내 아이에게 그림책을 읽어주면서 학교 적응을 돕는 독서코칭을 하자.

◆ 독서코칭에 좋은 그림책:《괜찮아》,《숟가락》,《그래도 엄마는 너를 사랑한단다》,《도서관에 간 사자》,《책 먹는 괴물》,《틀려도 괜찮아》

2. 2학년 아이들에게 아이가 마음을 잘 전달하는 독서코칭을 해주자

초등학교 2학년 아이들은 학교에서나 가정에서 이야기를 전달하는데 자기 위주로 말할 때가 있다. 친구와 친해지기 위해 싸움이 일어나고 친구에게 선물도 한다. 학교 적응이 된 상태라 복도나 교실에서 활동량이 커진다. 기분이 좋으면 뛰고 몸의 움직임이 달라진다. 하고 싶은 대로 하는 아이도 있다. 엄마와 지내는 시간이 적거나 대화가 적은 아이는 학교에 와서 싸움도 일어나서 학교 상담을 하는 경우도 있다.

소통과정에서 아이만의 감정으로 말을 하여 마음을 잘 전달하지 못한다. 그래서 엄마는 아이에게 긍정적인 칭찬과 자존감을 길러주어야 한다. 일종에 마음코칭을 해주어야 한다. 짧은 글이나 편지 쓰기, 그림으로 마음을 표현하는 방법도 좋다. 아이에게 말을 많이 시키는 시간이 필요한 책 이야기를 나누자.

◆ 독서코칭에 좋은 그림책: 《치킨 마스크》, 《왜요?》, 《뭐라고 말해야 할까요?》, 《기분을 말해 봐요》, 《나는 나의 주인》, 《신발 신은 강아지》, 《42가지 마음의 색깔》, 《색깔이 궁금해》

3. 3학년 아이들에게 글쓰기로 자신감을 기르는 독서코칭을 해주자

3학년 아이들은 활동량이 많아지고 아이들끼리 몰려다닌다. 늘 활발하고 잘 움직이는 편이다. 5분 노트를 보면 남자 아이들의 사건들이 소소하게 일어나서 중재 역할을 해줄 사람이 필요하다. 이 럴 때 자신의 생각을 글로 쓰게 하면서 마음을 풀어주는 것이 가능하다.

그림책을 읽어주고 글을 쓰게 하면 한 장이 넘도록 글이 나온다. 무조건 쓰는 것보다 아이 생각이 나오도록 질문을 해 보자. 아이들이 경험한 것을 말하면서 쓰게 하면 글은 저절로 나온다. 특히 글쓰기는 자신감이다. 처음 아이들이 글쓰기 근력이 생기지 않아 힘들지만 시간이 지나면서 겁 없이 글을 쓴다.

자신이 쓴 글을 보고 자신감을 갖게 된 아이는 공책 첫줄에서 글쓰기를 시작하여 끝까지 완주해나간다. 아이의 생각을 꺼내주는 독서코칭을 하자.

◆ 독서코칭에 좋은 그림책: 《친구랑 싸웠어!》, 《마음이 보여?》, 《치킨 마스크》

4. 4학년 아이들에게 남의 입장이 되는 독서코칭을 하자

4학년 아이들은 책에 몰입할 정도로 책에 빠진다. 책 읽는 시간이 차츰 많아지고 있다. 친구에게 책을 소개하고 추천해줄 만큼 여유도 생긴다.

이때부터 사춘기의 시작으로 주변 친구들의 장단점이 보이기 시작하고 이성에 관심이 생긴다. 그래서 남의 입장이 필요하다. 그림책을 통해 토론 할 이야기들이 많다. 그림책으로 토론거리를 찾고 자주 이야기를 나누게 하자. 즐기는 토론시간이 될수 있다. 그림책을 읽어주면 자기의 소감을 글로 표현하는 데 어렵지 않게 써 나간다. 머리로 나와 남에 대한 개념이 있어 충분히 남 입장에서 생각할 수 있다. 하지만 남의 입장이 된다는 것은 그만큼 책도 많이 읽어야 한다. 생각도 하고 행동해야 한다. 특히 남을 위한 봉사가 되도록 독서코칭을 하자.

◆ 독서코칭에 좋은 그림책:《무지개 물고기》,《길 아저씨 손 아저씨》,《내가 라면을 먹을 때》,《그건 내 조끼야》,《강아지 똥》,《엄마를 화나게 하는 10가지 방법》,《할아버지를 기쁘게 하는 12가지 방법》

5. 5학년 아이들에게 꿈을 갖도록 독서코칭하자

5학년이 되면 독서체험, 문학기행의 경험을 교과시간에 활용할 수 있다. 이때쯤이면 엄마들이 해외나 국내 유적지를 데리고 다닐 만큼 자기 몫을 한다.

아이들이 꿈이 많아지면서 하고 싶은 일이 생기고 생각이 같은 친구들과 어울려 다닌다. 아이가 새로운 것에 도전할 수 있도록 격려해주고 눈으로 보게 하고 경험하게 하자.

실수나 실패는 꿈을 이루는 데 하나의 성공과정이라고 생각하게 하면서 자신감을 계속해서 불어넣어 주는 경험은 배움이다. 엄마는 아이가 하는 일에 조급하거나 빠른 성과를 원하면 아이는 빨리 포기한다. 인내심을 갖고 해나가는 것, 행동으로 옮기는 것, 꿈을 갖게 해주어야 한다. 하고 싶고, 갖고 싶고, 배우고 싶고, 가고 싶고, 만나고 싶은 사람 등이 꿈이다. 꿈은 많으면 많을수록 좋다. 꿈과 관련된 그림책을 읽어주고 꿈 만들기 코칭을 해주자. 매일 공책 한쪽씩 아이의 꿈을 적어가도록 쓰게 하자. 분명히 꿈을 쓰면서 꿈을 추가하고 수정해 나갈 것이다. 그러면서 확실하게 꿈을 정하게 된다.

◆ 독서코칭에 좋은 그림책:《당나귀 실베스터와 요술 조약돌》,《점》,《해럴드와 자주색 크레파스》,《그리미의 꿈》,《나, 화가가 되고 싶어!》,《게으른 고양이의 결심》

6. 6학년 아이들에게 책 쓰기 코칭을 하자

학년이 올라갈수록 그림책을 더 좋아하는 아이들이 있다. 그림을 볼 줄 아는 감상능력이 있고, 짧은 글이 주는 의미를 파악한다. 그림책이 주는 철학도 찾아내고 비슷한 경험과 사례를 찾는다.

6학년 미술책을 보면 스토리를 넣어 애니메이션 만들기가 있다. 아이들은 자기들의 이야기를 글로 쓸 만큼 긴 글을 쓸 수 있다. 등장인물을 넣어 성격 묘사도 할 수 있어 충분히 책 쓰기가 가능하다. 그래서 6학년 아이들은 그림책처럼 그림과 글을 넣어 그림책 만들기도 가능하다. 그림책 베껴 그리기, 베껴 쓰기 연습을 통해 학급에서 일어난 일이나 자기 이야기, 동생 이야기, 가족 이야기를 주제로 글을 쓰고 그림도 넣으면 된다.

매일 쓰다보면 글은 많아진다. 쓸 말이 생기고 관찰력도 생긴다. 여행을 간 사진이 있으면 사진을 그림으로 넣고 글을 내가 쓰면 된다. 요즈음 사진 앨범 만드는 사이트가 있으니 나만의 앨범으로 그림책이 완성될 수 있다. 6학년이 할 수 있는 범위에서 졸업기념이 될만한 그림책을 만들어보는 것도 좋다.

◆ 독서코칭에 좋은 그림책:《책 먹는 여우》,《탁탁 톡톡 음매 젖소가 편지를 쓴대요》,《알라딘과 요술램프》,《뒤집어 봐, 생각을!》

독서토론으로
인성지도가 되는 독서코칭

　　지금까지 내가 맡은반 아이들에게 독서와 관련된 책 읽어주기, 글쓰기 지도, 필사 등을 지도했다. 그리고 교과시간에 교과내용의 주제에 따라 토론 시간도 경험시켰다. 하지만 내가 토론의 절차를 밟아 논술을 쓰고 토론대회를 지도한 경험은 없었다. 단지 토론에 관한 책을 읽고 학급안에서 토론을 했지만 간단한 결과 중심의 토론이었다. 그래서 토론의 즐거움은 없었다. 그런 부족함의 보충으로 독서토론을 배우고자 주말을 이용해 전국독서토론 심사위원 연수를 찾아갔다.

　　서울 고려대학교 연수현장에 갔더니 전국에서 토론에 관심 있는 교사만 모인 것이 아니라 독서육아를 하겠다는 엄마, 도서관 사서들도 모였다. 독서토론 연수를 하고 나니 독서토론은 한마디로 '독서종합선물 세트'였다.

　　만약 가정에서 가족과 독서토론을 한다면 가족 모두 참여할 수 있는 이야기식 토론이 적합하다. 이야기식 독서토론은 자기 생각을 말할 수 있도록 발문을 만들어 다양한 반응이 나오도록 한다.

교사나 엄마들이 아이들에게 토론 지도한다면 내가 배운 토론을 순서대로 해보는 것도 좋다. 임영규 중학교 국어선생님(독서새물결도서 토론대회 대표)은 독서토론지도사 과정에서 이야기식 토론 방법 순서를 다음과 같이 말했다.

- 자기소개: 학교, 취미, 장점, 강점, 꿈 등
- 대상 도서소개: 이야기식 토론 관련 도서
- 1단계: 배경지식 관련을 발문
- 2단계: 대상 도서의 내용과 관련한 발문
- 3단계: 대상 도서와 관련한 인간 삶이나 사회 관련 발문
- 독서 토론 소감, 학생 상호평가 및 교사 평가, 친구 맺기 및 마무리 인사

이야기식 토론의 과정 속에서도 다른 사람을 배려하며 경청한다. 즉 인성을 갖춘 토론이다. 토론하는 아이들이 대회 점수와 상관하지 않고 즐겁게 끝낼 수 있다. 토론이 끝나면서 점수와 등수 상관없이 친구를 맺기 위해 서로 악수를 하고 연락처를 주고받는 모습은 보기가 좋았다.

나는 독서토론지도자 연수에서 배운 독서토론을 학부모독서동아리 활동과 아이들 수업시간에 적용해보았다. 독서동아리 엄마들과《논어》로 이야기식 토론을 했는데 주로 본인의 이야기를 끌어냈다. 엄마들은 자기 생활과 섞어서 이야기를 했다. 이야기 토론과정에서 자기발견과 자기반성으로 적극 자신을 성찰해보았다. 이렇듯 엄마들도 독서동아리에서 이야기식 토론이 가능했다.

아이들에게 그림책을 읽어주고 자기의 생각을 끌어내고 실천

까지 가도록 이야기식 토론을 했다. 특히 독서토론대회에 나갈 다영이에게 엄마와 합심해서 독서코칭을 했다. 가정에서 엄마와 아이가 책에 관해 이야기를 나누고 생각을 말하게 했다. 가정에서의 독서코칭을 했다.

나는 지원이를 지도하기 위해 이야기식 토론의 발문을 만들어 질문을 해나갔다. 지원이는 독서토론대회 준비를 하는 과정에서 《슈퍼 히어로 우리 아빠》가 제일 기억에 남는다고 했다. 지원이는 아빠의 사랑을 많이 받고 늘 아이들과 대화를 많이 나누는 가족이라서 《슈퍼 히어로 우리 아빠》가 좋다는 것을 이해할 수 있다. 자녀에 대한 관심은 엄마도 그렇지만 아빠가 자녀교육에 관심이 많았다.

지원이 가족은 서로 존중하고 엄마가 교육에 의견을 내면 아빠는 엄마의 말에 대단히 호응하고 적극 밀어주었다. 지원이의 독서토론을 배우면서 쓴 글을 보면 가족 사랑을 강조하였다는 것을 알 수 있다.

"책을 읽고 가족의 소중함을 생각하게 되었다. 산하의 아빠는 슈퍼히어로로 나와 상관없는 사람들을 돕고 위험한 곳도 찾아가 사람들의 목숨을 구한다. 자기가 다칠 수도 있는데 남을 돕는 그런 사람은 보기 드물다. 우리 아빠는 나와 함께 도자기, 나무 자동차를 같이 만들고 놀아주시고 맛있는 음식을 자주 먹으러 가주시고, 아빠가 필요할 때 곁에 계신다. 나와 아빠는 참 친한 친구처럼 지내서 좋다. 그래서 우리 가족은 행복하다고 느낀다.

슈퍼 히어로처럼 정의를 위해 싸우는 사람들은 상장을 받는 게

마땅하다고 생각한다. 왜냐하면 요즘 사람들은 자기밖에 모르고
자기 가족밖에 모르기 때문이다."

서울 교대에서 열린 대한민국 독서토론 논술대회에 지원이는
참가했다. 엄마랑 다영이는 그동안 독서토론 경험과 자신감을 갖
고 대회에 나갔다. 독서토론 대회를 처음 간 지원이는 대회에 참석
한다는 그 자체도 용기와 힘이 되었다. 독서토론 논술대회에서 상
을 받지 못했지만 자신을 자랑스럽게 생각했다.

한 번은 독서동아리 모임에 아버지와 엄마가 같이 참석했는데
"지원이가 토론대회장에 가서 즐기고 왔어요"라고 했다. "딸아이가
처음 독서토론 논술대회에 참가하여 어디에서 이야기를 하는지 잘
몰랐다가 반전을 했어요. 그런데 반전 부분에서 같이 토론하는 친
구들이 벌떼처럼 달려들어 토론을 했어요"라고 했다. 그 부분이
지원이는 엄청 기분이 좋았다고 했다. 토론의 현장에서 친구들과
이야기식 토론 대회 분위기는 아이만 느낄 수 있는 기쁨이다.

그래서 토론장은 이야기 잔치 분위기가 되어 시간 가는 줄 모르
게 토론을 한다. 독서토론이야말로 남을 배려하는 경청 자세를 가
질 수 있다. 남에게서 배우며 토론에 모인 친구들이 이기거나 지
거나 결과를 따지지 않는다. 함께 토론하는 그 자체가 즐거움이자
남에게 배우는 인성교육이라 할 수 있다.

만약 가정에서 서로 경청하는 자세를 갖고 이야기를 들어주는
토론을 시작하면 아이가 어느 토론대회이건 자신 있다. 이야기식
토론과 단체토론은 책을 많이 읽은 아이만 참여하는 토론장이 아

니다. 남의 말을 듣는 태도와 토론을 할 근거 수집 자료, 경험담, 주변 사례, 시사점 등 다양하게 갖추면 토론할 수 있다. 또, 토론 주제에 맞는 책을 여러 번 반복해서 읽다보면 말하고 싶어진다. 그런 마음으로 독서토론 대회 현장에 나가야 실감하고 경험을 한다. 토론 논술대회에서 아이들끼리의 우정과 응원이 이루어지는 인성도 보인다. 현장에서의 경험은 많은 것을 아이에게 선물하는 것과 같다.

토론논술대회에 참가한 지원이는 토론 반전을 한 경험이 크나큰 성공자원이 되었다. 지원이에게는 학교 밖에서 경험은 자기 인정이자 행복이었다. 그리고 지원이의 긍정적인 대회의 경험은 반의 친구들에게 토론논술대회 나갈 것을 홍보하고 적극적으로 권했다. 한 아이가 독서토론의 즐거움을 맛본 경험이 반의 아이들에게 끼친 영향력은 대단했다. 그래서 토론대회에 참석하지 못한 아이들은 독서토론대회에 대한 기대감은 높아졌다.

친구들은 지원이의 말이 긍정적 상상을 만들더니 결국 나를 찾아오기 시작했다. 자발적으로 배우러 오는 아이들은 자기 신념으로 오기 때문에 배움에 대한 책임을 진다. 순수한 목적으로 배움의 즐거움이 무엇인지 알기 위해 찾아온 아이들을 받아주면서 독서논술지도부터 했다.

그럼, 가정에서 자녀에게 독서토론대회의 기회가 있을 때마다 참여시켜보자.

'우리 아이가 쑥스러워 한다', '아이에게 물어보고 결정하겠다',

'아직 어리다', '대회 장소가 멀다' 라고 말하는 것은 여러 가지 엄마의 미루는 습관이다. 내가 전화를 하여 설득하는 것에는 아이가 그만큼 재능이 있고 할 수 있고 엄마도 도움을 줄 분이기에 시간을 내어 말을 하는 것이다. 그냥 시간 낭비하면서 전화를 하고 쓸데없이 에너지를 쏟는 것은 아니다.

독서토론을 하면 책을 찾고 읽으면서 독서량도 많아지며 서로 모인 친구들과도 팀 조직과 사전조사로 친해진다. 아이의 자존감도 커지기 때문에 교육적으로 참가하라고 설득을 하는 것이다.

토론은 무엇보다도 아이가 정신적으로 성장을 한다. 그래서 아이에게 시켜보지 않고 엄마 선에서 잘라 말하면 안 된다. 그만큼 아이에게는 그 기회가 주어지지 않는다. 물에 빠진 사람이 기도만 한다고 물에서 나오는 것이 아닌 것처럼 나를 꺼내줄 수 있는 사람을 찾아야 한다.

아직 어린 초등학생들은 엄마가 토론을 할 수 있도록 도와주고, 아이에게 토론의 장이 열렸을 때 경험의 기회를 주자. 미래가 요구하는 인재는 독서토론을 잘 하는 사람이다.

창의인문이야기학교 프로그램(독서토론)으로 학생들이 참가하는 기회가 있었다.

나는 주위에 토론 논술대회에 나갈 수 있는 학년과 아이가 있는 집에 전화 문자를 넣어 참석하라고 했다.

엄마: 참여하는 선생님 독서토론학교에 나가려고 하는데 우리 아이가 읽고 나갈 토론 책《좁쌀 한 알》을 보니 상당히 수준이 있는 학생이

가야 할 것 같아요. 겨우 창작동화나 전래동화를 읽은 수준의 아이인데 보내도 될까요?

선생님: 생각을 바꾸는 데는 아이에게 수준이 높더라도 토론의 이야기는 있어요. 어려운 책을 읽고 배워야 독서수준도 그만큼 성장합니다. 그리고 친구들이 하는 것을 보는 것도 배우는 기회구요. 어려운 책을 어떻게 토론하는지는 그 자리에 있어야 압니다. 그래서 항상 그 자리에 머물러 있으려면 그런 책만 읽으면 됩니다.

일상체험으로 이어지는
독서코칭을 하라

'현대사회에서 삶의 질은 바로 커뮤니케이션의 질'
이라고 토니 라빈스가 말했다. 우리가 일상체험을 하러 밖으로 나
가는 것은 주변의 변화를 주기 위한 것도 있지만 사람을 만나 정
보를 얻고 새롭게 일을 찾기 때문이기도 하다.

어떤 일이 아니라 사람을 통한 나 자신을 찾다. 그러면서 사람
과 사람 사이에 일어나는 일들이 커뮤니케이션의 질을 형성해나간
다. '장소가 어디인가? 어떤 사람들을 만났는가? 어떤 경험을 했는
가?'는 지금의 나를 바꾸고 하루를 바꾸고 미래를 바꿀 수 있다.

매일 일어나는 일상이 어제와 같다고 하지만 어제와 다르게 선
택하고 다르게 행동하면 심리도 변화가 온다. 그래서 나의 행복도
내 마음대로 조정할 수 있다.

내가 책을 쓴다고 하니까 대학 동창이 독서육아를 잘한 엄마를
소개해주었다. 나는 봄비 엄마와 만나지 못하고 전화로 통화를 했
다. 엄마는 지금 겨울이라 꽃이 피는 봄이 오면 볼 것이 많다고 했

다. 우선 전화로 엄마와 독서육아 이야기를 들었다. 이곳과 멀리 떨어진 인천에서 시골 마을로 이사를 온 이유를 제일 먼저 물었다. 그 질문에 대한 대답은 이렇다.

인천에서의 삶은 자녀들이 학교 갔다 오면 이어서 학원을 보내는 남들과 똑같은 육아에 행복하지 않았다.

엄마가 행복해야 아이들도 행복하다는 엄마의 생각이 떠나질 않았다. 엄마와 아이들의 문제를 해결해줄 윌리엄 코퍼스웨이트의 《핸드메이드 라이프》도 새로운 돌파구가 되었다. 책은 삶을 바꾸게 했다. 책에서 얻은 독서의 힘은 이사 갈 용기, 삶을 변화시킬 용기를 주었다. 그것이 엄마가 원하던 엄마의 행복과 아이들의 행복이 되었다.

나는 봄비엄마의 독서육아에 관심이 있어 자녀교육에 대해 물어보았다.

봄비 엄마의 일상체험으로 이어지는 독서교육은 다음과 같다.

첫째, 독서와 텃밭 가꾸기의 체험이 서로 연결되었다. 《핸드메이드 라이프》 책을 읽은 엄마여서 아이들에게 책을 읽게 하고 글을 쓰게 했다. 봄비 엄마의 독서육아는 독서와 일상체험으로 이어져 나갔다. 5년이 지난 지금의 정원은 〈타샤의 정원〉처럼 만들었고 따뜻한 계절이 찾아오면 야외 텃밭과 정원에서 아이들과 보내는 시간이 많았다. 엄마는 "아이들에게 책을 읽게 하고, 글도 쓰게 하면서 매일 접하는 일상과 가까운 일을 엄마와 함께 많이 체험해서 행복해요. 그리고 좋은 엄마가 되기 위해 노력했고 행복한 엄마가 되어야 아이들도 행복하다고 생각해요"라고 말했다.

둘째, 엄마는 따뜻한 밥을 지어 가족과 같이 먹으면서 엄마의 사랑을 주었다. 엄마는 딸들에게 엄마의 따뜻한 밥을 지어 같이 먹는 것을 제일 중요하게 여겼다. 엄마의 손으로 밥을 한다는 것이 곧 내 아이에 대한 사랑이자 천천히 살아가는 방법이라고 강조했다.

나는 엄마의 이야기를 들어보니 봄비네 가족은 모든 일상 체험이 예술과 철학으로 연결되었다고 느꼈다. 그래서 엄마가 하시는 일이 무엇이냐고 물으니 대학 전공을 살려 그림을 그리고 그 밖에 집에 있는 모든 소품을 만든다고 했다. 봄비 엄마는 매일매일, 순간순간 아이들을 위한 일이 일상이었다. 봄비 엄마와 얼굴을 보지 못하고 전화로만 통화했지만 진실이 묻어 있다. 꽃이 피는 봄에 오면 타샤의 정원처럼 무척 아름다우니 놀러오라고 했다.

내가 좋아하는 책 중 현장에서 일상체험하고 싶도록 만드는 책이 있다. 일상생활의 변화를 주고 싶거나 기분전환으로 생활패턴을 바꾸고 싶을 때 읽는 책이다. 그 책이 스티븐 C. 런딘, 존 크리스의 《펄떡이는 물고기처럼》이다.

"문득, 자신이 이곳에 쉬는 시간에 놀이터에서 놀고 있는 것 같았었다. 생선을 던지고, 손님들과 함께 농담을 주고받고, 주문받은 것을 소리 내어 외치고, 또 그것을 반복해서 외치고 …… 이 시장은 사람들에게 자극적인 활기를 주는 장소였다."

마치 사람들이 활발하게 움직이고 북적댈 수 있는 어시장인데도 불구하고 재미와 즐거움도 함께할 수 있는 곳으로 그려진다. 누구나 그곳을 가면 참여하고 함께 즐거움을 나눌 어시장은 벤치마킹할 만한 장소다.

나는 엄마들이 책에서만 아이들을 가두지 말고 아이들의 사고와 창의력을 높여줄 현장도 나가보라고 말하고 싶다. 아이의 일상체험이《펄떡이는 물고기처럼》되도록 독서체험이 되도록 말이다.

어시장에서 생선가게 주인은 손님에게 생선 사고파는 체험을 참여시키고 고객들의 날로 만들어주었다. 아이들에게 어시장은 현장체험이 되어 이윤을 남기는 일터가 아니라 참여의 장, 즐거움을 함께 주는 장이다. 어떤 방법으로 그 일을 참여하나에 따라 사람들을 즐겁게 만들고 활기를 주는 일상의 장소인 것이다.

내 아이와 우리 동네 시장에서도 일상체험을 할 수 있는 이야기가 될 수 있다. 다만 책에서와 같이 어떻게 아이를 특별한 장소로 만들고 참여시키느냐가 중요하다.

이처럼 내 아이도 독서활동이 일상체험이 되도록 만들어주는 것, 체화가 되게 하는 것은 중요하다. 몸에 습득된 독서가 일상이 되어야 발전이 있다. 즉 책만 읽는 것이 아니라 책이 일상에서 일어나는 일이 되어야 즐기는 독서가 된다. 내 아이를 가슴 뛰게 만든다. 그만큼 현장에서 경험하고 즐기기 때문이다. 가정에서는 칭찬에 대한 보상을 독서에만 한정짓지 말고 일상체험과 포함하여 성취감을 갖도록 하자. 가정에서 외식할 이유, 놀이 기구할 이유가 필요하다면 내 아이의 독서활동과 관련지어 보자. 꼭 숙제를 해두었거나 시험결과에 치중한 대가가 아니라 독서와 일상으로 이어지는 체험에도 신경 쓰자.

　책을 읽었으면 밖으로 나가 활발하게 놀면서 체험하는 즐거움을 주어야 독서도 즐거운 법이다. 역지사지독서동아리 아이들과 독서 후 다양한 일상체험을 했던 적이 있었다. 나는 동아리 아이들에게 놀이와 체험의 즐거움을 주기 위해 마트로 데리고 가서 미션 수행을 하게 했다. 대형 마트에 가서 그날 현장체험학습에 쓸 물품을 시간 안에 찾게 했다. 단, 미션은 종합장, 물, 과자 1,000원, 음료수를 찾아오며 미션수행을 못 하면 아이스크림은 없다. 아이들은 미션이라는 말과 주어진 시간이라는 것에 긴장을 하면서 즐거움으로 물건을 찾기 위해 빨리 움직였다.

　그곳은 아이들이 자주 오는 대형 마트가 아니라 어쩌다 온 마트였다. 그래서 처음 온 마트여서 생각했던 마트의 환경과는 달라 물건 찾는 데 헤매고 있었다. 마치 아이들은 암점증에 걸린 사람들처럼 코앞의 물건도 눈에 들어오지 않았다. 머리로는 종합장이 기억되어 있지만 눈은 종합장을 못 보고 있었다. 마음도 바쁘고 시간이 없다고 생각했기 때문에 눈에 보이지 않았다. 하지만 아이들은 미션 자체의 말에 재미와 흥미를 갖고 물건 진열장 코너를 돌면서 즐거워했다. 같은 팀끼리 물건 찾기 작전을 하는 것 자체도 흥분이 되었는지 서로 찾는 방법을 이야기했다. 엄마랑 같이 오는 마트는 엄마에 의해 아이들이 물건을 골랐다. 미션 체험은 물건은 사는 것이 아니라 놀이 체험이 되었다.

그다음 박경리문학관에 들러 작가의 시리즈 책, 작가님의 유품들을 보았다. 바로 옆 박경리 생가 마당에 나무 그늘에서 쉬기도 하고 체험에 대한 글도 썼다. 케이크가게에 가서 케이크 만드는 체험도 했다. 아이들은 짤 주머니로 역지사지라는 말을 케이크 위에 써놓았다. 역사박물관으로 이동하여 도자기 표면에 그림책의 등장인물을 그려 넣었다.

아이들에게는 다양한 체험이지만 독서와 관련된 일상체험이었다. 일상체험과 독서체험, 즐거움과 배움이 서로 보완해주었다.

아이들은 집과 밖에 이 체험과 서로 연결되는 삶으로 살아야 생각의 경계선이 없다. 외부 세계와 연결할 수 있는 힘은 책이 중심에 있다. 저자들은 '내 책을 활용해주세요. 그냥 쓴 것이 아닙니다. 제 경험이에요'라고 말한다. 특히 토니 라빈스는 내적 커뮤니케이션 정보를 달성하기 위해 적극 권한다.

따라서 책에서만 머무른 삶이 아니라 일상 속으로 들어간 삶이어야 한다. 엄마의 독서육아가 살아가는 일상생활의 체험이 되도록 아이에게 기회를 많이 주자.

하루 5분 글쓰기로
아이의 생각을 키워라

나의 글쓰기에 참고가 되고 관심을 갖게 된 책은 《뼛속까지 내려가서 써라》, 《종이 위의 기적, 쓰면 이루어진다》, 《유혹하는 글쓰기》, 《글쓰기가 필요하지 않은 인생은 없다》, 《리딩으로 리드하라》, 《마흔, 당신의 책을 써라》, 《글쓰기 잘 쓰기》, 《너만의 명작을 그려라》 등을 읽었기 때문이다.

글쓰기와 관련된 책에서 말하는 것은 거의 비슷하다. "쓰면 무엇인가 이루어진다, 글은 나 자신이다, 말은 못해도 글로 말할 수 있다, 글을 남기면 나의 생각을 읽을 수 있다, 자신을 알게 된다, 마음을 치유할 수 있다, 누구나 쓸 수 있다"라고 한다.

그래서 나 같은 초보자도 쉽게 접근하게 만든다. 책에서 공통적으로 '할 수 있다'라는 말은 '쓰면 된다' 마중물이 되었다.

작은 학교에서 근무할 때 '지역 소식지 투고'에 도전 한 적이 있었다. 학교 기간제로 오신 인턴선생님이 '글은 누구나 쓸 수 있다'는 용기를 주면서 지역신문에 투고하라고 했다. 한 번도 누가 그런 말을 해준 적이 없었다. 인턴선생님은 '누구나'라는 말로 용기를 주었다. 그 말을 듣고 쓴 첫 원고에서 피드백을 여러 번 받았다. 글을 완성시키는 데 누군가에게 보여주는 것은 중요했다. 선생님은 한 문단 안에 문장내용이 연결되도록 가르쳐주었다. 인턴선생님이 쓴 원고를 참고자료로 보여주면서 글쓰기를 쉽게 하라고 했다. 글감을 찾기 위해 나에게 인물을 찾으라고 했다.

그래서 나는 학교 근처에 사는 사람, 자주 만나는 사람을 생각해보았다. 멀리 가서 사람을 만나는 것은 시간상 힘들 것 같아 지금 근무하고 있는 학교주변 사람이 적합한 준비였다. 스토리가 많은 사람은 '나의 글감'으로 최고였다. 특히 자신의 일에 전문가인 사람은 나의 글감의 주인공이다.

학교 주변에서 스토리가 많은 사람을 찾아갔다. 인도미술박물관 관장, 중학교 도서관 실무사, 야영 및 펜션 운영하는 학부모였다. 글을 쓰는 데 비협조적인 사람은 없었다. 다들 긍정적으로 받아주었다. 나는 그들과 인터뷰를 한 후 원고를 작성했다. A4 한 장이 안 되는 글이지만 여러 번 퇴고를 거쳤다. 그 과정에서 글 쓰는 방법과 글이 끝나는 과정을 알게 되었다. 그러면서 인물의 주인공을 여러 번 만나면서 편안한 관계형성도 되었다.

글을 쓰고 다듬고 버리고 하다 보니 지역 소식지에 투고할 만한 글이 되었다. 어떤 결과물보다도 개인적으로 글을 쓰면서 사람을 만나고, 그 사람들의 삶을 이해하면서 보이지 않는 가치를 얻었다. 그렇게 해서 소식지에 5번을 투고했다. 특히 교사로서 글을 쓰고 있다는 것은 아이들을 가르치는 데 글쓰기지도 도구가 되었다. 아이들이 글을 쓸 수 있다는 자신감도 확실하게 줄 수 있었다. 나는 내가 경험한 글쓰기를 통해 아이들이 자유로운 생각으로 성장해 나갈 수 있도록 내면의 생각을 마음껏 펼치게 했다.

4학년 아이들 담임을 맡았을 때다. 그 당시 학급 인원이 3명이었다. 대도시 사람들은 3명이라는 말을 하면 놀라겠지만 3명의 아이들은 나에게 크게 다가왔다. 아이들의 습관, 모습, 행동, 말투 등 많은 것을 가르치고 바꾸는 데 노력과 시간이 걸렸다. 퇴근 후 집에 와서도 온통 아이들 생각으로 가득했다. 적은 인원은 개인지도 시간이 많았다.

그래서 1년 동안 아이들의 생각 바꾸기는 충분했다. 나의 글쓰기 성공경험을 아이들에게 적용하고 관찰해나갔다. 책을 읽어주고 5분 글쓰기를 시도해보니 확실히 효과가 있었다. 무엇보다도 아이들은 자기 생각을 넣어 썼으며, 생각하면서 글을 써나가는 것이 신통했다. 글쓰기가 쉽고 안 된다는 생각이 없어졌다. 무엇보다도 글쓰기에 대한 긍정적인 마인드와 선생님을 보는 시선이 긍정적으로 변하기 시작했다. 선생님께 감사하는 마음도 생겼다.

학급의 엄마들끼리 교환일기를 쓰면서 아이들이 일기를 심부름하는 동참의 기회도 주었다. 나중에는 아빠들도 일기쓰기에 합세하여 가족 글쓰기가 되었다. 가족 글쓰기 동참은 아이들의 생각을 바꾸는 데 더 큰 힘이 되었다.

나는 그 4학년 아이들에게 글쓰기 지도한 성공경험을 다음 3학년 담임을 할 때에 그대로 적용해보았다. 독서지도 모두 적용했지만 아이들의 생각을 읽을 수 있는 5분 글쓰기는 좀 더 보완하고 아이들의 상황에 따라 글쓰기 지도방법을 다르게 적용해나갔다. 이번에는 공책 제목까지 신경을 써서 공책마다 '역지사지 경청노트'라고 정했다. 아래 빈칸에 아이들이 각자 공책 이름 하나를 더 쓰게 했다. 그래서 더 붙여진 공책 이름은 '카운트다운 경청', '경험과 경청으로 쓰는 노트', '생각 쑥쑥' 등 다양한 생각과 창의적인 공책 제목이 되었다. 글의 내용은 책을 읽어주고 자신의 생각을 쓰기, 그날 따라 생생하게 기억나는 일, 친구 관계, 관찰한 것, 생각하고 또 생각할 것들을 쓰게 했다.

예를 들어 야시마 타로의 《까마귀 소년》을 읽어주고 글을 쓰게 하면서 왕따, 학교폭력 지도를 했다. 그리고 아침의 기분, 작가와의 만남, 미술치료 등 그날에 있었던 따끈따끈한 일을 바로 글로 썼다. 공책의 빈칸이 채워지면 자기도 썼다는 성취감이 커서 다시 썼다.

글쓰기를 할 때 초고를 잘 쓰려고 하면 완성하는 데 시간이 걸리고 그러다 보면 지쳐서 포기하고 만다. 최초 글쓰기는 빈 종이에 글을 채우는 것으로 편안한 글로 언덕을 깔아놓도록 했다.

"아침의 일도 써라, 친구들의 칭찬거리도 써라, 친구가 한 말도 써라, 부모님이 생각나면 써보자, 책 읽어준 것에 대해 써보자, 부모님께서 아침에 하신 말 등 머릿속에 떠오르는 것 다 써보자, 공책에 글을 다 채워라, 머릿속에 있는 생각들을 다 쏟아놓아라" 하면서 공책의 칸을 채우게 했다. 그렇게 쓴 아이들은 차츰차츰 5분 글쓰기가 경험과 생각이 조화를 이루어 글이 채워졌다. 그다음은 글쓰기 훈련이 잘된 아이들은 스스로 글씨체에 신경을 쓰고, 맞춤법에도 신경 써나갔다. 자신이 글의 형식도 찾아갔다.

아이들이 글 쓰는 시간이 많아질수록 더 이상 쓰지 않을 이유나 핑계가 없었다. 또 이유도 없었다. 글쓰기에 어떤 형식과 틀을 제시하여 아이들에게 부담감을 주지 않았기 때문이다. 그리고 아이들이 부담스러워 하는 틀, 칸, 한정된 시간 등을 벗어나 자유롭게 했다. 예를 들어, 글쓰기 실타래가 처음부터 풀리지 않는 아이에게는 그냥 두면 "선생님 생각났어요"그러면서 스스로 말하고 스스로 써나갔다. 제법 시간이 약이 되어 글쓰기 속도를 내기 시작했고, 먼저 글쓰기를 시작한 아이들을 따라 잡았다. 시작은 늦었는데 제출하는 시간은 같았다.

나는 아이들에게 5분 글쓰기를 마라톤으로 비유해서 말한다. 아이들이 글을 쓸 때 옆에서 마라톤의 코치처럼 같이 달리고 아웃풋이 되도록 임무를 수행했다. 코치의 에너지에 따라 아이들의 마라톤을 하는 에너지도 달라졌다. 말에 에너지를 느낀 아이들은 머리의 생각을 빨리 움직여 글을 썼다. 나의 에너지 파장력이 크면 아이들의 글쓰기 힘도 커졌다.

아이들이 밖으로 현장체험을 가는 날에는 어김없이 공책을 들고 갔다. 취재하는 기자처럼 즉시 썼다. 생생한 현장의 장면과 이야기를 5분 글쓰기에 담아 냈다.

6월 뜨거운 여름날이었다. 학교행사로 전교생이 6·25 걷기 현장 체험행사를 했다. 아이들과 출발 지점에서 1시간가량 걸어 현충탑 도착 지점까지 걸어갔다. 햇볕이 뜨겁고 땀이 줄줄 내리게 하는 체험은 3학년 아이들로서 생전 처음이었다. 나는 아이들의 체험담이 머릿속에서 사라질까봐 나무 그늘 의자에 앉자마자 글을 쓰게 했다. 3개월 넘어 글 쓰는 습관이 잡혀 있던 아이들은 그냥 '쓰자' 하면 바로 글이 나왔다. 누구 한 사람 '더워서 못 쓴다, 지쳐서 못 쓴다' 하는 말이 없었다. 모두 무조건 썼다.

경희가 친구 여자 아이의 모습을 비유했는데 더워서 얼굴이 탄 친구를 구운 오징어라고 했다. 정말 아이들의 모습은 경희가 글로 표현한 구운 오징어였다. 나도 아이들을 인솔하느라 덥고 힘들었지만 그날 글쓰기만 생각났고 아이들 앞에서 힘들다는 표현도 못 했다.

지금 아이들이 쓴 글을 읽으면 웃음이 나온다. 공책을 읽으면 3학년이었던 아이들의 소리가 들리는 것 같다. 내가 공들인 아이들은 눈앞의 필름 장면이 되었다. 1년 동안 5분 글쓰기 공책은 두 권이 되었다. 글쓰기를 마무리하면서 자신이 달라진 점과 자신을 돌아보는 생각도 달라졌다.

아이들의 5분 글쓰기로 달라진 생각은 다음과 같다.

- 경희: 혼잣말이 줄었다. 글 스토리도 웃겨졌다. 실감도 약간 난다. 모르던 문장과 띄어쓰기 글씨가 나아졌다. 모든 것도 차근차근 알아갔고 다닥다닥 붙여서 써서 '그런데,수인이가 철민를' 이렇게 썼는데 이제 그런데 '수인이가 철민이'를 이렇게 쓴다. 많이 나아졌다.

- 혜진: 마음이 차분해졌으며 책을 읽고 쓰고 해서 내용을 더 알 수가 있고, 말이 잘 통했다. 4학년이 되면 글을 더 잘 쓰게 되고 책을 100권 이상 읽을 것이다. 선생님 덕분에 글이 늘었고, 책 읽는 날도 많아졌다.

- 서광: 2학년 때는 깍두기공책에 큼직큼직하게 쓰고 맞춤법도 몰랐는데 4학년이 되어 맞춤법도 다 알게 되었고, 글씨도 작게 쓰고 그러니까 어린이 작가가 되었다.

3학년 아이들은 글쓰기 공책에서 자신의 변화를 알았다. 선생님에 대한 감사함도 '선생님 덕분에 독서와 글쓰기가 달라졌다'고 했다. 특히 아이들 사이에 예민하고 말이 없었던 서철이는 '나는 그림을 능숙하게 잘 그린다. 수채화 색연필이라는 좋은 것을 알게 되었다. 예전에는 내가 안 된다, 나는 불행하다, 이렇게 생각했는데 요즈음 된다 된다, 나는 행운의 아이라고 생각하게 되었다'라고 썼다. 그러면서 자신이 게을렀는데 이제 게으름을 피우지 않게 되었다고 했다. 공책 맨 마지막 끝줄에 '유.애.희 선생님께 감사합니다'라고 썼다.

아이들이 쓴 공책의 글을 보았듯이 감사한 생각이 스스로 만들어졌다. 인성과 학습지도에 많은 시간을 요하는 특별한 아이에게 5분 글쓰기는 생각의 기적을 주었다.

생각의 기적은 하면 된다. 쓰면 된다. 글은 쓰면 쓸수록 쓰고 싶어진다. 독서습관이 이루어지지 않은 아이는 인내심과 몰입이 되지 않아 첫 시작은 힘들다. 하지만 엄마들의 인내와 글쓰기 코칭

으로 글을 쓰게 할 수 있다. 이어서 생각의 변화가 온다. 글은 아이
의 생각과 같기 때문이다.

내 아이를 위한
엄마표 독서육아
실천법

내 아이를 위한
엄마표 독서육아
실천법

13세 전까지
꿈 지도를 작성하라

교사들과 방학연수로 일본을 갔었다. 그때까지만
해도 여행은 그냥 '나를 새롭게 변화시킨다'라는 생각을 했다. 여
행지와 관련된 책을 읽고 가거나 그 나라의 역사, 지리, 문화, 예술
등에 대해 알고 가지는 않았다. 낯선 곳으로 일상탈출이라 그저
마음만 준비했다.

지금 그 부분이 아쉽지만 기억나는 것이 있다. 아마도 딸과 관
계가 있어 그런지 기억이 더 났다. 여행 숙소는 언덕 위에 일본 텔
레토비 동산 휴양지였다. 그곳은 아이들의 세계가 있는 텔레토비
동산이었다. 꿈을 자극하는 곳이자 오고 싶게 만들었다. 아이들에
게 꿈 지도에나 나올법한 풍경이 눈에 보였다. 그 당시 딸과 함께
하는 꿈 지도로 적합한 장소였다.

그 후, 딸이 5학년이 되어 중국 정저우를 같이 갔다. 딸과 같이
여행하게 되어 사전에 여행 공부를 했다. 즉 역사드라마로 나오는
중국의 역사 인물인 측천무후를 TV에서 같이 보고 이야기를 나
누었다. 사회 교과서에 나오는 황허강, 영화에서 본 소림사와 포청

전도 사전지식으로 준비했다. 그 과정에서 다른 꿈 지도를 그렸다. 대학생이 되어 배낭여행으로 친구와 해외여행을 갔다 왔다. 딸은 꿈 지도가 커지면서 해외에서 공부하고 살 것에 관심을 갖게 되었다. 계속 꿈 지도를 수정하고 계획했다.

해마다 1학년 책날개 입학식 때는 신입생들과 재학생들, 엄마들이 만나는 자리에서 초등학교 첫 출발 기념인 '그림책을 읽어주는 시간'을 가졌다. 어느 해는 아이들에게 자신감을 갖고 노력하면 꿈이 이루어진다는 피터 레이놀즈의 《점》을 선정했다. 저자 피터 레이놀즈의 책 기획 목적은 미술시간에 그림을 어렵게 생각하는 아이들에게 그림을 잘 그리게 하는 것이 아니라 아이가 하고 싶은 대로 마음껏 표현하는 것이라고 말해주고 싶어 그림책을 기획했다고 한다. 아이들 내면의 잠재의식을 찾아가는 《점》은 베티의 모습에서 교사, 엄마, 학생들 각자 위치에서 생각해보게 한다. 책의 마지막 장면은 주인공이 그림을 전시하고, 꿈을 이룬 꼬마 예술가가 나온다. 하고 싶은 대로 마음껏 그리고 또 그리면 자신의 꿈을 이루게 된다.

아이들은 누구나 《점》의 주인공 베티가 될 수 있다. 아이에게 잠재능력을 찾아가도록 부모나 교사가 베티의 선생님처럼 노력하고 코칭하면 된다.

나는 입학식 날을 앞두고 독서동아리 엄마에게 피터 레이놀즈의 《점》을 읽어주도록 연락했다. 책 읽어주는 방법을 엄마에게 코칭하고 2주 동안 집에서 연습하도록 했다. 2주의 기간을 두는 것은 엄마가 책 읽는 연습을 통해 자녀들의 호응도 얻고, 자녀들도 그림책을 읽으라는 뜻이었다. 그리고 서로 꿈도 갖고 '엄마와 함께'라는 행복의 시간을 주었다. 자녀들은 혹여나 엄마가 실수할까봐 청중의 입장되어 엄마의 책 읽기를 피드백해주었다. 엄마랑 독서의 시간을 함께하면서 가족과 함께 하는 시간이 되었다. 이런 경험을 엄마와 겪은 아이는 반드시 꿈 지도를 그려나갈 것이다.

과학시간에 3학년 아이들과 소리 나는 악기 만들기 수업을 했다. 기타 모형에 여러 개의 고무줄을 끼워 소리 내는 악기를 만들었다. 기타 판에 고무줄만 끼우는 것은 만드는 속도가 빨랐다. 나는 악기나무판에 꿈 지도를 그리게 했다. 꿈 지도는 여러 개의 꿈으로 그림과 글로 채웠다.

정현이는 꿈에 관한 말을 하자마자 "나는 꿈을 못 그려요"라고 말했다. 다른 시간에도 꿈 리스트를 써 본적이 있는데도 꿈이라는 말 뒤에 다른 말이 덧붙여지면 전혀 못하는 아이로 변했다. 꿈 지도의 설명이 떠오르도록 아이들이 평소에 말한 것을 기억하게 했다.

나는 "글로 쓰고 가지고 싶고, 되고 싶고, 하고 싶고, 배우고 싶고, 아니면 먹고 싶은 것도 쓰자"라고 말하면서 꿈 지도 코칭을 했다. "내년에 독서토론대회에 나가서 좋았다고 했지." "내년에 독서토론에 나간다고 쓰면 된단다." "강아지를 키우고 싶으면 강아지 키우는 그림을 그리자." "미국에 다시 가고 싶으면 비행기를 그리고, 정현이는 필리핀 가고 싶다고 했지." "그럼, 필리핀 가는 그림도 그리자"라고 말하면서 꿈을 상상하게 했다. 충분히 꿈의 이미지를 상상해보는 여유와 자기가 이룰 수 있는 꿈을 찾도록 코칭하니까 정현이는 바로 꿈 지도를 적기 시작했다.

아이들 중 "미래의 꿈을 그리자, 글을 쓰자"라고 말하면 생각이 어려워서 무조건 못 쓴다고 하면 앞에서 말한 것처럼 하면 된다. 처음 도전하는 일에 대해서는 어렵다고 하지만 연필을 쥐고 쓰는 순간부터는 생각이 풍선처럼 부풀어 오른다. 여태껏 종이 위에 썼던 고정관념을 깨고 새로운 재료의 나무판에도 도전하게 된다. 그 다음 꿈 지도는 그리고 쓰는 과정에서 창의성은 발휘된다. 그럼 '꿈 지도'를 많이 만들면 창의성도 더 많아진다는 이야기나 다름없다.

《점》의 베티처럼 점 하나만 찍고 '못해요'라고 말할 때는 꿈 지도 코칭은 우리 어른들의 몫이다. 무엇을 하면서 꿈이 생각이 나고 할 수 있도록 코칭하자. 의도적으로 학습, 놀이, 잠들기 전에도 꿈 지도는 멈추지 말아야 한다.

나는 학급 아이들에게 1주일에 한 번씩 꿈 리스트를 쓰게 한다. 한 달만 지나도 아이들은 꿈 리스트가 구체적으로 변하기 시작하고, 새로운 꿈이 떠올라 신나게 쓴다. 꿈이 자기 것이 되기 때문에 더 적극적이다. 교과 전담교사일 때는 한 달에 한 번 학년 아이들에게 꿈 리스트를 쓰고 그림도 그리는 꿈 지도를 하게 했다. 꿈이 한 가지에서 점점 많아져 24칸에서 두 장으로 넘어가 48개의 꿈을 적는 아이도 있었다.

한 번은 6학년 아이들에게는 미술시간에 스크래치 기법으로 꿈 지도를 만들게 했다. 밑바탕에 무지개 색을 긁어내면서 자기의 꿈을 그렸다. 평소 말을 잘 듣지 않는 아이도 꿈 지도의 그림 완성도는 높게 나타났다. 나는 아이들에게 '그 꿈은 너희 것이 된다'라고 말했더니 더 몰입하여 꿈 지도를 만들어갔다.

교과시간에도 학습 동기부여로 꿈 지도 작성이나 꿈 이야기를 하면 학습 분위기를 밝게 해준다. 꿈 지도 작성을 자주 반복하다 보면 자신의 꿈이 확고해진다.

유리 슐레이츠의 《내가 만난 꿈의 지도》에서 나오는 아빠처럼 자녀에게 세계지도를 벽에 붙이고 지도 속에서 세계로 떠나갈 수 있도록 꿈꾸게 해보자. 빵 한 조각보다 꿈을 갖고 내일을 위해 가는 것이 더 값지다는 것을 그림책을 통해 가르쳐주자. 내 아이에게 맛있는 음식보다도 《내가 만난 꿈의 지도》처럼 꿈을 키워주는 것이 내 아이를 위한 미래의 삶이다.

나는 교사독서동아리 모임에서 미래명함을 만들자고 했다. 자기의 꿈을 3가지 쓰는 미래명함이다. 교사라는 직업 외에 다른 꿈이 있느냐고 물었더니 선생님들은 미래명함 만들기에 매우 적극적이었다. 나는 미래명함에다 세계여행가, 화가, 작가라고 썼다. 몇 년이 지나 방 정리를 했는데 나의 미래명함이 책꽂이에서 나왔다. '세계여행사, 화가, 작가'라고 적힌 명함을 다시 읽게 되었다. 처음 명함을 만들 때 재미로 만들었고, '미래명함이 꿈명함인데 내가 될 수 있을까? 아니야 될 수 있어'라고 의심과 확신이 교차되었다. 한마디로 자기 확신이 부족한 꿈이었다.

미래명함을 들여다보는 날부터 나의 미래명함은 짐 캐리처럼 백지에 원하는 돈을 써서 가지고 다니다가 꿈을 이룬 것처럼 믿기 시작했다. 미래명함으로 나를 믿고 계속 꿈에 도전했다.

1년 후, 색연필 일러스트를 배우고 그린 작품을 전시회를 했다. 스스로 마음대로 그려 누가 알아주지 않는 자칭 화가가 되었다. 5년 뒤에는 작은 나무판에 간판을 그려 북 카페 주말농장, 다락방 펜션, 인도미술박물관에 그려주었다. 나는 간판 그림을 그리면서 나의 능력을 확인해보는 기회를 가졌다.

작가라는 꿈은 4년 전, 소식지 글쓰기를 시작하여 8월부터 작가가 되기로 결심을 했다. 9월부터 제목, 장제목, 꼭, 원고 등을 써 나갔다. 퇴근해서 집으로 오면 눈이 아플 정도로 글을 썼다.

매일 새벽 5시에 일어나 동기부여 확신의 글을 쓰고 원고를 써 나갔다. 무조건 썼다. 하루에도 여러 번 에너지 다운이었다. 하지만 작가라는 꿈을 꾸었다. 결과는 작가가 되었다. 미래 명함은 꿈 지도처럼 꿈을 이루게 했다.

재미 기업인 김승호의 이야기를 인터넷 중앙일보에서 읽은 적이 있다. 이 분은 지독한 독서광인데다 매일 100번씩 100일간 이루고자 하는 꿈을 써서 글로벌 도시락 기업가가 되었다.

그리고 "나는 살기 위해 꿈꾼다"라고 말한 스티븐 스필버그가 영화감독의 꿈을 이루기 위해 감독처럼 행동하여 영화감독이라는 꿈을 이루었다.

어릴 적 꿈이 화가였던 모지스 할머니는 76세에 그림을 그려 미국의 국민 화가가 되었다. 이와 같이 누구나 자신을 의심하지 않고 꿈 지도를 그려나가면 반드시 꿈은 이루어진다.

지금 13세 전 아이라면 얼마나 꿈을 이룰 시간이 많은가? 엄마가 우리 아이가 무엇을 하지 않는다고 말하지 말고 꿈속을 위해 무엇을 하도록 코칭을 해야 한다. 꿈 지도는 '구름 가는 데 비 간다'라는 속담처럼 학습과 인성도 따라온다. 자기가 목표한 공부도 이루고 긴 시간 방황을 하지 않아도 된다. 내 아이뿐만 아니라 주변 친구들에게도 꿈에 대한 영향력으로 희망을 줄 수 있다.

오늘 창의인문 도시문화 형성과 지역의 미래교육 특강에서 '꿈을 정하고 꿈을 위해 행동하다 보면 창의성이 생긴다'고 했다. 뿐만 아니라 꿈은 창의성, 도전, 배움, 나눔 등이 생긴다. 엄마의 꿈 지도 코칭은 아이에게 최고의 자산이 된다.

독서육아를 위한
독서환경 만들기

"선생님은 처음 책을 읽은 곳이 어디예요?"라고 나의 어린 시절 독서환경을 물으면 나는 동네 만화방과 이불 속이라고 말한다. 초등학교 때 언니랑 만화책을 빌리면 옷 속에 만화책을 품고 엄마 몰래 대문을 열어 방으로 들어왔다. 엄마의 만화 금지령으로 만화책 보는 것이 잘못된 행동이라고 생각하여 우리는 안전한 곳을 찾았다. 밤을 기다렸다가 어두운 이불 속에서 후레쉬불을 비추고 만화를 보았다.

그때의 기분은 엄마의 눈치를 벗어난 자유로움이었다. 이불 속이라는 안전지대를 확보한 나와 언니는 마음껏 만화를 보는 데 최고였다. 한동안 그렇게 이불 속 독서환경을 만들어갔다. 다시 생각해보니 이불 속은 상상의 나래를 펴는 독서공간이었다.

만약 그 당시 도서관이라도 있다면 나는 책벌레가 되었을 것이다. 그래도 어린 시절 독서 흉내를 낼 수 있는 만화를 볼 수 있다는 것만 해도 다행이었다. 엄마의 간섭이 없어지자 이불 속도 지루해졌다.

나는 다른 독서환경을 찾았다. 이번에는 안방으로 통하는 다락방으로 옮겼다. 앉아서 읽고 언제든지 올라가서 읽고 쓰기도 할 수 있는 독서환경이었다. 집에서 안 쓰는 물건들도 구경하는 재미도 있었다. 다락방은 글을 쓰고 마음을 안정시키는 안식처나 다름없는 공간이 되었다. 아무도 모르게 공책을 다락방에 있는 물건 속에 감추고 비밀스럽게 글을 써나갔다. 몇 번의 이사로 공책은 사라졌지만 그렇게 한 나의 행동은 글쓰기 경험으로 기억 속에 남아 있다. 이불속과 다락방은 어린시절 독서환경이자, 작가의 꿈을 키운 독서환경이었다.

딸이 중학교 때, 그때만 해도 텔레비전을 즐기는 엄마였다. 여름 날, 습한 날씨였는데 갑자기 텔레비전 퓨즈가 나가 화면이 점점 작아지더니 까맣게 변해버렸다. 텔레비전이 망가졌다. 그렇지 않아도 텔레비전을 거실에서 치울 생각이었다. 텔레비전이 문제가 아니라 내가 문제였기 때문이다. 게으름과의 단절은 이때다 싶어 즉시 텔레비전을 버리고 그 자리에 책장을 놓았다. 그다음 책을 구매하기 시작했다. 그러자 책만 보이기 시작했다. 이 방, 저 방 할 것 없이 책으로 채워갔다.

지금은 책 쓰는 작가다 보니 책이 더 늘어나 방바닥까지 늘어났다. 재클린 케네디 오나시스처럼 방마다 방바닥에도 책이 있어 책 사이를 비켜 다녔다. 점점 늘어나는 책을 딸이 보더니 어떤 책은 엄마가 읽어야 할 책이라고 했다.《욱하는 성질 죽이기》다. 꼭 읽으라고 했다.

현재에도 대학생인 딸에게 계속 책 읽기를 바라면서 여기저기 책 제목을 노출시키고 있다. 노출시키는 독서환경은 잠재의식을 쌓이게 하여 꿈을 이루게 하는 지렛대가 될 것이다.

책이 있는 독서환경도 있지만 벽에 문구를 쓴 종이, 사진 등도 좋은 독서환경이 될 수 있다. 종이에 명언과 책 속의 문장을 써서 옷장, 창문, 찬장, 거울 등에도 눈으로 볼 수 있도록 큰 글로 써 붙여놓았다.

부엌 선반에는 NLP성공심리학의 글이 적힌 포스트 잇, 90살이 넘은 박정희 화가 이야기가 실린 신문지, 자신감을 불어넣어 줄 프랭클린 글쓰기가 실린 일간지를 붙여놓았다. 화장대 거울에는 대학에 나오는 이야기로 은나라 탕왕의 '구일신 일일신 우일신' 글을 붙여놓고 매일 새롭게 변하고자 노력을 했다. 안방 문에는 프로 강사 사진 프로필, 자유를 얻는 7가지 원칙을 붙여놓고 내가 가는 곳마다 볼 수 있게 했다. 글을 보고 내 것으로 시각화 햇다.

내가 사용하는 언어에는 내가 꾸민 독서환경에서 나왔다. 옛날에는 집에 가훈 하나 만들어놓고 온 가족이 그 가훈에 집중하게 하여 가정 만들기를 했다. 지금은 컴퓨터가 발달하여 워드를 쳐서 인쇄를 한 종이를 여기저기 붙여놓고 실천하고 몇 달 뒤 다시 다른 글로 바꾸면 된다.

이때는 독서환경을 벽에 붙인 책이라 생각해보고 독서를 해보자. 아이들은 그 문장에 대해 질문이 나올 것이다. 그때는 엄마가 박물관의 큐레이터처럼 설명해주면 된다.

내가 아는 최 선생님은 병설 유치원 아이들에게 그림책을 매일 읽어준다. 선생님의 유치원 독서환경에 대해 물어보았다. 다음 주 동안 배울 수업주제에 맞게 책을 책장에 꽂아둔다고 한다. 금요일은 다음 주에 배울 주제의 책으로 정리하느라 바쁘다고 했다. 월요일 유치원 아이들이 교실에 들어오면 주제에 맞는 책을 읽고 수업에 들어가면 동기유발이 잘 된다고 했다. 주제에 맞는 책 읽기는 유치원 수업 전 단계의 과정이기에 독서를 강조했다. 유치원 선생님의 교실 독서환경은 주간 학습 책장처럼 주마다 읽을 책으로 책장이 꾸며져 나갔다. 아침 등교시간에 아이들이 책을 제일 먼저 만나면서 독서습관과 수업준비를 하게 하는 독서환경이었다. 선생님이 아이들에게 쏟는 관심에 따라 유치원 독서환경도 달랐다.

우리 동네 시립중앙도서관을 비롯하여 작은 도서관이 아파트와 교회에 세워지고 점차 늘어나고 있다. 북 카페는 책도 판매하면서 강좌와 토론까지 하는 문화도 있고 주변 자연환경까지 덤으로 힐링하게 해준다.

나는 책 쓰기에 필요한 책을 구하기 어려울 때는 시립도서관이나 중천 철학도서관에서 책을 동시에 빌린다. 도서관으로 책 대여할 때마다 1층 미술전시회에 들러 미술 감상하고, 작가 초청과 인문학 프로그램도 보고 온다.

시립중앙도서관은 새로 지어 어린이 열람실의 공간도 넓고, 칸칸이 방도 있어 몇 개월 안 된 아이에게도 책을 읽어줄 수 있다. 푹신하고 다양한 모양의 소파는 앉아 읽어도 되고, 드러누워 읽어도 된다. 책을 읽으면서 다양한 사고력을 키우기 위한 공간이자 아이들의 세계를 열 수 있게 도와준다.

도서관은 책 읽을 장소뿐만 아니라 책 읽는 사람을 보면서 본받기가 되는 경우가 많다. 집중해서 읽는 사람들을 보면 정말 도서관에 목적이 있어 왔다. 도서관은 한마디로 지역주민들의 삶의 질 향상과 교육, 문화, 소통의 공간이다. 미래 4차 산업혁명시대에 부합되는 정보를 주는 곳이자, 지역 센터역할을 하는 중심공간이 되고 있다.

그 밖에 독서환경이라면 동네 작은 도서관이 있다. 도서관 순회 사서인 심 선생님을 따라 자작나무 도서관에 따라간 적이 있다. 아파트 도서관 위원인 엄마들이 자원봉사활동을 자발적으로 하고 있었다. 작년에도 한 번 선생님을 따라온 적이 있었는데 그때는 책장이 반쯤 채워져 있었다. 그것도 이사로 버린 책장을 주워서 독서환경을 꾸몄다.

그런데 올해는 시립도서관에서 지원해주고 아파트 주민들이 책장과 책을 자발적으로 기부하여 독서환경 꾸미는 데 수월해졌다. 제법 책장이 벽에 병풍처럼 둘러져 있어 웬만한 작은 도서관의 형태를 갖추었다. 가장 열심히 봉사해주시는 엄마를 관장님으로 위촉하고 내 자녀들이 와서 쉴 공간과 책 읽을 공간으로 운영하고 있다.

심 선생님은 순회사서로 활동하는데, 작은 도서관 활성화를 위해 도서관 업무에 도움을 주고 있다. 그 도움은 도서 자료정리, 대출 반납업무, 도서관 이용홍보, 시립도서관과 연계 프로그램 운영,

독서활동이었다.

올해 작은 도서관은 시립도서관과 연계한 독서마라톤대회에서 엄마와 아이가 20명이 참여해서 40% 완주했다고 한다. 작은 도서관이 생긴 지 2년이 되면서 점점 도서관의 활성화는 나아지고 있다. 게다가 시립도서관과 네트워크를 연결하여 어디든 책을 빌려 볼 수 있게 편리하게 만들었다. 아파트 가족들이 책을 읽도록 아파트 봉사하는 관장님과 순회사서의 노력으로 작은 도서관 독서 환경은 만들어져 가고 있었다.

온라인 서점이 인기를 끌면서 오프라인 서점들이 점차 사라졌다가 지금은 작은 문화가 있는 서점이 늘어난다. 이제는 문화가 있는 북 카페는 '복합 문화 북 카페'로 바뀌고 있는 추세다.

그곳은 여러 가지 차, 브런치, 텃밭, 음악당, 어린이 책과 어른 책, 도예 작가의 도자기 작품, 정원, 고양이, 강의, 전시회까지 갖추었다. 사람들은 책도 가까이하지만 자연까지 힐링할 수 있는 곳으로 가족 단위, 모임 단위로 찾아간다. 단순히 책만 꽂혀 있는 서점이 아니라 문화공간이자 사람과 소통하는 독서환경이 대세다.

인터넷 블로그를 보았더니 뉴욕의 작은 서점이 다시 살아난다고 했다. 마케팅의 핵심은 '사람의 온기가 있는 사랑방' 같은 서점이었다. 세계 다른 나라 사람도 사람과 문화가 있는 서점을 좋아하는 것은 다 똑같은 생각이다. 우리 아이가 찾아갈 서점이 복합공간을 갖고 다양한 볼거리와 체험, 먹거리까지 갖추었다면 여행 같은 독서환경이 될 것이다. 현재 모든 서점과 북 카페들이 도서 정가제를 실시하여 사람들에게는 서점이 어떤 가치를 창출하느냐에 따라 읽고 싶고 사고 싶은 마음을 움직인다.

이제는 어떤 책만 있는 독서시설이 독서환경이라는 생각만 하는 시대는 지났다. 여러 문화가 복합적으로 융합된 공간이 독서환경이다. 즉 융합형 독서환경이다. 이처럼 내 아이가 다양한 문화를 받아드리고 미래 세계를 꿈꿀수 있도록 독서환경을 만들어야 한다.

03

아이의 상황에 맞는
독서법을 찾아라

겨울방학 지인들과 인도여행을 갔는데 장시간 기차를 이용하기도 했다. 아그라에서 잔시로 이동하는데 전용차를 타고 이어서 특급열차를 탔다. 특급열차에서 좌석을 보았는데 앞사람과 마주 앉는 좌석이었다.

우리 좌석 앞에는 인도가족이 있었다. 우리는 가족과 마주보고 앉았다. 딸과 아빠는 서로 마주보고 앉는 것이 서먹한지 영어로 인사를 했다. 그리고 엄마, 아빠, 5살 딸, 15살 딸이 집으로 가는 중이라고 했다.

나는 작은딸에게 영어로 몇 살이냐고 물었다. 5살이라고 손바닥을 펼쳐 보였다. 나는 노트식 핸드폰에 '안냐'라고 써주었다. 그리고 그림 알아맞추기를 했다. 니카에 요시오의 《그건 내 조끼야》의 쥐와, 베아트릭스의 포터의 《피터 래빗 이야기》의 토끼 그림을 그려주니까 좋아했다.

아이가 좋아하는 토끼 그림이 나오자 아빠와 이야기를 나누었다. 아이와 그림책에 나오는 그림을 그려주었더니 어느 정도 소통이 되었다. 나와 간단한 그림놀이가 끝나자 안냐는 아빠에게 말을 걸고 놀아달라고 했다. 아빠는 아이 가방에서 책을 꺼내 읽어주었다. 영어 그림책이었다. 책 읽어주는 인도 아빠의 모습은 영락없는 우리나라 젊은 신세대 아빠 모습이었다. 인도 부모들도 아이에게 기차여행 시간이 길어지는 것을 대비해 그림책으로 상황을 전환시켰다. 세계 모든 아이들이 공통적으로 책 읽어주기를 좋아한다는 것을 인도 아이와 그림 맞추기 놀이를 하면서 알게 되었다. 사람들과 아주 간단하고 짧은 영어 소통도 상황에 따라 달라진다는 것을 현지에서 경험했다.

세상 모든 부모는 아이를 위해 그림책을 읽어준다는 것을 알았고, 인도 현지에서 독서육아를 보았다. 그리고 아이의 상황에 따라 책 읽어주기가 최고라는 것을 인도 나라에서 확인하고 왔다. 인도 부모가 직접 딸에게 책 읽어준 장면은 독서육아 책 한 권을 읽은 것과 맞먹었다.

가족과 함께 가는 여행을 하다보면 차로 이동하거나 잠시 기다리는 시간이 있다. 그럴 경우 아이들이 심심하다고 핸드폰을 주어 게임에 몰두하게 하면 게임하는 습관이 된다. 아이 손에 무엇이 줄지 생각해야 한다. 집 밖을 떠나는 가족은 아이 가방에 책을 넣어 부모가 책 읽어주는 것을 습관화해보자. 아이는 여행하면 반드시 책과 함께 가는 상황을 만들자.

일요일 서울로 언어신경프로그램 심리학을 배우러 가는 길이었다. 서울 지하철을 타고 가는 데 엄마와 아이가 우리 앞에서 게임 때문에 서로 실랑이 하는 모습을 보았다. 아이가 심심하다고 핸드폰을 주었는데 전철역 도착지까지 왔는데도 내릴 생각을 하지 않았다. 결국 엄마가 아이 손에서 핸드폰을 빼앗고 혼을 내는 것을 보았다. 엄마가 핸드폰을 주고 혼을 낸 결과다. 이래도 아이가 잘 못인가? 엄마가 아이에게 핸드폰을 주지 않고 책을 읽어주었더라면 혼내지 않을 것이다. 결국 엄마가 아이에게 게임하는 상황을 만들어놓고 아이를 혼냈다. 그건 혼내주기 위해 만든 상황이었다.

식당을 가보면 음식 주문하여 기다리는 시간에 가족과 대화를 하지 않고 아이에게 핸드폰을 주어 열심히 게임하게 하는 것을 보았다. 나는 '음식이 나오면 아이에게 게임을 하지 않게 하겠지' 하고 생각했는데 그게 아니었다.

음식이 나오자 부모는 아이 음식 그릇에 핸드폰을 기대게 하여 핸드폰을 보게 했다. 엄마, 아빠는 열심히 음식을 먹었다. 아이는 손으로 게임을 못 하니까 어린이 드라마를 보고 있었다. 눈은 핸드폰에 고정시키고 손은 음식을 먹었다.

인도 가족처럼 그림책을 가지고 다니면서 읽어주면 엄마도 아이에게 그런 상황을 만들지 않을 것이다. 항상 가방에 책을 넣어 가지고 다니는 습관을 길러주고 어디에서든 책을 볼 수 있도록 상황을 만들어주면 어떨까? 그렇다면 어른들이 상황에 맞는 독서법을 연구하고 분위기를 만들어주어야 한다.

아이들에게 매일 책을 읽어주어도 엉뚱한 일이 벌어지는 상황에서 어떻게 해야 자연스럽게 문제가 해결될 것인가? 생각해볼 일이다.

하루는 3학년 공부시간에 진호가 한 번도 듣지 못한 노래를 불렀다. '아리스 꽃 맨 꽃 맨' 노래를 작은 목소리로 부르다가 큰소리로 노래를 불렀다. 진호에게는 노래를 하지 말라는 말은 통하지도 않았다. 내 말이 통하는 아이는 하지 말라고 말만 해도 행동을 멈춘다. 하지만 진호는 그런 상식은 통하지도 않는다.

나는 혼자 부르는 이상한 노래에 궁금해지기 시작했다. 특히 진호의 노래 제목이 궁금했다. 노래 제목이 무엇이냐고 다른 아이들에게 물어보니 만화 노래라고 했다. 그러더니 다른 친구들도 많이 들었던 익숙한 노래라고 하면서 진호노래를 따라 불렀다. 그 시간에 공부의 분위기는 진호의 노래로 바뀌었다. 만화 노래는 의미도 없고 뜻도 없었다. 그냥 단순한 리듬을 타고 반복된 랩 같은 노래였다. 결국 진호의 노래가 공부 방해로 바뀌는 상황이 되었다.

그 순간, 나는 의미 없고 랩 같은 노래보다는 생각하고 잠재되는 가사를 생각했다. 진호 때문에 내 뇌는 진화하기 시작했다. 갑자기 새로운 아이디어가 떠올랐다. '아리스 꽃 맨 꽃 맨'에 철학자의 이름을 넣어 부르게 했다. 즉시 나는 칠판에 철학자 이름을 적었다. 즉 '소크라테스, 아리스토텔레스, 플라톤, 레오나르도 다빈치, 공자, 맹자, 세종대왕, 정조 대왕, 이순신'이었다. 궁금한 진호가 새로운 단어를 보고 그게 뭐냐고 했다. "이제부터는 만화 노래 가사에 철학자들 이름을 넣어 노래를 부르자" 했다. 만화 노래 곡에 가사를 바꾸어 철학자 노래를 부르게 했더니 아이들은 금방 따라했다.

진호는 "선생님 아리스, 그다음 뭐지요?"라고 물었다. 나는 얼른

"아리스토텔레스야"라고 했더니 혼자서 철학자 이름을 외우기 위해 애를 썼다. 종례시간마다 아이들 전체가 철학자 노래를 반복해서 부르다 보니 진호의 노래는 점점 사라졌다. 그 후 진호의 수업 방해 노래가 나올 때마다 전체 아이들이 다 함께 부르는 철학자의 이름을 부르는 교실이 되었다. 철학자의 노래는 공부를 방해하는 노래, 의미 없는 노래를 벗어나게 했다.

아이들이 6학년이 되었을 때 나는 그때 불렀던 노래를 기억하냐고 물었더니 철학자 노래는 기억난다고 했다. 아이들의 기억 속에 철학자의 이름을 부르는 것이 후에 독서와 공부에 도움이 될 것이라 믿는다. 아이들은 어떤 상황이 일어나도 아이들이 좋아하는 것으로 바꿀 수 있다. 책을 읽은 것을 어떤 상황에 적용하여 지혜롭게 행동하게 할 수 있다.

나는 아이의 행동과잉으로 돌출된 사건들을 잠재우기 위해 독서를 다양하게 시도했다. 행동과잉은 여러 가지 상황을 만들어 싸움도 일어났고, 공부가 아닌 늘 문제 해결하는 시간이 더 많았다. 그럴 때마다 상황에 맞는 그림책을 읽어주고 눈앞에 보이는 상황을 바꾸어주었다.

내 아이에게 상황에 맞는 독서육아 책을 읽어주고 독서분위기를 만들어주면 된다. 아이가 혼나서 기분이 안 좋을 때는 마음을 해소시켜줄 수 있는 방법을 찾아야 한다.

서현 작가의 《눈물바다》를 읽어주는 것이 최고다. 아이들 눈물을 한 방에 날려버릴 수 있는 그림책 《눈물바다》는 서현 작가가 글을 쓰고 그림을 그렸다. 아이들은 자기와 관련된 사람들로부터 혼났을 때 가장 눈물이 난다. 하지만 가장 가까운 사람들을 눈물바다에 빠뜨려서 건져내고 자기가 한 일에 만족해하며 웃음을 찾는다.

엄마에게서 혼나고 오는 아이에게 책을 읽어주면 책에 관심을 더 갖게 된다. 《눈물바다》를 읽어주고 아이들에게 자기의 생각을 말하라고 하자 "자기가 흘린 눈물바다에 빠진 사람들에게 미안해 했지만 오히려 자기가 흘린 눈물로 눈물바다가 되어 시원해요"라고 했다.

나는 아이들과 책으로 독후체험 놀이를 만들어보았다. 내부에 쌓인 여러 가지 감정들을 털어버리는 놀이다. 눈물바다 그림책을 읽고 눈물바다의 내용처럼 눈물을 흘리는 대신 아이들은 신문지로 눈을 만들어 바닥에 던지고 스트레스를 날려버렸다.

아이가 어떤 상황에 따라 그림책은 놀이, 체험 등 다양한 독서 방법이 된다. 엄마는 항상 아이의 감정과 행동을 관찰하면서 상황에 맞는 책 활용을 찾아보아야 한다.

아이들을 가르치다 보면 교실 내에서 여러 가지 상황이 벌어진다. 더구나 내가 보지 못한 상황이 벌어지면 즉석에서 잘잘못을 가리질 못한다. 그렇게 되면 일방적인 충고나 조언이 된다. 혼내는 일만 만들어 나만 억울하고 속상한 일만 일어난다고 아이들은 생각할 수도 있다. 이 상황에서 내 아이에 맞는 독서법을 찾아 문제를 빨리 해결해주어야 한다.

체육시간에 농구를 하다가 공이 친구 다리 사이로 빠져나간 일이 벌어졌다. 누구의 잘못이라고 따지기 시작하자 두 명 남자 아이들이 싸우기 시작했다. 나는 싸운 상황에 대해 말하게 하고《친구랑 싸웠어》책을 읽어주었다. 맨 마지막 페이지에 다이가 사과를 받아주지 않고 이긴다는 문장으로 토론을 하게 했다. 그리고 공책에 글을 쓰라고 했다. 아이들마다 자기들의 이야기와 같으니까 열심히 글을 적어 나갔다. 아이들에게 싸움의 사건이 일어난 순서를 적게 했다. 그리고 맨 아래 부분에 자신의 생각을 쓰게 했다. 확실한 싸움의 원인과 잘못에 대한 판단을 썼다. 아이들 눈으로 현장을 봤기에 친구들이 본 눈은 정확했다. 처음 잘못으로 친구와 싸운 아이는 당연히 사과를 했다.

그러자 경희는 공책에 일이 일어난 싸움 말고 다른 싸움까지 일어난 것도 썼다. 자기들끼리 싸움이 일어난 과거들도 생각이 나는지 소름이 돋는다고 했다. 싸우지 말아야겠다고 썼다.

책을 많이 읽게 했다고 독서육아를 잘한 것은 아니다. 내 아이 상황에 맞게 독서육아를 해야 독서효과가 있다. 엄마가 독서육아 하다보면 내 아이 상황에 맞는 독서육아는 저절로 터득이 된다. 엄마도 책을 읽고 독서육아하면 매 순간마다 일어나는 상황을 책, 소통 매개체로 잘 해결할 수 있다.

연령별 성장 속도에 맞춰
독서육아 하기

요한 크리스토프 아놀드의 《아이는 기다려주지 않는다》에서 "어떤 부모들은 직장이나 여가 활동에 너무 매달린 나머지 집에 돌아온다 해도 아이들과 함께 놀아줄 기력이 남아 있지 않다"라고 했다. 마치 내 이야기하는 것 같았다.

나는 학교에서 아이들을 가르치고 업무까지 하고 집으로 오면 에너지가 다 소모되어 정작 초등학생이었던 딸에게는 충분히 놀아주거나 책을 매일 읽어주지 못했다. 요한 크리스토프 아놀드의 지혜로 일찍이 터득했다면 퇴근 후 남은 에너지라도 짜내어 딸과 최대한 시간을 보냈을 것이다.

지금은 딸이 친구관계에 대해 고민거리를 말하면 책에서 얻은 지혜를 말해준다. 그동안 내가 읽은 책들은 대학생인 딸에게도 도움이 된다. 어제는 밤늦게 친구가 노트 정리한 것을 내일 준다고 했더니 친구가 고마움도 모르고 퉁명스럽게 말했다고 했다.

나는 그 문제로 오래 동안 생각하고 고민거리를 크게 만들까봐 걱정이 되었다. 갑자기 네빌 고다드의 《상상의 힘》과 《세상은 당신의 명령을 기다리고 있습니다》가 떠올랐다. 그래서 딸에게 카톡 문자를 보냈다.

> "자신을 믿고 목표와 꿈을 이루고자 하면 남들이 자기위주로 말하는 것이 들리지도 않는다. 나랑 맞지 않는 친구가 있으면 나를 바쁘게 하자. 그리고 나는 거인이고 친구는 메뚜기로 보며 나의 미래를 보자. 중요한 건 친구 감정에 맞추지 말고 내가 달라지는 것에 맞추자. 그 친구 때문에 나를 보게 되어 감사하게 생각해라."

대학생인 딸인데도 대학생 연령에 맞는 독서육아 이야기는 있다. 자녀가 초등학생이거나 대학생이어도 부모는 자녀가 성장에 맞는 독서육아를 계속해야 한다고 생각한다.

낸시 앳웰의 《하루 30분 혼자 읽기의 힘》에서 초등학교 1, 2학년에 해당하는 부모님의 가정독서지도법을 소개하자면 다음과 같다.

> "아이가 읽고 싶어 하지만 아직 혼자 읽을 실력이 안 되는 책이 있다면, 큰소리로 읽어주세요. 책을 함께 볼 수 있도록 나란히 앉으세요. 가끔 손가락으로 주요 단어를 가리키거나 읽는 부분에 밑줄을 그으세요. 아이가 이야기의 흐름과 묘사, 다음에 나올 문장 등을 예측해보거나 질문을 하거나 이야기할 틈을 주세요."
>
> "친구와 수다를 떨 듯이 아이와 책에 대해 수다를 떠세요. 그 책은 어땠니? 어떤 기분이 들었니? 어느 부분이 가장 좋았니? 어떤 점이 싫었니? 등장인물 중 누가 좋았니? 어느 부분이 좋았니?
>
> (중략)

"불안감과 짜증 등을 내보이지 마세요. 꾸준한 훈련과 편안하고 즐거운 경험이야말로 능숙하고 유쾌한 독서인이 되는 두 가지 열쇠입니다."

저학년 독서육아는 교사나 엄마들은 수다쟁이가 될 정도로 말을 많이 하고 아이 이야기를 끝까지 들어줄 만큼 인내심이 강해야 한다. 연령에 맞지 않은 아이에게 무리하게 책을 읽으라는 것은 마치 소화시키지 못하는 음식을 많이 먹으라는 것과 같다. 독서육아 책을 참고로 보면서 연령별 성장 속도에 맞는 독서육아에 대해 알아보자.

• 8세 성장속도에 맞춰 독서육아 하기

이 시기는 아이들이 학기 초부터 학교 적응 단계를 거치기 때문에 적응관련 그림책이 최고다. 그래서 첫 학교 등교하는 입학식 날부터 책 읽어주는 선생님, 책 읽어주는 어머니 행사를 한다.

무엇보다도 8세의 아이들은 그림책을 읽어주면서 학교생활을 도와주어야 하는 시기다. 아이가 학교생활을 두려워하지 않고 잘 적응하라는 의미에서 책 읽어주기를 해야 한다. 그리고 한글을 첫 단계를 배우는 공부와 연결점을 주는 것이 책이다.

아이들 중 쉴 새 없이 떠드는 아이들이 있다. 그중 책을 많이 읽어 아는 것을 내보내는지 계속 말을 한다. 현장체험학습 갈 때도 주변 이야기 밑천이 떨어지면 다음에는 이야기를 만들어낸다. 이야기를 좋아하는 1학년 아이들에게는 수다쟁이 엄마로 변신을 하고, 로렌 차일드의 《난 토마토 절대 안 먹어》의 롤라의 오빠처럼 재미있는 신조어를 만들어내는 것도 아이들을 즐겁게 만든다. 바로 입가에 미소를 짓고 상상의 나래를 펼치는 아이로 변한다. 그것이 아이들의 언어이고 책에서 찾아낸 보물과 같다. 무엇보다도 사랑으로 읽어주고 잠자기 전 책을 읽어 두뇌 활성화에도 도움을 주도록 독서육아를 하자. 공공시설에서 지킬 규칙이 들어간 그림책도 읽어주면 사회생활 적응을 할 수 있게 해준다. 교과서와 관련된 책도 읽어주어 교과서 배우는 데 쉽게 접근할 수 있도록 매일 독서육아 하자.

• 9세 성장속도에 맞춰 독서육아 하기

9세 아이는 책 읽는 자세가 안정되었고 내용을 파악하여 글의 줄거리를 말할 수 있다. 글로 표현하자 하면 제법 줄글이 길어진다. 저자가 쓴 책을 찾으라고 하면 다 찾아온다. 앤서니 브라운 책을 읽어주면서 숨은 그림을 찾을 정도로 그림에 관심이 많다. 한번은 책을 읽어주고 쉬는 시간에 도서관에 갔는데 도서관 사서선생님이 내가 읽어준 책을 방금 빌려갔다고 했다.

선생님을 잘 따르는 시기라 교사들이 읽어주는 책이 있으면 바로 도서관에 가서 빌려온다. 아이들은 친구들과 책 읽기를 좋아해서 단짝 친구와 같이 도서관에도 간다.

친구와 같이 가는 즐거움과 책을 읽으러 가는 즐거움이 함께 이루어지는 것이다. 책 읽기가 어려운 아이는 그림책에 그림을 보는 것만으로도 즐거워한다. 국어 교과서와 연계된 《으악, 도깨비다!》라는 책을 읽어주었는데 도깨비 이름이 도깨비 생김새의 특징이라고 유나가 말했다. 그림책을 다 읽어주었다고 책을 접는 마지막 순간에도 아쉬워했다. 이야기에 몰입이 되는 아이도 있어 반복해서 읽어주어도 계속 들을 시기다. 하루에 2~3권 이상 그림책 읽어주는 것, 아이들은 더 요구할 정도로 책에서 에너지를 받는다.

• 10세 성장속도에 맞춰 독서육아 하기

10세 아이들은 교실 밖에 더 관심이 많다. 하지만 밖에만 나가면 친구들과 싸움이 일어난다. 특별히 좋아하는 아이가 있으면 그 아이를 중심으로 움직인다. 이야기가 통하는 친구가 있으면 그 친구에게 의지하면서 공부한다. 이 시기에 아이들 일기를 읽어보면 친구의 이야기가 대부분이고, 친구에 대한 관심과 궁금증이 많다. 그래서 도서관에 가거나 독서체험을 갈 때 또래 아이와 같이하면 더 효과적으로 책에 관심을 갖는다. 친구 때문에 의욕도 생기고 에너지도 많아지기 때문이다. 이 시기는 차츰 자기주장이 강해진다. 친구도 좋아하지만 도서관에서 친구와 같은 책을 빌리면 책 한 권을 들고 싸움이 일어난 것을 보았다. 나는 속으로 좋은 현상이라고 칭찬해주고 싶지만 싸움은 싸움이다. 그래서 아이들에게 빌린 책을 그 자리에서 읽어주면 언제 싸웠냐는 듯이 책 이야기를 하고 있다. 싸움을 화해시킬 필요 없이 책 한 권이면 해소가 되는 시기다.

• 11세 성장속도에 맞춰 독서육아 하기

11세 아이들은 사춘기가 왔는지 몸의 움직임이 다르다. 친구의 말에 예민하고 자존심도 많아진다. 점심때가 되어서야 친구 말을 들어주고 화를 푸는 것을 보았다. 사소한 것으로 자존심을 내세워 늘 다독거려주어야 기분이 풀어졌다.

과학시간에 흥부와 놀부 이야기로 그림자놀이를 했다. 아이들이 서로 모둠끼리 의논을 하여 대본 만들기를 서로 미루다가 한 아이가 눈물을 흘렸다. 갑자기 울기 시작하여 원인이 무엇인지 물어보았다. 그런데 그냥 힘들다고 말했다. 이야기 줄거리를 창의적으로 만들어야 되는데 모둠끼리 의사소통이 잘 안 되어 그렇게 표현한 것이다. 그래서 11세가 되면 대화와 소통의 기회를 많이 만들어야 한다. 느닷없이 말하는 대화보다는 부드럽게 이어줄 책을 매개체로 삼아 대화의 통로를 열어야 한다. 자아가 강해지는 문턱에서 엄마의 독서육아는 아이 자신을 인정하게 되는 디딤돌이 된다. 엄마의 강요된 말보다는 아이에 맞는 수준의 이야기를 찾아보는 데는 책이 최고다.

• 12세 성장속도에 맞춰 독서육아 하기

12세 아이라면 책을 통해 친구관계도 잘 해결한다. 선생님보다도 친구의 말이 더 효력이 있다. 학급에서 나름 착하고 친구를 존중해주는 아이가 최고의 친구로 여긴다. 하나의 본보기가 되는 친구가 생기면 무엇이든지 다 받아들인다. 그런 친구에게는 마음을 준다. 인우가 5학년 초, 늘 신경이 곤두서 있고 화를 잘 냈다. 그런데 2학기 들어 전학온 남자 친구가 점잖고 친구들의 이야기를 잘 수용했다. 인우는 이 친구와 있으면 정서가 안정되는지 집까지 놀러갔다. 말과 행동이 부드러워졌고 까다롭고 부정적인 말투가 달라졌다. 아이 스스로도 인정했다. 선생님과 교실에서 공부하는 것보다 누구와 얼마만큼 이야기를 많이 하느냐가 아이 마음을 안정시켰다. 이런 시기에 친구와 마음 열 수 있는 독서육아라면 감정 조절의 힘도 생긴다.

5학년이 되었다고 엄마가 책 읽어주기를 멈추면 안 된다. 친구 외에 자기가 잘하는 것을 찾는 시기다. 자기가 좋아하는 강점을 꿈으로 만들어 꿈에 도전하는 기회를 주자. 꿈과 관련된 책도 접근하여 꿈으로 아이 감정을 돌리도록 도와주자.

• 13세에 성장속도에 맞춰 독서육아 하기

13세가 되면 소란스럽고 자기 이야기를 하고 싶어 한다. 반면에 최고의 학년이라서 그런지 어른스럽게 이야기를 하거나 선생님의 속사정도 잘 알아 오히려 선생님을 위로한다. 일도 빠르고 의논도 되는 아이들이다. 하지만 점심시간이 다가오면 예민해져 감정의 온도가 예측불허다.

그래서 학교에서는 아침에 책을 읽어주는 시간으로 정했다. 아침을 먹고 온 상태라 책을 읽는 데 몸의 변화에 지장을 받지 않기 때문이다. 개인적으로 지도하는 아이는 주로 점심을 먹고 바로 책

이야기를 나누었다. 선생님의 이야기를 듣고 다음 자기 이야기를 하는 여유가 생겼다. 책 읽는 속도가 빨라져 한 권을 다 읽고 소감문을 쓰며 자기주장을 강하게 나타냈다.

이시기는 단체 토론이 가능하여 반대 의견, 찬성 의견을 나누어 토론하는데 근거의 뒷받침을 갖고 말한다. 자기 스스로 토론대회에서 자신이 없다거나 자료가 부족하다는 것을 파악하고 부족함을 인정한다.

6학년 헌이는 공부하기 전 자기 스스로 찾아와 지금 자기가 추리소설을 읽는다고 했다. 그러면서 추리소설내용을 이야기했다. 나는 "혹시 무섭지 않니?"라고 말하면 헌이는 재미있다고 했다. 자기가 읽은 책을 소통이 되는 사람에게 지금 독서상태를 수시로 이야기해준다.

나는 한 학교에서 1년 동안 독서지도를 한 아이들을 4년 동안 지켜보았다. 아이들은 연령별 변화 속도가 빠르다는 것을 알 수 있었다. 내 아이 13세까지는 책을 읽어주고 엄마의 음성을 듣고 사랑을 느껴야 한다.

제일 중요한 것은 아이의 마음 성장에 맞춘 독서코칭을 해야 한다. 연령별 성장 속도에 맞추어 독서육아는 아이의 육체와 정신적인 성장도 함께 커가도록 골고루 독서육아하는 것이다.

05

내 아이를 위한
독서체험의 4단계

지금은 도서관 개념 자체가 달라졌다. 독서교육도 교육의 이론과 접목되어 다양해지고 있다. 과거와 달리 도서관이 없는 학교가 없다.

한번은 어떤 작은 학교를 방문했는데 정중앙에 있는 도서관을 지나야 교실로 들어갈 수 있었다. 독서지도를 하는 입장에서 참 괜찮은 아이디어라고 생각했다. 마치 '누구든 이곳 도서관을 통하지 않고서는 어떤 교육도 할 수 없다'라는 말 같았다. 차츰 작은 도서관이 늘어나고 작은 북 숍처럼 문화가 있는 서점이 늘어나고 있다.

이처럼 집에서 '아이가 읽을 책이 없다. 도서관이 멀다'라는 핑계로 독서육아와 거리감을 두는 것은 시대에 맞지 않다. 엄마가 자녀교육에 확고한 의지가 있다면 도서관에서 살다시피 할 것이다. 다만 마음의 장소가 문제다.

만약 내 아이를 위한 독서체험을 한다면 도서관에서 하는 월 주 행사에 참여해보는 것도 좋다. 늘 오픈되어 있는 어린이 전문 그림책 도서관에 가면 책에서만 만나는 작가를 만날 수 있다. 멀리

사는 작가는 카페나 연수에서 만날 수 있다. 작가 밴드와 책표지에 나온 이메일을 통해 이야기를 나눌 수도 있다. 찾고자 노력하면 무조건 만날 수 있다. 지금은 작가와 독자의 관계가 좁아지고 있다.

앞으로 누구나 책을 쓰는 작가가 되고, 1인 출판사 시대가 된다. 한국출판문화산업진흥원이 2016년 발표한 2015 출판 산업진흥원에 따르면 조사대상 국내 출판사 3,606개, 즉 76.6%가 1인 출판사라는 것이다. 1인 출판사는 내 마음대로 책을 만들고 누구든지 도전하며, 독자들의 공감을 끌어내는 장점이 있다. 대형 출판사를 찾아가야 출판사를 볼 수 있는 것이 아니라 가까운 곳에 가서도 작가와 출판사를 동시에 볼 수 있는 체험을 할 수 있다. 내 아이 독서체험도 책을 읽는 것에서 책 쓰는 과정이 될 수 있다.

해마다 가을 책축제가 있는 날에는 작가초청 및 작가와의 만남으로 작가와 관련된 독서체험을 한다. 작가들을 초청하기 한 달 전에 작가의 책을 읽게 한다. 아이들에게 한 달 동안 작가가 오기 전에 작가에 대해 궁금증을 갖고 간절함으로 기다리게 한다. 그러는 동안에 아이들은 작가의 책을 다 읽었다. 그다음 독서체험 단계에서 '작가의 책으로 작가에게 편지쓰기, 작가 얼굴 그리기, 작가에게 질문 만들기, 작가 체험하기' 등을 하게 했다. 이쯤 되면 작가탐구는 많이 한것이다.

책축제하는 날, 작가와의 만남으로 생태동화 작가인 권오준 작가를 초청했다. 선생님들과 독서체험을 학급당 한 프로그램씩 맡아 발표하기로 했다.

3학년 아이들은 권오준 작가의 《둠벙마을 되지빠귀 아이들》을 읽었다. 그리고 권오준 작가가 실제로 숲속에서 새들이 벌어지는 일들을 사진 촬영하는 장면을 퍼포먼스로 준비했다. 아이들이 우비에 깃털을 붙이고 그림을 그려 마치 권오준 작가의 옷처럼 꾸몄다. 작가의 사진기도 과자 박스로 만들어 준비했다.

아이들은 작가의 옷을 입고 숲에 사는 새들을 촬영하는 퍼포먼스를 전교생 앞에 보여주었다. 그 과정에서 아이들은 작가체험과 진로교육은 한 것이다.

내 아이를 위한 독서체험의 4단계로 독서코칭 해보자.

1. 아이가 사용하는 언어로 독서코칭을 하자

현희에게 강무홍 작가의 《마법의 두루마리》 책을 읽고 자기의 생각을 써오라는 과제를 내주었다. 과제의 내용엔 읽게 된 동기, 내용, 생각, 주장, 알게 된 사실 등을 골고루 섞어 써보라고 했다. 글쓰기를 처음 시작하여 쉽게 이해하는 언어로 쉽게 설명했다. 글을 쓸 때는 샌드위치에 들어간 야채, 햄, 토마토, 치즈가 들어간 것처럼 읽은 내용만 쓰지 말고 글의 내용 사이사이에 자기 생각도 넣으라고 했다.

현희는 집에 가서 엄마와 책을 읽고 엄마에게 샌드위치 글쓰기를 해야 된다고 했다. 엄마가 샌드위치라고 이야기를 하는데 그 말이 무엇인지 모르겠다고 전화를 했다. 나는 "글을 쓸 때는 빵은 글의 내용이고, 빵 사이에 들어가는 야채나 햄, 소스는 자기 생각이다"라고 말했다. 그제야 엄마는 아이가 말한 샌드위치라는 말을 알게 되었다. 아이에게 쉽게 다가가는 언어로 글과 생각을 샌드위치에 비유해서 설명해준 것이다.

독서 첫 단계일 때는 아이에게 쉬운 말로 하면서 글을 쓰게 한다. 일상생활에서 접하는 의식주가 있는 먹는 것, 갖고 있는 것, 배우고 있는 것 등으로 설명하면 아이들은 금방 이해한다. 그리고 자기와 소통이 된다고 믿는다. 엄마의 샌드위치 독서코칭은 자녀의 언어로 이해를 돕는 독서체험이라 할 수 있다.

2. 수시로 놀이 삼아 찾아가는 독서체험코칭을 하자

만약 집 가까이 박물관이 있으면 수시로 놀이 삼아 나들이를 하자. 체험을 놀이라 생각하고 편안한 마음으로 박물관을 드나들면 아이는 큐레이터가 될 만큼 눈으로 익히고 입으로 말한다.

딸이 저학년일 때 집 근처 역사박물관을 수시로 데리고 갔다. 내 집처럼 수시로 드나들었다. 역사박물관에 갈 때마다 보지 못한 장면들을 퍼즐 맞추듯이 맞추어 나갔다.

학년이 올라갈 수록 집에서 거리가 먼 곳인 작가문학관, 기적의 도서관, 북 카페, 작가의 생가, 역사가 있는 유적지 등을 찾아갔다. 아이들의 독서체험은 그 옛날처럼 무작정 찾아가는 체험이 아니라 인터넷으로 장소 검색 확인이나 책을 읽고 간다. 문학기행으로 작가를 찾아가는 경우도 있고, 역사인문을 찾아갈 수도 있다. 테마체험으로 독서체험을 하게 되면 공부가 아닌 놀이 삼아 가는 즐기는 독서체험이 될 것이다. 가장 중요한 것은 독서체험이 아이들에게 놀이처럼 부담 없이 즐기는 독서체험이 되었는가 하는 점이다.

3. 요리로 습관을 바꾸는 독서체험코칭을 하자

《난 토마토 절대 안 먹어》같은 책은 아이가 싫어하는 음식을 먹도록 동기부여 하는 책이다. 독서요리체험도 하고 편식의 습관도 고치는 일석이조 그림책이다.

그래서 저학년부터 고학년 아이들까지 독서요리체험으로 인기가 많다. 독서와 요리체험, 습관변화까지 가져올 수 있어 독서체험으로는 효과가 두 배다.

여름방학 때 아이들과 《난 토마토 절대 안 먹어》 독서체험 요리를 한다고 하니까 책과 관련된 재료들을 많이 준비했다. 체험 전에 아이들에게 한 번은 책을 읽어주고 싫어하는 음식, 좋아하는 음식에 대해 질문을 했다. 음식에 대한 이야기인지 아이들은 무척 흥분하고 시끌벅적하게 자기들 의견을 냈다. 그런 다음 모둠별로 샌드위치를 만들었는데 다양한 맛, 모양이 나왔다.

책과 요리를 연결하는 독서체험 주제는 친구, 요리, 맛, 생각, 습관, 사랑 등이 있다.

집에서 독서체험을 한다면 집주변에서 구할 수 있는 재료로 독서체험하도록 해보자. 그림책 중《천둥 케이크》,《구름빵》,《쿠키 한

입의 인생수업》,《보글보글 마법의 수프》 등은 독서체험하기에 좋다. 아이에게 요리로 습관을 바꾸는 독서체험이 되도록 코칭하자.

4. 다문화가 있는 인문학 독서체험을 코칭하자

A. 라마찬드라의 《라몰의 땅》은 인도그림책이다. 학교 주변에 있는 인도미술박물관을 방문하게 되어 인도그림책에 관심을 갖게 되었다. 박물관의 사업 중 〈길 위의 인문학〉으로 아이들에게 그림 책《라몰의 땅》을 읽어주고 독서와 관련 다문화 프로그램을 했다. 아이들에게 인도나라의 이해를 돕기 위해 인도의 신랑 신부의 의상을 입어보게 하고, 인도의 차 짜이도 맛보게 했다. 인도미술 체험으로 인도의 인기 많은 코끼리 신 갸네샤가 그려진 나무판에 쌀을 올려보는 만다라 체험을 하게 했다. 쌀을 갖고 하는 예술행위는 집착하지 말라는 철학적인 의미가 담겨 있어 마음을 비우는 공부가 된다.

마치 내가 어렸을 때 땅바닥에 그림을 그리고 다시 지워버리는 놀이와 같았다. 바닷가 모래사장에서는 글과 그림을 그려 바닷물에 씻겨 나가게 한 놀이도 마찬가지다.

모든 것을 자연으로 돌려버리고 집착을 버리는 행위야말로 인문학 체험이다. 아이들이 체험을 통해 정서적으로 마음을 가라앉게 하고 자연으로 돌려보내는 자연친화적 놀이이자 인문학 체험이라고 할 수 있다. 아이들의 오감을 통해 감성지능을 높이고 다문화를 이해하는 인문학 독서체험을 코칭하자.

잠재의식을 높이는
독서플랜을 세워라

3학년 아이들에게 글쓰기를 마치면서 내가 달라진
점과 내년의 독서계획을 써보자고 했다. 아이들은 자신이 달라진
점을 골라내어 글로 썼다. 잠재의식을 높이는 독서활동의 결과는
다음과 같다.

1. 내가 책을 읽고 달라진 점을 쓰자

- 말이 별로 없고 운동을 잘하는 아이: 나는 책을 읽고 책의 내
  용을 자세히 알았고, 책 덕분에 공부도 잘하게 되었다. 좀 어
  려운 말도 쉽게 알아들을 수 있었다. 필사도 조금 더 잘할 수
  있었고, 좋은 말도 많이 쓸 수 있었다. 책을 싫어했는데 책이
  많이 좋아졌다.
- 말이 별로 없고 엄마가 늦게 일하고 들어오셔서 대화가 별로
  없는 아이: 혼자 책 읽는 시간이 많아졌다. 혼자 읽는 재미가
  있고 잘 때도 책을 읽고 잔다.

- 주변 친척들과 대화를 많이 나누는 아이: 한곳에 더 집중을 하게 되었고 발표력과 자신감이 늘었다. 다른 여러 가지 책을 찾아보게 됐다.
- 엄마보다는 아빠와 이야기를 많이 하는 아이: 책을 안 읽었을 때 지금보다 5배나 산만했는데 책을 읽고 산만한 것이 2~3배 줄어들었다. 나는 책을 읽을 때 누가 말을 걸면 짜증을 낸다. 책의 효과가 있는 것 같다.
- 다른 사람들의 말에 예민한 아이: 책을 읽기 전에는 싸움만 해대고 철도 안 들었는데 싸움도 안 하고 친구들을 때리지도 않는다. 나를 달라지게 한 분은 선생님이시다. 마음이 차분해졌고 더 책을 읽고 쓰면서 내용을 알 수 있고 친구들과 말이 잘 통했다.

2. 다음 학년을 위해 독서플랜을 세우자

- 진희: 선생님께서 책을 읽지 말라고 해도(그러는 선생님은 없다) 꾸준히 읽고 책을 한 권 만들겠다. (친구들과 있었던 일을 북 아트로 만든 적이 있다)
- 동남: 3학년보다 책을 더 소중히 여기고 책을 읽고 도서관에는 빠짐없이 가고 꾸준히 책을 읽겠다.
- 무영: 하루에 2권씩 읽고 보물상자에 기록할 것이다. 집에서도 5권이나 읽을 것이다. 매일매일 책을 읽을 것이다.

미국의 철학자 랄프 왈도 에머슨은 《자기신뢰》에서 개개인이 가장 잘하는 일은 조물주 외에 그 누구도 가르쳐줄 수 없다고 했다. 그러면서 그 사람이 그것을 드러내기 전까지는 누구도 그것이 무엇인지 아직 모르며, 알 수도 없다고 강조했다. 누구나 자신의 잠재의식을 드러내면 자신을 안다고 할 수 있다. 특히 내 아이에게 잠재의식이 무엇인지 알고 강점을 끌어내는 것이 필요하다.

나는 1년이라는 기간 동안 학급의 아이들에게 최대한 책으로 통해 잠재의식을 심어주었다. 그것이 언제라는 것은 문제가 되지 않는다. 당장의 효과를 보기 위해 서두르는 일은 아이에게 실망감을 줄 수 있다. 그래서 매일 조금씩 가랑비 젖듯이 책으로 잠재의식을 적셔주었다.

초등학교 시절은 그야말로 잠재의식을 만들어가는 과정이라고 할 수 있다. 자녀와 한 가족이며 같이 생활하는 엄마는 가장 잠재의식을 높일 기회가 많다.

앤서니 라빈스의 《네 안의 작은 거인을 깨워라》,《무한능력》이란 책을 잠재능력을 끌어내어 자신을 최대화시키라고 한다. 나는 이 책을 만나기 전에는 내재된 잠재능력에 대한 확신이 적었다. 내가 아는 한계에서 나의 잠재능력을 찾았었다.

올해 특히나 독서동아리 활동을 하면서 나와 아이들, 엄마들에게 꿈을 찾고 도전하는 기회가 많았다. 모든 잠재능력은 여러 활동으로 나오게 했다. 사람마다 변화를 겪는 시간차가 있지만 잠재능력은 시간이 지나면서 밖으로 나온다.

나는 학교 엄마들의 잠재의식을 높이도록 독서대회, 무대에서 노래 부르기, 글쓰기 완성, 캠페인 등 무조건 참여와 행동을 하게 했다. 엄마들은 학교축제와 면민체육대회에서 노래 부르는 무대에 올라가야 할 땐 '생각할 시간을 주세요', '저는 시간이 안 돼요', '저는 노래를 못 불러요', '자신감이 없고 재능이 없어요'라고 했다. 하지만 나는 엄마들의 잠재력을 알고 있었기에 무조건 도전하게 했다. 도전 경험을 갖게 되자 엄마들의 참여 행사에는 모두 동참했다. 점점 자신의 재능을 믿고 밖으로 표출하는 기회가 많아지자 엄마들은 용기가 생겼다.

다른 일도, 이와 비슷한 일들도 잠재력을 끌어올렸다. 그 결과 독서동아리 엄마들은 독서퀴즈대회 참가, 푸른 가족 캠페인(청예단) 활동, 새마을회 대통령기 국민독서경진 독후감 대회에 도전 재도전했다.

500년 전, 조선시대 사임당은 자녀 중 잠재능력이 있는 자식에게 최대한 잠재력을 깨워나갈 교육법을 택했다. 사임당은 항상 붓으로 그림을 그릴 때 자식들에게 본보기가 되도록 했으며, 엄마의 모습을 자녀가 보도록 보여주는 육아를 했다. 그런 엄마의 모습을 보고 자녀는 붓을 잡았다고 한다.

신사임당 자녀들은 엄마 자체가 공부였으며 시각화를 통해 자기 것으로 만들었다. 현대 독서육아를 잘하는 엄마들처럼 사임당은 무조건 '해라'가 아니라 엄마의 모습을 보여주는 잔소리 없는 교육이었다. 지금도 마찬가지로 늘 엄마나 아빠가 글을 읽는 모습을 보고 자란 아이들은 사임당 자녀들과 같다. 사임당의 육아교육 본보기는 초등학생 아이를 둔 엄마들이 지금도 배워가야 한다. 글만 읽을 것을 강요할 것이 아니라 눈에 보이는 독서로 잠재의식을 높여야 한다.

나는 딸의 방 게시판에 긍정적인 말을 써서 놓았다. 일종에 보물지도와 같이 프로 강사의 프로필, 책 제목을 아이가 드나드는 문에 노출시켜 놓았다. 벽에 암시된 글과 유명인의 말, 시각화되는 성공의 글을 보면서 아이디어를 얻기 때문이다. 사임당처럼 집안 곳곳에 글귀를 붙여놓고 시각화시키고 조금씩 잠재의식이 깨어나도록 했다.

아이들에게 잠재의식을 높이는 독서플랜은 먼저 자기가 "이만큼만 할 수 있다"라는 한계를 넘어 큰 목표를 정하도록 해야 한다. 이만큼만 하겠다고 하면 그만큼만 한다. 이만큼이라는 말은 부정이 담긴 말이다. 마음에 없다는 뜻이다.

책 읽기를 싫어하는 아이나 엄마는 책에 대한 안 좋은 기억이라든가 책을 읽어본 적이 없는 경험이 없기 때문에 잠재의식으로는 안 된다고 책 읽기를 거부할 수 있다. 따라서 독서육아 플랜을 세울 때는 잠재의식이 생기도록 해야 한다.

내 아이를 위한 잠재의식을 높이는 독서플랜을 다음과 같이 세워보자.

첫째, 잠재의식을 높이는 확신의 글을 매일 쓰자.

독서로 내면의 깊이를 다져두는 것만큼 좋은 방법이 없다. 아이가 자기가 할 수 있는 일임에도 할 수 없다고 하면 행동하지 않는다. 머릿속에서만 알고 있을 뿐이다.

'나는 00을 한다'는 확신의 글을 매일 3번 또는 5번 써보자. 자기가 원하는 것을 글로 써서 소원이 이루어진 사람도 있다. 이시다 히사쓰구의 《3개의 소원 100일의 기적》을 통해 알았다. 엄마와 아이가 같은 노트에 쓰는 것도 좋다.

둘째, 독서육아로 아이의 장점과 강점을 찾도록 한다.

예진이는 엄마가 책을 읽어주고 학교에서 행사 때마다 전교생 앞에서 그림책을 읽어주는 모습을 보고 자랐다. 행사 준비를 위해서 엄마는 딸 둘을 앞에서 책 읽는 연습을 했다.

엄마와 가깝게 지내는 시간은 아이들이 자기 강점을 찾는 시간이기도 한다. 엄마에게 '엄마 나 뭐하고 싶어요'라고 말할 기회가 있기 때문이다. 그래서 자주 자기가 무엇을 잘하는지 말하도록 기회를 주어야 한다.

예진이는 그림 그리기를 잘하는데 집에 있는 공책이랑 스케치북에는 온통 그림으로 채웠다고 했다. 엄마는 아이 방을 리모델링하여 좋아하는 그림을 마음껏 그리도록 했다.

아이가 좋아하는 분야가 있으면 많은 재료 제공과 활동할 환경을 마련하는 것도 장점을 살리게 한다. 많이 하게 하면 장점과 강점을 찾게 된다. 엄마부터 잠재의식을 높이는 책을 읽어보고 모든 것이 자신에게서 만들어짐을 알고 실천하자. 결국 잠재의식은 나의 장점과 강점을 찾는 과정이다.

셋째, 꿈 리스트를 쓰고 원하도록 하자.

꿈 리스트는 주 1회씩 꿈을 쓰게 한다. 꿈의 내용, 꿈 달성 기한, 꿈 이룬 연도 등을 종이 양식에 쓰도록 하자. 나는 꿈 노트와 미래 명함으로 간절히 바라는 꿈들, 장기적인 꿈들을 적어 나갔다. 3년 전 적어두었던 작가의 꿈이 이루어졌다는 것을 우연히 꿈 노트를 펼치면서 알게 되었다. 쓰고 원하면 된다.

2학년 아이들이 매일 꿈노트에 가득 꿈을 적어나간다. 글씨를 모르는 아이도 꿈 노트에는 그리면서 자기 '꿈'은 '화가'라고 했다. 나는 꿈, 화가라고 써주고 따라 쓰게 했다. 다음 날, 너의 꿈을 그리고 글로 쓰라고 했더니 그대로 쓰고 그렸다.

꿈이 담긴 글은 아이의 마음도 움직인다. '나는 살기 위해 꿈꾼다'라고 말한 영화감독 스티븐 스필버그의 말처럼 매일 꿈을 꾸어야 한다. 그리고 몸에서 실천이 되도록 매일 꿈을 쓰고 원하도록 하자.

넷째, 아이의 잠재의식을 높이는 지지자를 만나게 하자.

내 아이를 위해 엄마가 독서육아를 하지만 엄마보다 더 나은 선생님, 전문가, 성공한 사람을 만나면서 아이의 잠재의식을 높일 정보를 얻자. 아이에게 항상 긴장과 자극을 줄 다른 사람이 필요하다.

딸이 3학년때 내가 아는 엄마는 자녀에게 좋은 이야기를 해주기를 바라는 마음에서 우리 집에 보낸 적이 있었다. 자녀교육을 잘하는 엄마인데 나에게서 다른 무엇을 더 배우게 하려고 아이를 보냈다. 사람을 만난다는 것은 아이에게 잠재능력을 끌어낼 조언자이자 지지자를 알았던 것이다. 책 이외에 사람에게서 배울 가치가 있다는 것을 일찍이 터득한 엄마라고 할 수 있다. 내 주변에서 나와 내 아이의 지지자가 될 사람을 찾아보자. 그러면 반드시 나타난다.

다섯째, 매일 감사 일기를 적고 행동하게 하자.

아이에게 소리를 내어 '점점 잘한다, 와 멋있다, 기분 좋게 만든다, 정말 새롭다, 신날 것 같다' 등 추임새의 긍정의 말은 아이의 감정을 밝게 해준다. 매일 하루에 3줄이나 5줄도 좋다. 자신에게 감사, 부모님께 감사, 주변에 같이 생활하는 사람에게 감사 일기를 쓰다보면 모든 것이 용서가 된다. 그리고 자기 주변에 긍정적인 일만 끌어당기게 된다. 감사로 충만한 삶은 늘 좋은 일만 있게 된다. 그때부터 자신의 잠재의식은 표출되어 몇 배의 힘이 나온다.

독서육아 모임으로
독서육아를 활성화하라

책날개 학교가 되어 많은 독서교육 혜택을 받았다. 교사들의 통영 문화기행, 작가와의 만남, 추천 도서 무료지원 등으로 기존 독서교육에서 새로운 독서교육의 패러다임이었다. 생각이 바뀌고 꿈이 생기는 독서교육이었다.

다음 해에 나는 학교에서 독서동아리 업무를 맡게 되었다. 나는 새로운 독서교육을 배운대로 교사 및 학부모 독서동아리를 운영해나갔다. 학교 작가들의 방문으로 한꺼번에 나의 눈을 뜨게 했다. 작가들의 강연이나 세미나로 작가의 한마디는 인생을 살아가는 데 명언이 되었다.

특히, 작가들에게서만 배울 수 있는 그림책 선정, 어른들이 읽어야 할 책 선정, 책을 읽어주는 방법, 아이들이 책을 읽을 권리, 책날개 입학식 등은 기존의 독서방법과 달랐다. 모두 배울 가치가 있었다.

내가 맡은 동아리 운영을 잘하려면 우선 내가 책을 읽어야겠다고 생각했다. 이 기회에 내가 변하고자 단단히 마음을 다 잡았다. 물론 딸을 위해 보여주는 독서의 이유도 있었지만 학교에서는 나의 독서다운 독서가 필요했다. 그래서 나는 난생처음 책에 미쳤고 독서몰입 상태가 되었다. 6개월 동안 독서는 자신을 변화시키는 해이자 삶 출발점이었다. 그리고 나의 독서력은 확장되어 동아리 활동을 더 활성화시켰다.

첫 '보물상자를 여는 학부모독서동아리' 모임에는 엄마들과 아빠 한 분이 참석했다. 여희숙 작가의 《보물상자》로 글을 쓰게 했다. '꿈을 이룬다'라는 의미로 독서노트로 활용했다. 독서육아 모임은 그림책 읽어주기, 작가 초청 연수, 방학동안 가정에서 독서체험, 토론하기, 학교 봉사활동 등을 했다. 동아리 모임을 하면서 백화연 작가의 책도 참고하여 모임을 펼쳐나갔다. 독서모임은 내 아이와 엄마 자신을 알아가는 기회가 되었다. 첫날, 학부모 독서모임의 소감 사례는 다음과 같다.

"앞으로 더욱더 좋은 정보와 소식으로 하나가 되기로 해요. 이런 좋은 모임을 하게 되어서 아이들에게도 좋고 엄마도 학창시절 책 읽던 추억이 생각나 행복합니다. 진짜 뜻깊은 모임이었습니다. 자녀에게 엄마의 책 읽는 모습 많이 보여주고, 더불어 저도 책과 함께 더욱더 성숙해져야겠어요. 선생님이 자녀교육에 대한 도서를 지은 저자의 강의를 학부모님과 교사들이 같이 연수받도록 계획을 세워 작가 섭외, 저자의 책 구매로 작가 강연 전 책 읽기를 하였습니다. 저의 아기를 업을 때도 있고 아이들 옆에 앉히고 하면서 하는 독서동아리 활동을 학교 아이들의 좋은 면만 보는 공부가 되겠어요. 정말로 의미 있는 모임이었습니다. 학교도서관 자원봉사활동과 다양한 독서체험도 활동할 계획입니다."

학교에서 학부모독서동아리 외에 나는 4학년 학급 엄마들의 독서동아리도 만들었다. 우리 반 아이들이 독서습관을 만들기 위해서는 엄마모임이 필요했다. 반엄마들의 모임은 자녀들에게 영향을 크기 주기 때문에 중요했다.

세 분이 모인 학부모모임은 교환일기 쓰기부터 시작했다. 엄마들은 자녀에게 관심이 많아 교환일기 쓰기에 적극적이었다. 이를 옆에서 지켜보던 아빠도 감동했는지 나중에는 아빠들까지 교환일기에 합세했다.

부모들의 학교교육 참여로 학교축제 때 가족노래발표까지 이어졌다. 태영이 아빠는 노래 연습하는 과정에서 일하다가 노래하고 가사를 통째로 외우면서 '못 하겠다' '어렵다'라는 말이 오가다가 결국 발표를 했다. 이런 부모들의 활동을 교환일기 쓰기에 녹여내고 서로 공통된 화제의 이야기를 나누었다. 그 사이 아이들의 적극적인 교환일기 배달은 엄마들의 미루는 습관은 통하지 않았다. 자녀가 가지고 온 일기는 곧 부모의 숙제가 되어 자녀 앞에서 글을 썼다. 보여주는 가정교육이 되었다.

엄마들이 맞벌이로 바쁜 것을 알지만 하루도 빠지지 않고 썼다. 엄마들은 아이들에게 공부가 된다는 생각에 진솔한 이야기를 써나갔으며, 일기 속에서 부모들끼리 이야기를 나누었다. 교환일기 쓰기를 통해 부모님들과 아이들이 자연히 친해지고 자녀교육을 대화의 화제로 삼았다.

학부모 독서동아리였던 이심전심독서동아리는 2년, 역지사지 독서동아리는 4년 동안 모임 활동을 했다. 그중 역지사지동아리는

'긍정의 바이러스' 일기를 돌려가며 썼다. 그 외 독서활동으로 학교행사인 입학식날 책 읽어주기, 책 읽고 소감쓰기, 긍정의 바이러스 일기 돌려가며 쓰기, 박물관 체험, 학교폭력 예방을 위한 캠페인도 했다.

엄마들이 쓰는 긍정의 바이러스 일기는 엄마들끼리 배움의 일기였다. 다른 사람들의 일기를 들여다보면서 나를 알아가는 과정 중 배움의 하나였다. 다른 엄마들의 글을 읽고 '나만'이라는 생각을 버리면서 자기 이야기를 자유롭게 풀어놓았다. 일기는 소통의 여백이었다.

엄마들이 돌려 쓴 '긍정의 바이러스' 일기 소감 글은 다음과 같다.

"학부모 독서동아리를 인연으로 출발한 지도 벌써 7개월째로 접어든다. 한 달에 한 번씩 책과 함께 우리가 희망하는 마음을 싣고 토론하고 대화했다. 우리의 생각은 벌써 몇 권의 책을 읽었는지 모를 정도로 마음의 양식을 쌓아갔다. 5월에는 김미혜 동시 작가님을 모시고 《안 괜찮아, 야옹》, 《모두 내 꽃》 등의 시를 읽고 시를 쓸 때의 감정, 느낌에 대해서 이야기해주시고 시를 쓰고 싶은 의욕을 심어주셨다. 독서동아리 활용 도서인 《논어》 책은 세상의 모든 인생을 위한 고전으로 내용이 심오하면서 인생길에 도움이 되는 구절이 마음에 와 닿는다. 특히 공자께서 말씀하신 삶의 즐거움의 내용은 '배우고 때때로 그것을 익히면 이 또한 기쁘지 않은가? 벗이 있어 먼 곳에서 찾아오면 이 또한 즐겁지 않은가? 남이 알아주지 않아도 원망하지 않으면 또한 군자답지 않은가?' 함축되어 있는 말씀이 마음속에 자리 한다."

처음부터 일기 쓰기에 자신이 없었던 엄마였다. 하지만 엄마들끼리 돌아가는 긍정의 바이러스 일기를 본받더니 점점 책도 많이 읽고 글도 좋아졌다. 6월에는 '존 고다드의 꿈의 목록'에 대해서도 토론하고 100가지의 '꿈 리스트'를 적었다. 꿈을 갖기 시작한 엄마는 작은 것부터 꿈을 이루어나갔다.

4학년 학부모로 구성된 독서동아리의 일기는 '교환일기'라고 했다. 다른 학교에서는 학부모독서동아리의 일기 제목은 '긍정의 바이러스'라고 붙였다. 새로운 학교에서 긍정하는 마음으로 지내고 싶어 긍정의 바이러스로 했다. 그러다 2년이 지난 해에는 긍정의 바이러스의 일기제목을 의미 있게 정했다. 책을 읽고 글을 쓰는 목적이 긍정하는 힘을 갖게 하고 긍정하는 엄마가 되어 긍정을 전달하는 것이었다. 긍정의 바이러스라고 이름을 붙인 공책이 매년 한두 권씩 늘어갔다.

아이들은 매일 만나 책을 읽어주고 독서 분위기를 만들어 책을 읽게 하면서 조금씩 변화되는 것을 볼 수 있지만 엄마들은 학생이 아닌 이상 매일 만난다는 것은 어려웠다. 엄마들은 일기에서 만났다. 다른 엄마가 볼 것을 의식하지 않고 나에게 집중하여 하고 싶은 말, 나를 위해 진심을 담아 글 쓰는 데 의미를 두었다. 보기 좋게 쓴 글이 아니라 오늘 겪은 하루의 경험에서 어제와 다른 오늘의 일기였다.

다른 엄마들의 긍정 일기를 들여다보면서 엄마의 위안도 되었다. 엄마들의 일기는 내가 써보아야 독서육아를 지도할 수 있고 자신의 생각을 솔직하게 털어버리는 일기였다.

올해 처음 6명으로 동아리 엄마로 모임이 조직되었다가 학생이 전학을 와서 한 엄마가 늘었다. 그래서 7명이 일기를 돌아가며 썼다. 앞에서 쓴 엄마의 일기를 보고 동기부여도 받고 아이들 키우는 것도 배워갔다. 내 차례가 되어 일기를 가지고 오면 벌써 쓰게 되었냐고 가끔은 바쁠 때 짐이 되는 일기가 되었지만 그래도 쓰는 일기가 되었다.

그렇게 긍정의 바이러스 일기와 독서모임의 경험으로 새마을회에서 주최한 대통령기 독서경진대회에서 4명이 입상을 했다. 긍정의 바이러스의 힘이었다.

양희 엄마는 "엄마가 상을 받는 덕분에 온 가족이 전체 모이게 되는 시간이 되었다"고 했다. 가족 친화활동으로 이어져 긍정의 가족으로 옮겨갔다. 결국 독서동아리 모임으로 긍정의 바이러스 일기가 상을 타게 되는 기회를 주었다. 그렇지만 그것이 동아리 모임에서 전부는 아니다. 엄마들의 생각이 바뀌고 무엇을 새롭게 도전했느냐가 중요하다. 또, 내 아이에게 독서육아로 교육이 변하도록 노력했느냐가 중요하다.

나는 엄마들에게 꿈을 가지라고 자주 모임에서 이야기를 했다. 그리고 자신을 돌아보고 랄프 왈도 에머슨의 시를 자주 인용했다. 나를 위한 것이 곧 내 가족을 위한 일이기 때문이다. 더 나아가 주변 가족도 소중하게 여기고 도울 힘이 생긴다. 독서로 만나는 학부모 모임은 절대로 아무 이유 없이 해체되지 않는다. 바로 나와 내 아이, 남에게 돌아가는 긍정의 바이러스 독서모임이기 때문이다.

내 아이는 엄마표
독서육아로 만들어진다

아침 출근길, 도로에 차를 정차하고 있는데 뒤에서 접촉사고를 냈다. 갑자기 일어난 일이라 보험 담당자에게 알렸지만 그다음 일 처리하는 순서에서 당황했다.

때마침 직장으로 출근하는 수하 엄마가 나타났다. 마치 수호천사처럼 나타났다. 엄마는 직업적으로 차 사고를 발견하고 자동차를 보았는데 선생님 자가용이 보였던 것이다. 엄마는 보험설계사 일을 하시는데 차와 관련된 일로 관심이 많았고 사고현장이면 어디든 달려간다고 했다.

그 인연으로 수하 엄마와 이야기를 하게 되었다. 제일 먼저 나는 독서육아 이야기를 꺼냈다. 나는 수하가 독서육아를 했다는 것을 사전정보도 알고 있었다. 수하 엄마는 아이가 전학 오기 전, 학원 같은 책방에 다니면서 책을 많이 읽었고 책방선생님과 책에 관해 이야기를 나누었다고 한다. 수하는 1학년 때 일기를 잘 썼다고 했다.

지금은 시내에서 시골마을로 이사 왔더니 집주변의 공사장에서 공사하는 포클레인을 보고 흉내 놀이 한다고 걱정했다. 엄마 눈에 본 수하의 포클레인은 종이로 만든 자기만의 장난감이었다. 그래서 엄마는'맹모삼천지교'를 할지 걱정이라고 했다.

하지만 내가 생각하기에 엄마가 생각하는 아이의 포클레인 놀이는 장차 남들과 다른 꿈으로 발전할 수 있다. 엄마의 생각 틀에서 어떤 것은 공부고 어떤 것은 독서로 보였다. 얼음이 수면 위에 떠오르는 것만 다 얼음이 아닌 것처럼 수면 아래는 잠재의식이 깔려 있다. 부모들이 선택해서 온 시골 생활을 아이 탓만 할 순 없다. 아이가 시골 정서에 맞게 놀 거리, 공부할 거리를 스스로 찾은 것이다. 수하는 이곳은 이곳만이 할 수 있는 특별한 것을 찾았다.

엄마의 걱정거리는 아이를 보았는데 손에 책이 없다는 이유도 있었다. 도시의 중심가는 온통 학원이다. 학원에 아이 공부를 맞추면 된다. 그리고 엄마는 1, 2학년 아이의 모습만 보고 걱정과 생각에서 머물러 있을 수 있다.. 그것도 걱정으로 아이를 바라보았다. 무엇보다도 아이를 위해서는 지금 여기에서 내 아이에게 할 수 있는 것이 무엇인지 생각해보아야 한다.

만약 아이에게 지금 시골에서 그 전과 같이 독서육아를 원한다면 엄마의 생각도 달라져야 된다. 책방선생님의 독서육아가 아니라 엄마표 독서육아로 말이다. 그리고 엄마 이외 독서지도를 해줄 선생님의 도움을 받으면 된다. 그래도 내 아이라면 엄마표를 우선순위에 두어야 한다.

엄마표 독서육아를 최고로 만들어야 한다. 남의 손에 독서육아를 맡기다보니 엄마가 시간이 없어 장소 탓을 하는 것이다. 엄마 생각만 바꾸면 해결될 일이다.

그렇게 걱정만 하고 대책이 없이 옛날 것만 생각한 엄마와는 달리 수하는 학교에서 모범적이다. 과학시간에 수하의 공부태도는 발표도 많이 하고 실험실습도 적극적이었다. 교실에 들어오면 미리 세팅이 된 과학수업 준비물에도 눈이 먼저 갈 정도로 관심이 많았다. 과학 준비물이 궁금하여 공부내용을 추측을 하여 질문한다.

저학년 때 축적된 독서경험이 있어 질문도 많고 자기 주관도 뚜렷했다. 하고 싶은 꿈도 있는데 꿈을 다시 수정하면서 바꾸어 나갔다. 과학시간에 10분 동안 스마트 공책에 학습한 결과와 소감을 몰입 상태에서 글을 쓴다. 공책에 글을 끝까지 쓰면서 제출했다.

공개 수업하는 11월, 수하 엄마가 과학교과 공개수업 참관에 오셨다. 나는 수하에 대해 그동안의 관찰하고 평가한 수하의 학습결과 및 수업태도에 대해 피드백을 주었다.

수하 엄마는 수하의 이야기를 해주자 내 아이를 어떻게 지도해야 할지 알고 싶어 했다. 마침 내가 쉬는 시간마다 독서 지도하는 6학년 도일이의 공책을 수하 엄마에게 보여주었다.

"정말 6학년이 이런 생각을 할 수 있나요?"
"6학년 도일이는 책을 많이 읽었고 생각도 깊고 문장력도 있어요. 6학년이 아이로 보이지만 생각은 우리 엄마가 생각하는 이상으로 깊어요."

엄마가 생각한 수준 이상의 글을 보자 마음이 변하기 시작했다. 그 자리에서 수하 엄마는 아들도 독서지도를 받고 싶다고 했다. 그래서 나는 수하에게 독서지도를 하게 되었다. 수하가 독서지도를 받는 여파로 같은 반 친구도 독서토론대회 후 끊겼던 발걸음이 다시 이어갔다.

겨울방학 하는 날, 나는 독서를 하러 오는 아이들에게 에코백과 공책을 나누어주었다. 그리고 필사를 하자고 했다. 수하는 방학 중에 수영대회 상품으로 받은 문화상품권을 받았는데, 안네의 일기를 사서 공책에 필사를 하겠다고 했다.

같은 또래 찬희도 공책을 받으면서 안네의 일기 필사에 동참했다. 그 자리에 있던 6학년인 준영이는 논어 필사를 다시 시작하여 공책에 쓴다고 했다. 그동안 독서동아리 엄마들의 독서육아를 해온 시간이 있었기에 자녀들이 방학 독서계획을 세운 것이다.

나는 독서동아리 엄마들에게 독서동아리 목적을 강조한다. 그래서 모임을 만들었고, 그래서 동아리를 꾸려가는 이유를 말이다. "엄마가 읽어야 아이들을 이해하고 아이가 읽습니다"라고 강조하고 부탁한다. 특히 엄마들에게 제일 먼저 읽어야 할 책은 《쿠슐라와 그림책 이야기》라고 소개한다.

그다음으로 짐 트레리즈의 《하루 15분 책 읽어주기의 힘》에서 큐슐라의 이야기에 용기를 낸 제니퍼 엄마의 편지에 대해서도 이야기를 했다.

> "엄마가 생후 4개월부터 책을 읽어주었다. 4살 때 정신지체 및
> 신체장애 판정을 받고 전문기관에 위탁하기를 권고하였으나 부모
> 는 거절하고 매일 책 14권을 읽어주었다. 그 결과 큐슐라는 6살 때
> 평균 지능을 갖추었고 충분히 사회에 적응을 하게 되었다. 또 큐슐
> 라와 그림책 이야기를 읽은 제니퍼 부모는 태어난 자녀가 다우증
> 후군으로 태어났고 장님에 귀머거리인 중증장애가 되기 쉬울 것이
> 라고 했는데 하루 책 10권씩 읽어주었다. 그 결과 5살 때 아이큐는
> 111였다."

책 읽어주기의 위력은 이렇다. 엄마가 내 아이의 삶을 풍부하게
만들어줄 확신만 있으면 책 읽어주기는 모든 것을 극복할 수 있다.
어려운 환경과 장애를 극복했다는 사례를 안다면 엄마들은 내
아이에게 책 읽어주기를 포기해서는 안 된다. 장애를 가진 엄마들
은 하루하루를 포기하고 싶은 심정이지만 그 하루하루를 희망으
로 보낸 것이다. 그리고 내 아이를 사랑하기에 희망으로 독서육아
를 실천했다.

어려움 속에서 희망이란 주변 시선을 의식하거나 자신을 포기
하지 않는 믿음에서 시작한다. 그 믿음은 엄마의 긍정적인 자식
사랑에서 내 아이에게 독서육아를 시작하면 된다. 어떤 욕심도 아
니다. 아이의 행복을 위해 한다고 행동하고 진심을 담아 행동한다
면 반드시 결과는 좋게 온다. 모든 일은 엄마가 노력한 만큼 결과

가 나온다.

혹시 누구와 경쟁하거나 나만을 위해 독서육아를 하면 부작용이 일어난다. 누가 몇 권을 읽었는지, 누가 어디를 다녀왔는지, 누가 어느 학교에 다니면서 어느 학원으로 보내고 있는지 이런 말이 내 귀에 들어오면, 엄마가 흔들리고 있다는 증거다. 나 혼자 '마이 웨이' 하듯 육아의 길을 걸어가면 길이 보인다. 길 따라 가다보면 푸른 초원 위에 내가 그린 꿈이 보인다.

아이들이 자라면서 밖의 세상에서 배우는 것도 있지만 부모의 정신에 따라 많이 달라지기도 한다. 한번은 교사 연수에서 강사가 한 말이 생각났다.

강사는 70살이 넘은 할머니가 강의를 들으러 왔다고 했다. 강사가 왜 강의에 왔냐고 물었더니 50살이 된 아들에게 강의를 배워 가르쳐주기 위해 왔다고 했다. 그러면서 강사는 우리 교사들에게 부모의 끝없는 배움을 강조했다. 부모는 끝까지 자식의 부모다. '이제 힘들었으니 쉬세요'가 아니라 부모도 늘 새롭게 달라져야 한다.

초등학생 엄마들은 지금 내 아이에게 그림책 한 권 읽어주는 것이 내 아이의 삶을 풍부하게 만들어주는 변환점이 될 수 있다는 것을 명심해야 한다. 엄마표 독서육아는 내 아이를 하나의 인격체로 세우면서 독서를 통해 성장의 변화를 돕는 것이다.

5장

내 아이의
인성지도를
바꾸는 독서의 힘

01

내 아이의 인성지도를
바꾸는 독서의 힘

"언제부터 아이에게 책을 읽어주었어요?"

"태교 때부터 책을 읽어주었어요. 올바른 태교로 아이에게 책을 읽어주는 것도 있지만 엄마의 마음을 편안하게 하여 책을 읽어주는 것도 중요해서 저는 책을 읽었어요."

호용이 엄마는 정서적으로 안정된 마음이 아이에게 가장 중요하다고 강조했다.

그것은 책을 읽어주는 과정에서 엄마의 사랑이 전달되고 아이와 마음이 일치하기 때문에 엄마는 아이의 마음에 가치를 두었다. 즉 지식보다는 인성을 우선시하는 엄마다.

엄마는 아이에게 책을 읽어주어야 하는 이유도 "가정에서의 독서는 아이의 영혼이 맑고 풍부한 마음을 갖도록 하기에 책을 가까이하게 하는 것입니다. 저는 아이가 유아기 때 장난감 대신 책으로 놀게 했어요. 특히 그림책 한 권은 책을 너덜거리도록 읽어주었어요. 너무 너덜거리도록 읽어 똑같은 책을 사서 읽게 했어요"

라고 했다.

엄마의 말은 마치 공자가 주역을 여러 번 읽어 죽간을 묶은 가죽 끈이 세 번이나 끊어졌다는 이야기처럼 들렸다. 아이의 인성까지 챙겨 책을 읽어주는 마음은 누구보다도 독서육아를 제대로 하는 엄마다.

> "하루는 아이가 그림이 나오는 그림책을 보면 자기는 상상을
> 하는데 엄마는 줄글인데 상상할 수 있냐고 물었어요."

엄마도 줄글을 읽으면서 상상한다고 자녀에게 이야기를 해주었다. 엄마의 독서육아는 엄마와 아이가 충분히 독서를 통해 상대에게 관심을 갖고 사랑으로 독서를 했다고 할 수 있다. 집안의 분위기를 독서환경으로 만들었다는 것은 그냥 책 읽기에 그치지 않았다. 엄마와 아이가 같은 공간에서 책을 읽어주면서 심리적으로 안정되고, 서로 신뢰가 쌓여갔다. 특히 엄마는 아이 인성지도를 바꾸는 데 가치를 두었다. '책을 읽어라, 물건을 치워라, 공부해라, 친구랑 사이좋게 지내라' 등 내 아이 잘 되라는 엄마의 욕심보다는 인성지도를 바꾸는 책 읽어주기로 했다. 호용이 엄마처럼 아이와 같이 책을 읽고 소통하는 독서육아가 인성이 있는 독서육아라고 할 수 있다.

만약 엄마가 텔레비전을 보고 아이가 책을 읽는다면 어떤 일이 벌어지겠는가. 아이는 엄마에게 책을 읽어달라는 말과 마음을 포기하면서 책에 대한 관심은 점차 멀어질 것이다. 그럼, 한 공간에

서로 다른 생각, 서로에 대한 무관심만 있을 뿐이다. 아이가 엄마에게 관심을 끌기 위해 노력하겠지만 엄마는 전혀 독서육아할 마음이 없다는 것을 아이는 눈치 챈다.

호용이네는 독서육아 엄마표로 아이와의 관계에서 호기심과 관심을 공유한 것이다. 결국 아이와 엄마의 관계 속에서 이루어진 독서육아는 아이의 인성까지 만들어진다.

학급 담임이라면 쉬는 시간에도 틈을 내거나 점심시간에도 틈을 내어 아이들과 이야기하는 시간을 확보하지만 전담시간은 주어진 시간 안에 모든 것을 해결해야 하는 시간적 제약이 있었다. 그렇지 않으면 전체 아이들을 대상이 아니라 일대일로 소수의 아이와 만나 독서지도를 해야만 했다. 하여튼 내가 전담교과를 가르치기 위해서는 아이들과 레포 형성도 필요했다. 즉 지식전달만 하는 것이 아니라 인성도 오가는 관계에서 출발해야 아이들도 관심을 가졌다.

전담 교과시간에 공부를 하다가 불쑥 자기 고민과 하고 싶었던 말을 하는 아이가 있다. 공부시간과 어울리지 않는 말이지만 말하고 싶은 대상을 만났는지 느닷없이 자기도 모르게 말을 했다. 아이의 질문도 학습을 위한 동기부여라고 생각하고 아이에게 질문을 해소시켜주었다. 다행히 10명내의 아이들에게 질문의 말을 해결해주었다. 교과 시간에 공부 따로 인성지도 따로는 가르치는 것이 아니라 교과 속에 인성지도를 지도했다. 독서도 마찬가지다. 사람의 이야기로 만든 책이기에 인성지도는 당연히 된다.

나는 3학년 아이들에게 키무라 유이치《폭풍이 치는 밤에》시리즈를 읽어준 적이 있다. 아이들에게 책을 읽어주면서 키무라 유이치 작가 책을 좋아하게 되었다. 책의 내용은 늑대와 염소가 서로 먹고 먹히는 관계에서 폭풍우 치는 밤에 아슬아슬한 만남으로 우정을 만들어간다는 이야기다.

책을 읽어줄 때마다 아이들은 가슴을 졸이면서 다음 이야기를 기다릴 만큼 이야기에 빠졌다. 책을 다 읽어준 후 친구에 대해 써 보자고 했다. 아이들은 책을 읽어준 후 친구에 대해 쓰라고 하면 막상 친구에 대해 아는 것이 없어 못 쓴다고 했다. 늘 함께 공부하고 생활하는 친구인데도 글을 쓰다가 친구를 알아보는 것에는 한계점에 다다르면서 글이 막힌다. 친구에 대해 정작 아는 것이 그다지 많지 않았다.

그래서 나는 아이들에게 글을 쉽게 쓰는 방법을 생각해냈다. 친구를 알게 하는 방법을 아이들에게 말했다. 친구 책상 앞에 가서 친구에 대해 알고 싶은 것을 무엇이든지 물어보라고 했다. 그리고 쓰라고 했다. 아이들은 친구에게 인터뷰를 하면서 좋아하는 놀이, 좋아하는 음식, 선생님이 몰랐던 사실, 친구의 장점, 친구가 좋아하는 놀이 등을 자기가 묻고 들은 내용을 공책에 적었다. 친구에 대해 점점 알아갈수록 친구를 돋보기로 확대된 모습으로 다가오기 시작했다. 친구의 새로운 면, 자세한 면이 많아졌다. 그리고 아이들의 공책에는 나의 질문과 친구의 답이 채워졌다.

여자 친구가 남자 친구를 관찰하고 인터뷰한 글은 다음과 같다.

"선생님은 장순이를 얌전한 아이라고 보신다. 하지만 선생님이 안 계시면 아주 산만하고 활발하다. 두 얼굴을 가진 사람과 같다. 그 대신 장순이는 상황조절이 가능하다. 친구 주철이의 난리치는 법처럼 말이다. 장순이는 어떨 때는 피곤만 하면 난리를 친다. 그럴 때 나는 깜짝 놀란다. 아예 다른 사람 같아지기 때문이다. 내가 경험한 것을 떠올려 생각했는데 장순이는 체육에 집착하는 것 같다. 내가 평소 장순이에게 많은 관심이 없었던 같았는데 친구를 관찰하면서 이야기도 하고 친구에 대해 이해해서 좋다."

인성에서 역지사지라는 말이 있다. 남의 입장이 되어보는 것이다. 그래야 남의 처지를 안다. 인디언 속담에서도 '남의 신발을 신고 십 리를 가보지 않으면 그 사람에 대하여 아무 말도 말하지 말라'고도 했다. 남을 알아야 그 친구의 처지를 알 수 있다. 그래서 친구를 알아가는 과정으로 인성지도가 된다. 엄마나 교사가 아이에게 친구를 생각하게 하는 책을 읽어주고 글을 써보게 해도 인성지도다.

3학년 아이들에게 《짧은 귀 토끼》를 읽어주고 글을 쓰게 했다.

"동동이는 귀가 짧아도 나의 재능을 생각해야 한다고 생각한다. 나는 이 책을 읽고 또 읽은 책이다. 나도 외모를 신경 썼지만 이 책을 읽고 외모는 신경을 안 써도 되는구나라고 생각했다. 동동이처럼 키가 작은 아이, 안경 쓴 아이, 이런 아이들을 만나도 따돌리지 않고 친하게 지내는 아이가 되고 싶다. 그 아이들도 '노력을 하고 또 하겠지'라는 생각이 든다. 지금 친구가 말했다. '내 귀는 짝짝이'라고 책과 비슷하다고 말했다. 내가 이곳에 태어난 것만으로도 만족한다."

이처럼 독서는 나를 알아가고 남을 알아가고 다시 생각하게 하는 것이다. 엄마들의 독서육아는 아이의 인성지도를 바꿀 수 있다. 따라서 내 아이 인성은 가장 가까운 엄마표에서 온다.

독서는
최고의 교사다

이 세상에서 최고의 교사를 찾는 길이 있다면?
바로 독서라고 말할 수 있다.
왜냐면 내가 달라졌으니까.

한순간 얻은 쾌락은 즐겁지만 길게 가지 못한다. 많은 돈이나 명예, 권력, 인기 있는 사람들을 인터넷기사에서 보면 알 수 있다. 특히 돈 많은 골프 선수나 유명한 외국 가수들을 보면 돈이 많아 하고 싶은 일을 다 누리고 있어 행복해보인다. 하지만 그들 중 자신의 목숨을 가볍게 생각하여 한순간 몰락하는 것을 뉴스를 통해 보았다.

돈 많은 기업 CEO들도 신문기사에 나온 것을 보면 자살과 일찍 병들고, 형제의 난으로 이어져 비극의 뉴스로 결론난 것도 있다. 또 명문대 보낸 부모들이 외국에서 기러기가 되어 한국에 돌아오지도 못해 뉴스감으로 뜬 것도 보았다. 명문대 보낸 자식의 이야기도 우리 아이와 비교할 것도 아니라는 것을 보여준다. 나

자신이 되고, 하고싶은 일을 하는 것이 가장 '나'다운 것이다. 따라서 최고의 교사는 나를 알아가는 것, 좋아하는 일을 하면서 자신에게 집중하라는 것이다.

내 아이를 키우면서 내가 '어떻게 하면 내 아이가 달라질까?'라고 물음표를 던졌는데 그 답을 독서에서 찾았다. 그 물음표의 대답은 6년 전 책날개 학교에 근무하면서 독서를 하기 시작했다. 나는 독서가 최고라고 확신하면서 독서에 목숨을 걸었다. 독서 몰입 6개월이 나를 만들어가고 내 아이를 만들어갔다. 결국 내 아이를 위해 책을 읽기 시작했는데 나를 닦는 수양이 되었다. 그 전까지 '수신제가치국평천하'라는 말을 알고는 있었지만 몸으로 실천이 아니라 말로 알았던 것이다. 그래서 독서한 후 다시 보는 고사성어나 격언, 명언은 몸으로 체득한 황금문장이 되었다.

요즘은 그림책이 많이 출판되면서 교과서 한 분야에 그림책 활용도가 매우 높다. 특히 도입, 정리 단계에서 활용하면 호기심 유발과 요점 정리에 매우 효과적이다.
이제는 한 책 한 권 읽기로 교육과정에 안에 들어와 있어 필수적인 그림책 읽기가 되었고, 책을 이해하지 못하면 학습내용도 알 수 없게 되었다. 교과서와 책을 따로 분리하여 생각한다는 것은 핵심의 중요함을 추려낸 것과 같다. 엄마들은 교과서의 교육과정 개편에 따른 책 읽기를 알고 우리 아이에게 책 읽어주는 접근을.

한 번은 전교생 아이들에게 라셀 코랑블리의 《책 읽기 싫어》라는 그림책을 읽어주고 아이들에게 그림도 그리게 하여 발표를 시켰다. 6학년 주희가 선생님께 너무 감사하다고 했다. 1학년 동생 영훈이가 소감 발표한 것을 기특하게 생각했다. 누나로서 동생의 소감 한마디가 최고였다. 누나는 동생의 한 소감발표에 감동했고 내면에서 우러나온 말로 감사하다고 했다. 사람을 감동시키고 감사함이 있다면 그것이야말로 최고의 교사라고 할 수 있다. 감동 자체는 남에게 좋은 영향을 주고 배움을 나누어주기 때문이다.

3학년 때 가르친 민헌이는 그 당시 반에서 독서하면 민헌이었다. 민헌이는 원숭이를 닮았다고 스스로 말할 정도로 자신을 인정하고 사랑할 줄 아이였다. 친구들도 자연스럽게 인정하도록 스스럼없이 원숭이처럼 어깨도 흔들고 엉덩이도 흔들면서 보여주었다. 늘 즐겁게 보내는 민헌이 주변에는 대화를 많이 하는 삼촌과 책을 지원해주고 책 이야기를 많이 하는 아빠가 있었다. 동생과는 싸움을 자주하는데 이불 속에서 주로 싸운다고 했다.

엄마는 직장에 다니는 엄마라 늘 바쁘지만 자신에게 엄격하고 아들에게 엄격했다. 다행히 아빠가 독서에 더 관심이 많았다. 독서력이 있는 민헌이는 누구든지 이해하고 그 상황을 빨리 알아차렸다. 6학년이 되어서도 말썽꾸러기인 친구를 재미있게 표현하면서 나에게 살짝 와서 이야기했다. 좋아하는 책은 《피노키오》, 《100만 마리 고양이》, 《100만 번 산 고양이》라고 했다. 듣고보니 3학년 때 읽어준 책제목들이었다. 6학년이지만 3학년 때 선생님의 책 읽어주기가 가장 기억에 남는다고 했다.

책을 가까이하는 아이는 책에서 주는 교훈, 재미, 가치를 알고 자기 이해를 잘한다. 과학시간에 전담으로 가르치지만 3학년 때와 별반 다르지 않게 수업에 집중하고 적극적으로 공부했다.

가정에서 자기 스스로 독서와 공부를 병행하는 것은 변함이 없다. 독서력이 있는 민헌이는 늘 주위에 에너지가 진동할 만큼 자신을 믿는다. 그리고 독서를 최고의 교사로 믿고 생활한다.

이심전심독서학부모동아리에게 그 달에 읽을 책을 주었다. 책을 받은 즉시 독서 후 소감을 보내는 엄마가 있다. 민지 엄마는 권일한 선생님의《책벌레 선생님의 행복한 글쓰기》책을 읽고 감동받았다. 소감 글은 이렇다.

독서감상문 때문에 책 읽기가 싫어진다는 권일한 선생님의 말씀에 정말 동의한다. 학창시절 독서감상문 숙제가 정말 싫었다. 그 당시 책을 재미있게 잘 읽었는데 뭘 쓰라는 건지 어려웠다. 독후감에 대한 기억은 부정적으로 남아 있다. 하지만 권일한 선생님의《책벌레 선생님의 행복한 글쓰기》는 글이 이해하기도 쉽고 재미있게 접근할 수 있도록 알려주어서 도움이 많이 되었다. 또 일부러는 아니지만 은연중에 부모는 아이들에게 부모의 한(?)을 풀려고 할 때가 있는데 그 부분에서도 다시 생각하게 되었다.

민지 엄마처럼 어렵게만 배웠던 '초등학교 시절의 독후감 쓰기 숙제'였지만 지금은 독서 후 독후감 형식을 강요하지 않는다. 독후활동도 옛날과 달라지고 있다. 지금은 자기 생각을 더 소중하게 여기고 자유롭게 쓴다. 독서방식도 계속 진화되면서 나를 이끌어 주는 리더와 코치로 변하고 있다.

저자를 직접 만나는 것은 독서하는 엄마들에게 책 이상으로 알게 된다. 나도 책만 읽었다면 책을 쓰지 않았을 것이다. 책 읽는 것에만 만족했을 것이다. 하지만 나는 저자를 만나면서 책 이상으로 배웠다.

작가 초청으로 만날 기회가 있는 시간에는 강의가 끝난후 이야기를 많이 나누었다. 책에 대한 나의 생각도 있지만 저자의 의도를 직접 들을 수 있어 한정된 생각을 깨면서 생각을 다르게 보았다. 저자들은 독자의 생각을 변하게 하는 기적이 있었다. 저자는 책과 다름없기에 독자들에게 최고의 교사였다.

서일이 엄마는 농부 시인 서정홍 초청 강연하기 전에 《부끄럽지 않는 밥상》을 읽고 다음과 같이 소감을 말했다.

"책을 읽는 내내 참 힘이 많이 났습니다. 내 인생에 굉장한 격려자, 지지자가 나타난 느낌이었습니다. 많은 공감을 했고, 위로도 많이 되었습니다. 도시의 삶을 정리하고 이곳으로 올 때 주변에서는 왜 시골로 내려가느냐, 한참 공부할 아이들 데리고 어딜 가느냐, 불편하지 않겠냐는 말을 하였습니다. 저도 처음에 좀 힘들었고 고민도 많이 되었지만, 지금은 삶을 산다는 자체가 자유로운 느낌입니다. 구속과 틀에 메이지 않고 정신적, 육체적 자유가 아주 풍성해졌거든요. 정말 작가님 말씀대로 앞으로는 농촌이 답인 것 같습니다. 21세기는 식량전쟁이 된다는 이야기도 있잖아요. 우리 아이들 중에서도 농부가 하나쯤은 나와도 좋겠습니다. 본인이 원한다고 하면은요. 저는 여러 많은 책을 읽었지만 이렇게 작가와의 생각이 100% 일치하기는 쉽지 않은 것 같아요. 비슷한 의견으로 공감대 형성은 되지만 참 저의 생각을 받아 적은 듯 쓰여진 내용에 속이 다 시원합니다. 시골에서 산다고 걱정하시는 주변 모든 이들에게 이 책을 선물하고 싶네요. 하지만 지금의 저도 모든 노력을 하고 있는지는 돌아보게 됩니다. 아직도 내려놓아야 할 것들이 많고, 돈으로 안 되는 게 훨씬 많습니다."

나와 같은 생각으로 살아가는 저자의 이야기는 최고의 교사라 할 수 있다. 책을 보면서 대화를 나누고 격려를 받는 것은 최고의 행복이다.

국제심리연구원의 구만호 박사는 아이는 엄마의 언어와 행동을 투사해서 선생님을 본다고 했다. 다시 말해 선생님을 엄마처럼 보고 말하고 행동한다는 것이다. 그것은 내 아이가 엄마의 언어와 행동을 그대로 복사해서 되새김질하는 것과 같다는 뜻이다. 그래서 엄마는 끝임 없이 자기계발과 평생공부로 최고의 교사의 모습을 보여주어야 한다.

독서육아, 성공의
문을 여는 키

성공한 CEO 부자는 저자, 동기부여가, 명상가, 창업가다. 게다가 독서량도 많고 기부도 많이 한다. 또 그들은 돈만 추종하는 것이 아니라 좋은 습관을 갖고 있다. 낙관적으로 세상을 바라본다. 그들의 말은 말 한마디가 명언처럼 들려올 만큼 배울 점이 많다.

며칠 전부터 내가 아끼는 책이 생겼다. 책 쓰기가 안 될 때 옆에 끼고 읽는 동기부여하는 도서가 되었다. 내 책도 엄마들의 독서육아의 도구가 될 것이라는 생각을 하면서 행복하게 글을 썼다. 현재 좋아하는 책은《나는 4시간만 일한다》를 쓴 팀 페리스의《타이탄의 도구들》다. 책의 저자 팀 페리스는 자신이 집필한 책을 뉴욕타임스와 아마존 베스트셀러 1위로 올렸다.

그는 성공한 인물 200명을 만나 평범한 사람들과 무엇이 다를까를 알기 위해 방송 인터뷰한 작가다. 그저 나이가 많은 부자 팀 페리스 작가가 아니라 젊어서 성공한 팀 페리스다. 팀 페리스가 쓴《타이탄의 도구들》에서 성공자들의 공통적인 습관을 다음과 같이 소개했다.

- 그들 중 80% 이상이 매일 가벼운 명상을 한다.
- 그들은 모두 실패는 오래가지 않는다는 확고한 믿음을 갖고 있다.
- 유발 하라리의 《사피엔스》, 찰스 멍거의 《불쌍한 찰리 이야기》, 로버트 차알디니의 《설득의 심리학》, 빅터 프랭클의 《죽음의 수용소에서》, 헤르만 헷세의 《싯다르타》를 다른 책들보다 훨씬 더 칭찬하고 더 많이 인용한다.
- 그들은 대부분 자신의 분명한 약점들을 받아들이고, 그것들을 커다란 경쟁력 있는 기회로 바꿔냈다.

위와 같이 성공자들은 매일 내면을 닦는 명상, 자신에 대한 신념, 책 인용, 자기 분석과 변화를 위해 긍정적인 습관으로 살아간다. 성공자들의 공통적인 습관은 성공의 문을 여는 키가 있다. 미래 내 아이가 성공하는 삶을 살도록 육아를 하는 부모라면 생각해 볼 일이다.

우리는 매일 성공한 사람들의 정보를 신문, 책, 컴퓨터, 핸드폰 등에서 볼 수 있다. 성공자들이 제시한 비전이 특정한 소수의 사람이 이루어낸 삶이라고 하면 삶의 의욕이 없다. 하지만 성공한 사람들이 이루어낸 결과들을 보면 누구나 할 수 있다는 희망이 있다. 옆집 순이 엄마가 독서육아로 아이를 지혜롭게 키웠다면 나도 순이 엄마처럼 할 수 있다.

그런데 그대로 복사본처럼 따라 산다면 그것은 내가 아니다. 어디 가서 성공한 사례를 배웠다고 똑같이 하다가는 절대 성공할 수 없다. 즉 식당 주인에게 맛있는 음식의 비법이 소금이라고 해도 우리 집 음식에 소금을 친다고 다 맛있는 것은 아니다. 배운 대로 먹다가는 짜서 먹을 수 없게 된다. 내가 조절하여 소금이 들어간 음식이 내 입맛에 맞는 것이다. 나의 독서육아 성공이 무엇인지 알고 소금 양념을 제대로 쳐야 한다.

성공한 사람들은 생각을 바꾸고 항상 '생각 업그레이드'를 한다. 자신의 꿈에 확언하고 행동한다. 꿈이 있고 목표가 있다. 늘 메모하고 어디에 가도 책을 가지고 다니고 읽는다. 만약 성공하고 싶다면 늘 자신의 내면의 소리를 들어야 한다. 자신이 답이라고 말하는 성공자들은 자신을 성찰하고 자신의 내부의 소리에 귀를 기울인다. 자신에게 성공의 키가 있다는 것을 안다.

한 번의 성공한 경험은 잠재되어 다음 성공을 만들어낼 수 있다. 나의 딸이 첫 성공의 키를 쥐었던 때는 3학년 교내 골든벨 상을 탔을 때다. 초등학교때 독서 골든벨은 입상의 경험이 고등학교 교내 골든벨 대회로 이어져 은상을 받게 되었다. 그것으로 보아 성공한 경험은 또 하나의 성공 자원이나 마찬가지다. 작은 성공을 만들어가게 눈덩이를 굴러야 한다. 그것이 성공의 잠재의식을 크게 키울 수 있다.

교육청에서 지역 새마을회가 주최하는 골든벨 문제출제를 의뢰가 왔다. 나는 그동안 아이들에게 다양한 독서지도를 한 경험이 있어 문제 출제에 도전했다. 일을 하면서 알아간다고 나는 문제 출제를 하는 중에 새마을에서 하는 봉사활동을 알게 되었다. 행사 추진 담당자는 그동안 새마을회에 문고 부문행사가 없었는데 올해 주민들을 위해 독서와 관련 행사를 한다고 했다. 독서가 시민들에게 다가가는 것은 반가운 일이다. 지역의 모든 사람들에게 독서의 기회가 된다는 생각에 열심히 골든벨 문제를 냈다.

독서 부문 담당자와 학교 아이들 이야기를 나누다보니 부모와 아이들이 참여할 〈독후감대회 응모〉가 있다는것을 듣게 되었다. 학부모독서동아리 엄마 단톡방에 새마을회 독후감대회에 제출하는 것이 어떠냐고 글을 올렸다.

엄마들에게 도전의 기회를 주고 싶었다. 엄마들은 대회까지 낸다는 것은 부담이 되었는지 아무 소식이 없었다. 그래서 한 사람씩 전화를 하여 설득하기 시작했다. 그러자 독후감 쓰기에 마음이 움직였고 참가하겠다는 의사를 밝혔다. 엄마들은 그동안 긍정의 바이러스 일기를 쓴 경험을 살려 독후감을 제출했다. 엄마들이 꿈에 대해 이야기를 나누었던 경험으로 《꿈꾸는 다락방》 독후감을 써서 제출했다.

나는 단지 엄마들에게 기회의 '키'를 주었을 뿐이다. 그것은 4년 동안 독서동아리 활동에서 썼던 '긍정의 바이러스'에서 성공의 힘이 나온것이다. 엄마들의 독후감 대회 성공은 자녀교육의 본보기가 되었다.

엄마가 보여준 '하면 된다'의 성공의 사례는 내 아이에게 잠재의식의 자산을 물려주는 것과 같다. 아이에게 보여주는 것만 해도 엄마는 독서육아는 성공라고 할 수 있다.

주천면 금마리 쪽으로 차로 이동하는데 인도미술박물관이라는 표지가 눈에 들어왔다. 몇 년 전만 해도 금마초교 자리였는데 폐교가 된 자리에 인도미술박물관이 세워졌다. 주천면에 인도미술박물관이 있다는 것은 바쁜 직장생활로 문화 갈증에 목말라한 나에게 반가울 수가 없었다.

나는 딸과 박물관에 가기 전, 인도미술박물관 홈페이지에서 박물관 소개 및 인도그림, 조각, 공예품 등도 살펴보았다. 인도하면 시인이 떠올랐다. 한때 류시화 책이 좋아 작가의 책을 읽었다. 《하늘 호수로 떠난 여행》을 통해 인도인의 삶을 알았다. 깨달음, 명상, 종교 등 교과서와 책 속의 배경지식만 알았었다. 인도는 먼 나라였고, 신비로운 나라였다.

다음 해 봄, 딸에게 공부하는 틈새에 다른 문화를 배울 기회를 주고자 인도미술박물관을 찾아갔다. 관장님은 관람객인 우리를 이웃사람처럼 편안하게 맞이 해주었다.

나는 박여송 관장님께 처음 인도 땅을 밟으신 계기, 인도미술품을 수집하게 된 이유, 인도로 인해 생긴 꿈, 인도에서 생활 등을 인터뷰하듯 물었다. 내가 모르는 미지의 세계를 상상으로 그려보면서 관장님의 말씀을 들었다. 낯선 나라, 멀게만 느껴지는 나라는 호기심이 더 끌렸다. 전시관의 인도그림, 조각, 문, 생활용품, 공예품 등도 감상했다. 그리고 수많은 신의 이야기, 인도의 그림이 입체파 화가의 그림까지 끼친 영향도 덧붙여 알게 되었다.

관장님은 인도에서 즐겨 마셨던 인도의 차 '짜이'를 손수 만들어주셨는데 독특한 여러 맛 속에서 인도의 다양함이 담긴 문화를 느꼈다. 관장님은 박물관을 떠나는 딸에게 지금 필요한 말을 해주었다.

"나는 음악 하는 언니가 있는데 브람스 심포니 4번을 여러 번 들으면 클래식의 귀가 뚫린다고 했다. 언니의 말처럼 진짜 여러 번 듣고 또 들어보니 언니 말이 맞았다. 무엇이든지 어렵다고 하지 말고 한 가지를 보거나 듣더라도 여러 번 반복하여 해보아라. 많이 보고 많이 경험하라. 꿈을 갖고 공부해라. 늦지 않았다."

무엇이 성공이고 어떻게 해야 성공인지 거창하게 생각하는 것이 성공이 아니다. 누구를 위한 성공은 의미가 없다. 아이와 엄마가 생각한 성공이 진짜 성공이다. 그것도 조금씩 어제보다 나아지면 된다. 네빌 고다드가 《상상의 힘》에서 말했다.

"성공은 성공한 사람들의 외적인 행동을 모방해서 얻을 수 있는 것이 아니라 올바른 내면의 행동과 대화를 통해서 가능한 것입니다."

독서하는 만큼
잠재력이 확장된다

랄프 왈도 에머슨은 나와 마주서는 용기에서 가능성을 이렇게 말했다.

> "그대 안에 있는 힘은 모자람이나 흠이 없이 새로운 것이고, 그대가 무엇을 할 수 있는지는 그대 자신을 제외하고는 그 누구도 알 수 없다. 그것 또한 그대 스스로 해보지 않고서는 아무것도 알 수 없다."

모든 할 수 있다는 잠재력은 내 안에 있으며, 행동하지 않으면 자신의 잠재능력을 알 수 없다. 랄프 왈도 에머슨의 말은 엄마가 아이의 잠재력이 없다고 단정 짓고, 이렇다 저렇다 좌우지우할 수 없다는 말처럼 들린다.

언제 내 아이가 잠재능력을 발휘할지는 모르는 일이다. 지금 내 아이의 내면을 나오게 하지 않는 이상 알 수 없다. 잠재력이 인풋만 되었지 아웃풋이 되지 않는 상태다.

그래서 아이들에게는 아웃풋 과정에 매체가 있어야 한다. 그냥 주고받는 이야기보다는 매개체를 활용하는 것은 잠재력 확장이 다르다. 따라서 매개체를 이용하여 내 아이가 아웃풋되도록 도와주어야 한다. 그 매개체는 책이다. 책을 통해 잠재력을 열어주자.

이제까지 아웃풋이 부족한 아이라면 엄마부터 독서를 멀리하고 있기 때문이다. 엄마의 관심에 따라 아이도 따라가는데 엄마에게 책이라는 매개체가 있느냐에 따라 말은 달라진다. 책을 매개체로 잠재력을 끌어내는 노력을 하지 않았기 때문에 내 아이의 잠재력이 무엇인지 모른다.

엄마가 화가 날 때 "난 무서운 늑대라고" 말해봐라. 아이는 화가 나는 것이 아니라 엄마를 그림책 속의 늑대로 생각하고 바로 이어 책속의 늑대를 연상할 것이다. 재미있는 상상은 바로 엄마의 화도 대응하는 아이로 변한다.

나는 월요일 퇴근길에 100년이 넘은 용소막 성당으로 향한다. 학교 가까이에 있어 주 1회 한 번씩 찾아가는 퇴근길에 '마음 다스리기' 코스가 되었다. 하루는 성당으로 피정온 사람들이 많이 와서 선종완 신부기념관 문이 열렸다. 들어갈 기회가 생겼다. 수녀님이 유물에 대한 설명을 하다가 겨자씨를 비유해서 말하는 부분이 있었다.

처음으로 흙 알갱이 같이 아주 작은 겨자씨를 처음 보았다. 겨자씨는 흙으로 섞어 놓아도 못 찾을 만큼 작았다. 씨 중에서 가장 작지만 모든 풀보다 크게 자랄 가능성 있는 겨자씨다.

아직 어린 초등학교 아이들을 작은 겨자씨에 비유하자면 같은 의미로 해석하면 된다. 내 아이의 잠재력을 실현시키는 원리는 마음의 밭에 씨를 뿌리고 그것이 자라 꽃으로 피어나서 열매를 맺는 것과 같다.

씨에서 꽃이 되기까지 물을 주고 거름과 정성으로 가꾸어야 한다. 이것처럼 내 아이 내부의 잠재력 확장도 같은 원리다. 결국 내 아이에게 신념과 확신만을 준다면 잠재력 확장은 문제가 안 된다.

5학년 정표는 10월까지만 해도 친구에게 장난을 쳤다. 선생님이 정표에게 주로 하는 말은 상대가 싫어하는 것을 하지 말라는 충고였다. 긍정적인 말을 해주어도 자신을 피해자인 양 예민하게 받아들였다. "선생님은 왜 저만 갖고 그래요?"라고 하면서 충고를 확대해서 자기에게만 유독 혼을 낸다는 태도로 받아들였다. 그다음 행동은 소리를 지르고 눈물을 보였다.

나는 담임선생님에게 "정표는 지금 공부보다는 신경이 예민해서 무슨 말을 들어주어야 할 것 같습니다"라고 전했다. 담임은 정표와 상담을 자주 하면서 친해졌다.

며칠 뒤 담임선생님과 같이 진로 캠프를 1박 2일 떠나는 기회가 있었다. 담임은 캠프를 하면서 정표와 이야기를 나누고 다양한 활동을 했다. 겨울에는 뉴질랜드 어학연수도 가는 목표도 생겼다. 정표는 담임과 상담, 진로캠프 경험과 어학연수에 대한 새로운 목표가 생기자 정표의 태도는 크게 변했다. 자신이 특별한 존재가 되었고, 새로운 목표가 생겼다는 것에서 행동이 바뀌었다.

예의 바르게 행동하는 아이가 되었다. 나에게 미안하고 잘못한

태도를 과학실 청소로 대신했다. 마음에서 일어난 아이의 행동이 었다.

정표가 공책에 쓴 글을 보면 '이제 친구들이 떠드는 것에 신경도 안 쓰고 글 쓰는 것에 집중한다'고 썼다. 그리고 다른 친구가 떠든 것에 대해서도 안 됐다는 듯 글을 썼다. 정표의 모습을 보고 담임선생님에게 정표가 달라졌다고 했다. 담임선생님은 다른 선생님도 그렇게 느껴졌다면 확실히 많이 변했다고 했다. 그리고 정표와 이야기를 나누었더니 1학기부터의 고민도 해결이 되었다. 자기의 고민을 담임에게 평소와 다르게 이야기를 했다. 아이의 고민을 엄마에게 털어놓아 마음에 장애를 덜어냈다. 모두를 상대할 만큼 편안하게 사람들을 대했다.

정표의 사례를 보면 아이와 충분한 대화 시간이 필요했다. 그 시간이 자신을 인정하는 시간이었으며 자신의 잠재력을 꺼내는 시간이었다.

자기가 믿는 것에서 오는 내면의 평화는 자기 자신에게서 오는 것임을 정표를 통해 볼 수 있다. 아이들 중 소통이 안 되는 아이는 없다. 단지 아이와 이야기를 많이 나누지 못한 어른들의 잘못만 있을 뿐이다.

그래서 자기 신뢰로부터 잠재력이 확장될 수 있도록 내 아이와 같이 있는 시간이 필요하다. 그냥 간단하다. 더 이상 복잡하게 생각할 필요가 없다. 내 아이에게 책을 읽어주고 이야기하면서 잠재력을 확장시켜야 한다.

《잠재의식의 힘》의 작가 조셉 머피는 잠재의식의 놀라운 힘을 다음과 같이 말했다.

"마음을 열고 받아들이기만 하면 당신의 잠재의식에 숨어 있는 무한한 지성은 어느 시간, 어느 장소에서나 당신이 바라는 무엇이든지 알려줄 수 있습니다. 새로운 사상이나 아이디어를 받아들여 발명이나 발견을 하거나, 책이나 희곡을 쓸 수도 있습니다. 더욱이 당신의 잠재의식에 깃들어 있는 무한한 지성은 놀라운 지혜를 당신에게 줄 수 있습니다."

모든 사람은 무한한 능력을 지니고 있다. 단지 자신을 작게 보거나 인정하지 않아 그 가능성을 보지 못한다. 마음에 주문을 걸고 잠재의식의 램프를 문지르기만 하면 된다. 즉 행동하면 된다. 내부에서 하겠다는 행동장치만 작동시키면 거대한 램프의 요정이 나타나 무엇이든지 도와준다. 알라딘의 궁전이 내 내부에서 만들어져 꿈을 펼치게 된다. 마음의 램프 요정이 '너는 할 수 있어, 문제없어! 지금 당장 해'라고 말할 때가 있을 것이다. 할 수 있다고 상상하자. 그리고 행동하자.

버틴의 《알라딘과 요술 램프》처럼 상상하면 이루어진다. 내 아이의 거인을 깨울 도구는 책이다. 잠재의식의 도구인 책으로 내 아이가 상상 속의 세계를 펼치게 해주자. 내 아이 무의식 상태에 받아들일 좋은 책들을 읽어주면서 용기를 갖게 해주어야 한다. 그것도 긍정적으로 해야 한다.

나는 몰입 독서하기 전에는 내 아이에게 나도 모르게 부정적인 언어를 사용했었다. 나의 잠재력에 초점을 맞추기보다는 남의 잠재력만 보았기 때문이었다. 아는 한계에서 보고 믿는 대로 살아왔었다. 즉 내 안의 동굴 속에 비춰진 그림자가 내가 보는 세계인 줄 알았다. 그 세계만이 나의 능력이라 믿었다.

그런데 다른 세계가 있다는 것을 알게 되었다. 책을 읽고 저자의 강의를 들으면서 동굴 밖의 세계를 보게 되었다. 직장 밖의 사람들을 만나고 나와 다른 생각을 가진 사람들과 이야기를 하면서 얼마나 용기가 없었고 잠재능력을 보지 못했는지 알게 되었다. 이제는 잠재의식과 관련된 독서를 통해 버킷 리스트가 늘어가고 새로운 일에 도전을 한다.

네빌 고다드의 말처럼 내 안의 거인을 키우고 있으며, 나를 방해하는 마음은 작은 메뚜기라 여긴다. 내 안의 미래의 세계를 그리고 상상하고 행동하고 있다.

조셉 머피는 《잠재의식의 힘》으로 좌절감을 버리고 일어나는 사람, 불안과 상처를 치유하여 마음의 감옥에서 벗어난 사람을 많이 보았다고 한다.

내 아이에게 무한한 힘을 주는 잠재의식 확장 2가지 방법을 실천해보자. 실천하는 대로 된다.

- 감사하는 기도 감사기법을 해보자.
  - 우리 아이가 나에게 밝은 표정으로 이야기를 해서 감사합니다.
  - 나는 아이의 말을 잘 들어주는 엄마라서 감사합니다.

- 소망이 다 이루어진 듯 단호하게 하는 종료기법을 해보자.
  - 나는 1년 동안 책 100권을 다 읽었다.
  - 나는 우리 아이에게 책 100권을 읽어주었다.

매일 10번씩 읽고 상상하면서 내 아이를 바라보자. 그리고 아이에게 하지 말라는 말보다는 잠재의식을 확장시키는 책 읽어주기와 긍정적인 언어를 바꾸어 사용하자.

05

아이의 진로,
독서육아에서 찾아라

인근 중학교에서 독서동아리에게 진로독서 강의를 해달라는 요청이 와서 강의를 한 적이 있었다. 그 당시 나는 우리 반 4학년 아이들에게 꿈을 쓰고 진로의 기초를 만들어가는 중이었다.

존 고다드의 꿈의 목록을 알게 된 시기여서 꿈을 쓴 많은 저자들의 책도 읽었다. 나의 독서 경험을 모아 중학생들에게 꿈을 찾게 했고 목표 지향적으로 꿈 리스트를 만들어 적용했다. 자신을 시각화하는 꿈 지도로 하나의 꿈을 찾는 또 다른 방법으로 사용했다.

나는 중학생들에게 바로 내 이야기를 예로 들어 꿈리스트를 만들어가는 과정을 이야기했다. 먼저 중학생들이 15살이었던 존 고다드의 나이와 비슷하여 존 고다드의 꿈의 목록이 설명하기 쉬웠다. 진로 강의가 진로에 대한 내용이어서 중학생들이 더 반응이 좋았다.

강의시간에 꿈을 갖도록 꿈을 이룬 사람을 보여주고 꿈 리스트 칸에 꿈을 적게 했다. 자신의 꿈과 꿈에 대한 목표, 달성 여부를 적게 했더니 처음 써보는 것이라고 했다. 반복해서 쓰다보니 좀 더 구체적으로 적어나갔는데 진로 독서 강의가 1회의 강의로 끝나는 것이 아쉬웠다. 하지만 중학생들 대상으로 강의한 덕분에 내가 가르치는 아이들에게 꿈을 적어나가면서 자신의 진로를 찾아가는 데 집중하게 되었다.

진로는 꿈을 시작하는 동기부터 시작해야 쉽게 받아들인다. 꿈부터 접근하여 진로를 찾아가게 하는 것은 진로를 결정하는 것에 상당한 동기부여가 된다. 자기 성격을 알고 강점, 장점, 기질도 파악하여 자기에게 맞는 진로 찾기에 도움이 된다. 그러면서 꿈이 구체적으로 되면서 자신의 진로가 보인다.

나는 6년 전부터 꿈 노트 일기를 적기 시작했다. 꿈은 가고 싶은 곳, 가지고 싶은 것, 배우고 싶은 것, 되고 싶은 사람 등으로 써 나갔다. 꿈을 이루는 기간, 달성여부도 넣어 행동으로 옮길 수 있도록 했다. 계속 꿈 노트를 쓰다 보니 그중에 이룬 꿈이 있었다. 엄마의 본보기로 나의 딸에게도 꿈 관련 책을 읽도록 했다. 그리고 책 속의 진로를 찾도록 책을 안내하고 여희숙의 《보물상자》에 필사도 하게 했다.

한 번은 여희숙 작가의 《보물상자》를 뒤적이다가 오랜만에 딸의 글을 보게 되었다. 고등학교 시절 공부에만 신경 썼는 줄 알았더니 그동안 꿈과 관련된 책을 읽고 꿈을 상상한 흔적이 남아 있었다. 딸은 자기의 진로 탐색 및 계획 중 꿈 관련 책을 참고했었다. 꿈에 대한 이미지 트레이닝도 했으며 간절함도 담았다. 정말 진로를 고민하는 글이었다.

지금 현재 직장에서 일을 하고 있지만 또 다른 꿈을 꾸고 노력을 보인다면 자녀도 엄마에게서 동기부여를 받아 꿈이 늘어날 것이다. 가깝게 지내는 사람에게는 무엇이든지 전염성이 빠르기 때문이다. 그래서 엄마도 꿈 학습될 수 있다. 이미 성인이라고 꿈이 끝난 것은 아니다. 엄마도 꿈을 만들고 아이도 꿈을 만들어간다면 서로 같은 시기에 꿈이 출발한다. 아이에게 꿈을 이룬 사람이 내 주위에 있다는 것은 대단한 진로의 길이 열릴것이다.

진로가 되는 것이라면 어디든지 찾아가자. 그것도 반복해서 찾아가자. 아이 진로가 만들어진다. 3년 전, 우리 반 아이들을 데리고 인도미술박물관에 세 번 반복해서 데리고 갔다. 아이들이 세 번씩이나 박물관에 방문해서 관장님의 큐레이터가 될 정도로 눈으로 귀로 배우고 왔다. 아이들은 반복 현장학습이 되어 인도 부족국가의 그림을 눈으로 익히고, 큐레이터의 해설을 외워 꼬마 큐레이터가 되었다.

마침 손님들이 한꺼번에 들어와서 관장님과 큐레이터가 바쁘게 되자 경희가 손님들에게 꼬마 큐레이터가 되었다. 경희가 그동안 들은 것 본 것을 총동원해서 손님들에게 설명했다. 그것은 세 번 방문하면서 얻은 힘이었으며 박물관에서 공부한 결과로 나왔다.

우리 주변에 문학관이나 박물관, 도서관 등 배움의 센터가 있으면 내 집 드나들 듯이 다녀야 한다. 그래야 눈으로 공부하고 듣는 공부, 체험 공부가 내 것이 되어 자신의 진로가 생긴다. 그곳의 모든 정보가 나의 진로가 된다.

아이가 다섯인 소연 엄마는 학부모독서동아리 활동 카페에 글을 열심히 올렸다. 소연이 엄마의 가족세계여행기를 읽고 쓴 글을 보면 자녀의 진로를 엿볼 수 있다.

　　누구나 한번쯤은 꿈꾸는 세계여행이다. 나의 로망이어서 이틀 만에 모두 읽었다. 장장 545일에 걸친 33개국 세계여행기. 초반에 책을 읽으면서는 '이분들을 찾아가서 여행경로와 경비 등 자세한 것들을 알아봐서 나도 한번 계획을 세워볼까나'라고 생각도 했다. 여행을 위한 여행이 아닌 소중한 가족의 꿈을 찾아나선 내용이 정말 감동이었고, 한편으로는 의문이 남기도 했다. 여행은 말 그대로 집을 떠나 아주 간단하게 꾸려진 가방과 최소한의 것들로 살아내야 하는 것, 어떠한 것들이 기다리고 있다 해도 이겨내야 하는 것인데, 결국 그것이 인생이라 생각한다.

　　책 속의 세 자녀가 여행을 통해 많은 것을 깨달았는데 지금 각자 선택한 길을 열심히 가고 있다. 첫딸은 비만관리사라는 과정을 마치고 건강토탈서비스 사업을 개척하고자 한다. 첫아들은 집과 가까운 대학에서 컴퓨터 기계설계과정을 공부하고 있고, 막내아들은 회계사와 세무사를 준비하기 위해 세무회계 사무실에서 실무경험을 쌓고 있는 중이다.

　　나의 큰아들은 고등학교를 졸업하고 요리를 한다. 지금 파스타 전문 식당 주방에서 알바로 일을 하며 부모님께 손 안 벌리고 학비를 벌어 요리전문대학교에 진학하겠다고 한다. 하지만 주변(아빠를 포함 직계 친인척들)에서는 걱정이 크다. 그들은 그냥 공부해서 4년제 대학에 가란다. 그리고 좋은 회사에 취직하란다. 그렇지만 내 아이는 싫다고 하면서 요리를 할 때 행복하단다. 이미 우리 아들은 요리의 세계를 마음에 품었다. 물론 좋은 대학을 간다는 보장이 없다. 성공한다는 보장도 없다. 하지만 엄마인 나는 아들이 요리를 만들

때 즐겁고 행복하다면 이미 우리 아이는 성공한 것이다. 나의 최고의 반전은 그래도 세계여행은 생각한다.

아이가 정한 진로가 행복하다는 것에 응원을 보내주는 소연 엄마는 자녀의 진로를 인정하고 믿어준다는 것을 독후감을 통해 볼 수 있다. 소연이 엄마가 늘 책을 읽고 자녀에 대한 신뢰가 있기에 남들과 다르다. 소연 엄마는 독서를 통해 자녀의 진로를 인정하고 지원하고 응원해주기에 자녀가 행복한 것이다. 엄마는 자녀의 미래에 대해 밝게 보고 있다. 자녀의 진로의 안내자로 아이의 행복도 찾아주는 엄마다.

우리 반 아이들과 도서관에서 책 정리를 하다가 아이들에게 강점 하나씩을 이야기해주었다. 정희는 목소리 성량이 풍부하여 말을 할 때 배에서 목소리가 우러나온다. 노래 지도하기 딱 좋은 아이다. 그래서 나는 정희에게 노래를 잘 부를 수 있도록 목소리가 남과 다르다고 했다. 그랬더니 무용가도 되겠다고 했다.

나는 "그래 꿈은 여러 개일 수도 있어"라고 말해주었다. 그 옆에 있던 수빈이가 도서관 책꽂이에서 정희를 위해 글공작소의《성격과 기질로 알아보는 어린이 직업 백과》라는 책을 찾아주었다. 정희는 당장 책에서 무용가 72쪽을 펼치더니 열심히 읽었다.

공부시간이라 교실로 이동을 하는데 도희는 복도에서도 책을 펼치고 갔다. 교실로 들어가서도 책을 놓지 않았다. 자신의 꿈에 관한 글이 나온다고 나에게 보여주었다. 기질에 따라 직업이 있는 것을 보여주더니 존 고다드 형을 찾았다. 여러 번 존 고다드에 대해 말해주었더니 존 고다드 형에 관심이 있었다. 정희는 글공작소의 《성격과 기질로 알아보는 어린이 직업백과》를 펼치고 꿈 노트에 꿈을 적어나갔다. 다시 꿈이 더 생겼고 기존에 있던 꿈을 수정해나갔다. 정희의 진로는 꿈에서 출발했다.

자신의 장점 강점을 찾아내고 꿈을 정해가면 자신의 진로가 보인다. 초등학교 때부터 적어도 일주일에 한 번씩 꿈 리스트를 적으면 자기 적성에 맞는 진로를 찾게 된다. 가정에서도 자녀에게 꿈과 관련된 책을 읽게 하고 꿈 리스트를 작성해나가면 그다음 진로는 적극적으로 찾는다.

'너는 이런 사람이 되어라, 엄마는 이런 사람이 되길 원한다'라는 말은 옛말이 되었다. 엄마가 원하는 아이가 되어야 잘 키웠다는 말도 시대와 맞지 않는다.

나는 책 쓰기를 하면서 NLP 심리상담 프랙티셔너 자격증을 취득했다. 그다음으로 구만호 박사의 국제심리연구원 이사로 위촉이 되어 세미나에 참석했다. 각자 하는 일이 다른 사람들이 상담 이사로 모였다. 나이는 50이 넘은 엄마, 60이 되는 엄마 등 사는 곳도 다르고 직업도 달랐다.

세미나가 끝나고 회식 자리에서 서로 성공심리학을 배운 동기를 이야기했다. 참석한 이사들은 지금 현재 하는 일에서 또 다른 일에 눈을 돌리고 있었다. 모두들 끊임없이 자기를 찾아가는 사람들이었다.

초등학생인 내 아이의 진로를 위해서 엄마 자신도 좋아하는 일을 찾아가는 노력도 중요하다. 그동안 독서지도를 하면서 모은 자료들을 가지고 책을 쓰다보니 나를 알고 내 아이를 알게 되었다. 딸과 대화의 시간도 많아졌고 하고 싶은 공부에 대해 지지를 하게 되었다. 또, 학교 아이들에게 책을 읽어주면서 잘하는 것을 칭찬하고 꿈을 먼저 찾아가도록 시간을 보냈다.

독서육아를 하다보면 자신의 길도 보이고 아이에게 너그러워진다. 아이가 하고 싶은 일에 너그러워지다 보면 내 아이는 자신의 꿈을 찾고 진로가 정해진다.

06

내 아이 독서육아로
남다르게 키워라

　　지금 내 아이를 바로 보는 것은 매우 중요하다. 그래야 아이만의 특징과 장점과 강점이 보인다. 반대로 좋지 않은 습관도 눈에 보인다. 엄마들은 교실이 아니라 집안에서 내 아이만 보이는 사각지대에 있기 때문에 보이는 것만 본다. 보이는 범위에서는 내 아이를 잘 안다고 할 수 없다는 것이다.

　모르는 상태에서는 늘 부정적인 마인드가 생기기 마련이다. 긍정적으로 보인다는 것은 늘 아이를 관찰하고 독서를 통해 대화의 폭을 넓힌 것이다. 어떻게 보느냐에 따라 내 아이가 다르다는 것이 보인다.

　엄마들은 독서육아로 남다르게 키울 준비를 해야 한다. 시대는 그런 아이를 원하고 있다. 과학을 가르친 아이들 중 영준이가 생각난다.

　영준이는 독서력이 있어 책과 관련된 이야기를 하면 얼굴이 밝아지고 적극적이었다. 다독을 한 아이라 수업 중 교과서와 관련된 지식이 많아 반의 아이들보다 자신이 우월하다고 생각했다. 그렇지만 영준이는 다독은 있지만 주변 사람들은 보이지 않았다. 지식만 알고 생활에 활용하는 것은 없었다. 입에서 이야기만 했다. 다시 말하면 영준이는 책의 줄거리 파악, 문장, 요약만 잘할 뿐이었다. 정말 중요한 사람을 위한 리더십이나 배려, 나눔이 부족했다. 부족한 원인을 알아보니 영준이 부모가 맞벌이로 늦게 집에 와서 부모의 얼굴도 못 보고 잠이 들 때가 많다고 했다.

늦은밤, 부모님을 기다리는 시간에는 책을 읽으면서 시간을 보냈다. 그 시간에 부모 없이 혼자 읽는 독서를 했었다. 부모의 빈자리를 독서로 채웠고 허전함을 책으로 몰입해나갔다. 그래도 영준이 부모는 영준이보다는 일이 먼저였고, 바쁘다는 말을 먼저 앞세웠다.

영준이 독서는 엄마와 교감이 없는 독서였다. 집에 엄마와 아이가 같이 있는 시간이 있다면 여러 가지로 엄마가 질문을 하고 대화를 할 텐데 '읽었다'로 끝나기만 했다. 영준이가 책을 많이 읽은 것에 비해 남과 다른 긍정적인 행동은 없었다. 영준이의 독서력에 비해 별로 남과 다른 점이 없는 것을 보고 엄마의 존재감의 중요성을 알게 되었다.

결국 독서육아는 다양한 독서체험, 엄마와 아이가 서로 상호작용, 책 읽어주는 사람과 응시해나가는 것이 최고였다. 그 방법이야말로 남과 다른 내 아이로 키울 수 있다. 남과 다르게 키우려면 내 아이를 잘 알고 있어야 한다. 모르는 상태에서는 늘 부정적인 마인드가 생기기 마련이다. 알아야 이해가 된다. 그리고 긍정하게 된다.

연세대 강연장에서 에릭 슈미트 구글 회장이 "항상 나보다 더 똑똑하고 더 독특하고 미친 사람들을 좋은 친구로 두라"고 했다. 구글의 인재상을 강조한 말이었다. 한 사람이 모든 것을 다 잘하고 결정을 내리는 것보다는 함께 각기 다른 전문 분야의 사람들이 모여 협업을 하고 시너지 효과를 내라는 뜻이다. 또, 실패를 두려워하지 않는 미친 사람에게 배우라는 뜻으로 받아들였다.

내 아이 친구가 그런 남과 다른 독특한 친구가 있다면 분명히 내 아이에게 좋은 영향력을 줄 것이다. 그런 친구를 옆에 두는 것 자체가 배움의 동기를 받는다. 활력소도 생기고 에너지를 끌어 모은다. 한 가지에 미친 친구에게서 새롭게 배워나가고 서로 다른 것들이 모여져 새로운 시너지 효과를 가져온다. 그래서 어떤 친구가 내 아이를 만든다.

나는 엄마들에게 같은 또래를 비교하거나 경쟁하는 것은 피하고 남에게서 배우는 아이가 되게 하라고 말한다. 좋은 친구는 선생님의 몫을 대신할 수 있다. 많은 아이들을 대하는 선생님보다 가까이에서 자극을 주는 친구에게서 더 배울 수 있다. 친구가 진로에 대한 책을 읽고 있다면 그 친구 따라 책을 찾아보고 읽을 것이다. 같이 독서동아리 하는 친구가 있다면 대화거리는 무척 많다.

내가 독서업무 담당을 할 때, 학교도서관 사서선생님과 독서추진 업무에 대해 의논과 협조할 것을 부탁하기도 했다. 점심시간에는 서로 자녀 이야기를 하고 아이 교육에 대해 묻기도 했다. 우리 딸보다 몇 살 많은 아들 이야기를 듣고 보니 선생님의 아들이 남다르다는 것을 알게 되었다. 선생님은 독서육아로 키운 아들이 행복지수가 높다고 했다.

아들은 꿈을 찾아 공부를 하는데 꿈을 향한 알바를 한다고 했다. 나는 딸이 대학생 알바를 하고 있어 선생님의 아들의 워킹 홀리데이 알바 경험도 듣고 싶었다.

저녁식사를 하면서 박화균 선생님의 조언과 아들의 경험담을 들었다. 남다른 아들 뒤에 엄마의 독서육아가 있다는 것을 알게 되었다. 박화균 선생님의 독서육아 과정은 다음과 같다.

장호원에서 살 때, 5, 6살의 자녀들을 둔 아파트 엄마들 독서모임을 만들었다. 2008년 어도연(어린이 도서연구회) 도서관에 가입해서 회원이 되었고 큰 서점으로 독서에 관심을 갖다가 도서관으로 관심을 갖게 되었다. 음성 간곡도서관으로 차를 타고 1주일에 한 번씩 아이들을 데리고 갔다. 아들을 키우면서 '우리 서점문화를 바꾸자, 서점을 읽는 공간으로 바꾸자'라는 생각으로 전집을 빼내는 운동을 했다. 그러면서 어린이도서연구회 즉 동화 읽는 어른이 되자는 목적하에 활동했다. 내 아이만 잘되는 세상이 아니라 다른 아이도 잘돼야 우리 아이도 함께 갈 수 있다는 생각으로 우리 동네, 우리 아파트부터 독서운동을 시작했다.

초등학교 때 독서습관은 주로 밤에 책을 읽어주었는데 어렸을 때는 그림책을 스무 번 넘게 읽어주었다. 아이가 30분 책 읽어주기를 6학년 때까지 해주었다. 엄마가 그 책만 봐도 지금은 속이 울렁거렸다. 책을 읽어주면서 읽고 쓰게 했으며, 엄마는 주로 아이와 책 이야기로 대화를 열어갔다.

중학교 가서는 엄마가 중학교 권장도서로 책을 빌려와서 아이의 단계에 맞는 책을 읽었다. 중학교 고입시험이 있어 공부하느라 초등학교보다는 조금 읽었다. 그렇지만 초, 중학년 독서한 효과가 술술 나오기 시작했다. 즉 대학교에 가서 글을 써서 대상을 받아 왔다. 중국 어학연수가기 전에 캐나다 워킹홀리데이, 동아리 체험 수기를 썼다. 체험 수기는 외국인과 동아리 조직을 하여 우리나라 문화를 알렸다.

또 미래에셋에서 주는 장학금이 있는데 자기소개 글에 꿈 포부를 써서 500만 원 장학금을 받았다. 중국에서 어학연수에서는 글쓰기 상을 받았다. 중국의 전통 차와 다기세트를 받았다. 지금은 중국어학연수를 마치고 돌아왔다. 외국인 회사에 들어가서 취업하고 돈을 모아 캐나다에 가서 살겠다는 꿈을 갖고 열심히 공부한다고 했다.

박선생님은 나에게 딸이 캐나다로 워킹홀리데이를 간다고 하면 일하는 것에 따라 실용영어를 기본으로 하고 무엇을 할지 계획하라고 했다. 아들은 외국인동아리 프리토킹을 하기 위해 대학교에서 외국인과 함께하는 동아리 활동을 조직하여 영어를 배웠다고 한다.

박선생님은 아들에 대해 시베리아에서도 냉장고를 팔 아들이라 했다. 그만큼 아들은 장애물보다 기회에 집중하고 꿈을 가진 아이라고 믿고 있다. 부모의 돈이 아들 해외 어학연수에 들어간 적이 별로 없었다. 러시아 한 달 여행은 돈을 아껴가며 고생해서 경험을 쌓았다. 아들에 대해 엄마는 당당하고 자기 스스로 만족할 줄 안다고 믿고 있다.

그리고 해외 갔다온 경험을 살려 친구들에게 상담을 해준다고 했다. 중국에 교환학생에게 중국어 잘하는 방법, 외로울 때의 살아나갈 방법 등 상담을 해주었다. 자기 목표를 세워 중국어 5급을 3개월에 땄다. 자면서도 이어폰을 끼고 중국어 공부를 했다. 이제 중국에서 교환학생 4학년이 되었다. 지금은 아들 민철이가 공대 광전자에서 경제학과로 전과, 두 개 전공을 하고 있는 중이라고 했다.

내 주변에 독서육아에 관심을 갖고 이야기를 나누다보면 엄마들 중 남다르게 키운 아이가 있다. 우리 아이 남다르게 키우고 자기 목표를 갖고 꿈을 이루게 하는 아이로 키우고자 한다면 초등학교 시절 독서육아로 다져놓아야 한다.

민철이의 예를 보더라도 초등학교 독서의 힘은 어디를 가도 생명력을 갖고 있다. 대학생이 되어서도 잠재되어 있는 독서가 아웃풋되어 나온 것이다. 그만큼 엄마의 독서육아의 노력이 초등학교에 있느냐에 따라 아이는 성장하고 남과 다르게 성장한다.

지금 하는 독서가
미래를 바꾼다

"우리 아이가 옛날에 책을 잘 읽었는데 요즈음 사춘기인지 책을 안 읽어요"라고 말하는 엄마가 있다. 그 말은 엄마와 아이가 지금 무엇이 중요한지 인지하지 못하기 때문이다. 지금 책을 읽는다는 것은 내 아이가 집중하는 무엇이 있다는 것이다. 내 아이가 지금 하는 것이 무엇인지 알아보는 것이 미래를 찾는 길이다.

6학년 2학기가 끝날 무렵, 영한이는 과학교실에 들어오자마자 앞사람과 떠들기 시작했다. 지금이 무슨 시간이고, 왜 왔는지를 파악할 줄 아는 아이인데 그날따라 혼자 떠들고 산만했다. 나는 아이의 마음을 먼저 가라앉게 하는 것이 최우선이라 생각했다.

영한이 이름을 몇 번씩 불러주었다. 선생님 말에 집중하고 관심을 갖고 알리는 신호였다. 그런데도 들리지 않는지 계속 떠들었다. 나는 다음 시간이 걱정되어 아이와 상담하기로 했다.

점심을 먹고 영한이는 과학실로 들어왔다. 먼저 집에서 과제로 해온 독후감과 안네의 일기 필사도 확인했다. 독서 결과물들을 확인해보니 글씨체가 다른 날보다도 흐릿하게 썼고 누가 보아도 제대로 안 썼다. 의욕이 없는 감정으로 쓴 글씨였다. 나는 영한이에게 독후감에 대해 이야기하는 것보다 수업 시간에 있었던 일에 대해 이야기를 하는 것이 우선 해결할 일이라 생각했다. 그렇지 않으면 다음에도 그런 행동이 나올 수 있기 때문이다.

"내가 보기에 수업시간에 다른 친구들이랑 대화하는 것이 아니라 혼자 일방적으로 말을 많이 하는 것 같은데 어떻게 생각하니?"

그랬더니 영한이는 "제가 좀 집안에 걱정거리가 있어요"라고 말했다. 그러면서 걱정에 대한 설명을 했다. 지금 걱정이 많았다. 영한이네는 서울에 있는 집이 재개발이 되면 전세금을 받을지, 전세금 전액을 못 받으면 돈 한 푼도 없이 집에서 나와야 된다. 전세금은 1억 원이 넘는데 전세금 전액 환불받아 다른 좋은 곳으로 이사를 갔으면 좋겠다는 것이다.

영한이는 사춘기에 접어드는 시기에 자기 고민보다는 부모의 걱정을 아이가 걱정했다. 집에서 부모로부터 들은 걱정은 아이에게도 걱정거리로 영향을 미쳤다.

곧 있으면 중학교로 가는데 부모가 사는 곳과 지금 할머니네 집에서 사는 중학교로 갈지 선택도 분명하지 않았다. 아이의 미래에 있을 일들이 부모 일과 연관이 있었다. 그래서 아이는 지금 사는 할머니 집에 있어도 걱정, 학교에 와서도 집 걱정이었다.

아이는 자신이 어떻게 해야 부모의 말을 잊어버려야 할지 모르는 상태였다. 그 대안이 공부시간에 산만하고 친구들과 떠드는 것으로 일종의 불안 심리를 해소해나가는 방법이었다.

나는 영한이에게 지금 고민을 한다고 당장 달라질 것이 없다고 했다. 그리고 일단 마음을 가라앉게 하는 것이 더 중요하다고 설명했다. 나와 영한이는 문제 해결책을 찾아갔다.

모든 사람들이 그렇지만 걱정거리가 있으면 아무리 좋은 일도 집중이 안 된다. 대신 마음이 불안하여 누구와 이야기할 대상을 찾는다. 내 마음을 알아줄 사람이 대상이 될 수도 있고 그냥 떠드는 사람이 대상이 될 수도 있다. 그다음은 어떤 불리한 상황에 처해 있는 사람과 동일시하여 그 사람에게서 자신의 처지를 같이 말한다. 아니면 모든 것은 남의 탓으로 돌리는 경우도 있다. 내 자아를 들여다봐야 하는데 마음의 여유를 갖지 못하는 것이다.

6학년 영한이 경우는 매일 자신의 마음상태를 부모에게 말로 쏟아내야 하는데 상대가 없었다. 부모와 고민 해소를 하지 못했기에 그 때문에 고민이라는 생각이 떠오를 때마다 아이 행동도 산만했던 것이다.

"집안일은 어머니나 아버지가 하는 일이지 내가 걱정한다고 일이 해결되는 것이 아니다. 학교에서 할 수 있는 공부도 좋지만 가장 중요한 것은 자신의 현재 생활이나 미래의 생활이 지금보다 점점 더 나아지고 있다고 긍정하는 마음이 중요하다. 나 자신을 믿고 점점 좋아지는 말을 머리에 기억하고 되새겨보자."

나는 영한이에게 지금의 마음상태가 중요함을 말해주면서 공책에 '나는 부모님이 받은 보상금으로 새집으로 이사 가서 부모님과 같이 산다'는 확신의 말을 써주었다. 그리고 확신의 글을 공책에 10번씩 매일 쓰자고 했다.

다음 날, 영한이는 확신의 말을 반복해서 10개 써왔다. 미래를 걱정한다고 하여 걱정대로 된다는 보장이 없다. 일단 영한이가 소망하는 꿈을 머릿속에 채워나가야 했다. 아이의 머릿속에 불안을 없애는 방법은 지금 생각하고 있는 생각을 버리고 빈자리에 새로운 꿈을 넣고 행동으로 옮기게 하는 것이었다. 영한이의 공책에는 독후 소감, 안네의 필사, 일상생활 글쓰기, 확신의 글쓰기로 채워 불안을 지워나갔다.

2학기가 끝날 무렵 나는 영한이에게 "선생님과 이야기하고, 확신의 글을 쓰면서 무엇이 달라졌니?"라고 물었다. 영한이는 "자기 감정 조절을 잘하고 있어요"라고 했다. 그동안 영한이는 확신의 글도 썼지만 영한이의 심리변화는 묻지 않았다. 기다리고 달라질 것이라 믿었다. 모든 결과들이 영한이의 마음을 안정시키기 위한 자기암시와 꿈 쓰기였다.

겨울방학 중 영한이는 친척들을 따라서 대만여행을 간다는 자신의 꿈을 말했다. 해외여행에 대한 꿈을 갖고 있었는데 방학 중에 이루어진 것이다. 영한이는 부정적인 이야기보다는 자기 확신에 더 집중하고 있었다. 독서로 지금을 잘 이겨내고 앞으로 일어날 꿈을 생각하면서 자신의 어려움을 극복해나갔다. 지금 영한이에게는 그것이 최선의 선택이었다.

‘금’ 중에서 제일 좋은 ‘금’은 바로 지금이다. 그리고 오늘이 가장 좋은 날이다. 내일을 계획하지만 내일이 어떻게 되는지 알 수가 없다. 오늘 지금 나를 변화시키는 책을 읽고 사람과 이야기하다보면 몇 개월 뒤 나는 달라져 있다. 생각이 달라지니 모습도 달라져 있다. 눈빛, 웃는 모습, 받아들이는 목소리도 달라진다.

학교와 직장 그리고 가정에서도 ‘늘 지금 당장해라. 지금 해야 후회가 없다. 내일이 지금이 될 수 있다’라고 말을 많이 들었을 것이다. 지금이 나의 습관을 만들어주는 골든타임이다. 지금 하고 있는 일이 기적을 일으킬 수 있다. 매일 매일이 기적이라고 말하는 사람처럼 그렇게 될 수 있다.

일본 전산의 모토, ‘즉시 한다. 반드시 한다. 될 때까지 한다’로 성공할 수 있는 인재를 키웠다. 어떤 일을 하면 바로 행동해야 결과가 나온다. 조지 버나드쇼의 묘비명에도 ‘우물쭈물하다가 내 이럴 줄 알았지’라고 써 있다고 한다. 생각만 많아 행동으로 못 옮기는 말은 바로 결단을 내리지 못하여 후회하는 말과 같다. 내 앞에 기회와 행운이 왔는데도 망설이다가 놓친 일들이 얼마나 많은가. 말보다는 행동을 잘하는 사람이 운이 있다고 성공한 사람들이 공통적으로 강조하는 말이다.

나는 작가가 되는 과정 중에서 새로운 지인들을 만났고, 나의 의식도 많이 바뀌었다. 인생 설계도를 다시 그리고 지금 나는 잠재의식을 최대한 발휘하고자 행동한다. 공책에 확신의 글을 몇 번씩 쓰고 외우고 또 외웠다. 나의 확신의 노트는 하나씩 늘어났고,

공책 겉장에 마법 노트라 이름을 지었다. 매일 내가 하고 싶고 되고 싶고 갖고 싶은 것 등을 저녁마다 쓰고 시각화하면서 확신 마법노트 쓰기를 반복했다. 또 오늘 이룰 것, 가까운 시일에 이룰 것, 장기간에 이룰 것을 확신을 담아 글로 써나갔다.

'남인도, 라오스, 산티아고, 이집트, 북유럽 여행을 한다.'
'나는 건강하고 긍정적이며 점점 좋아지고 있다.'
'상대방의 말에 흔들리지 않고 내가 하고 싶은 일만 생각하며 도전한다.'
'사람들이 나를 존경하고 상황에 맞게 코칭을 해준다.'

나의 생각의 변화가 일어나는 확신의 글이다. 지금의 내가 무엇을 하느냐, 무엇을 생각하느냐에 따라 나의 미래는 만들어진다. 하루아침에 이루어지지 않는 일이지만 지금은 항상 기회다. 지금 하는 독서가 미래를 바꾼다.

에필로그

나는 내가 간절히 바랐던 작가의 꿈을 이루기 위해 먼 길을 돌아왔다. 그동안 내가 좋아했던 것들은 있었지만, 진정으로 좋아하는 것은 찾지 못했고 그럴 용기도 없었다. 오랫동안 아이들을 가르치며 글을 쓰고 독서를 해왔음에도 책이란 저자들만 쓰는 것인 줄 알았다. 책 쓰기는 다른 사람들만 가능한 일이라고 생각하고, 내가 아니라 남들만 보았던 것이다. 그때까지는 그렇게 살았다.

하지만 작년 8월, 그동안 써 왔던 꿈 노트를 보고 6년 전에 만든 미래 명함을 들여다보았다. 명함 속에 적혀진 내 꿈은 화가, 여행가, 작가였다. 내가 간절하게 원했던 여러 가지 꿈들 중에서 1순위는 작가였다. 눈으로 꿈이 시각화가 되자 나는 드디어 작가가 되기로 결심했다. 결심을 하게 되면서부터 '지금 책 쓰기를 하자, 내일은 없다.'라는 생각으로 용기를 갖게 되었다. 그리고 정말 행동으로 옮겼다. 그동안 내공이 쌓인 나의 독서의 힘도 한몫을 했다. 책을 쓰기 전과 쓰고 난 후의 삶과 세상을 보는 눈이 달라졌다.

"과거가 아니라 현재의 삶만이 도움이 된다. 힘은 휴식을 취하는 순간, 멈춰 버린다. 힘은 과거에서 새로운 삶의 상태로 변하는 순간, 목표를 향해 화살이 나아갈 때 존재한다."

현재에 살라는 저자 랄프 왈도 에머슨의 말에 집중해 보자.

누가 나에게 현재를 살라고 할 것인가? 바로 나다. 새롭게 살아갈 용기는 누구에게서 나오는가? 그것도 나다. 이렇듯 물음과 대답의 주인공은 엄마다. 엄마가 자존감을 갖고 자신을 사랑하고 주인으로 살아가야 한다. 그래야 내 아이에게 독서육아를 잘 할 수 있다.

내 아이는 엄마가 사랑하는 아이다. 내 아이는 엄마의 이야기를 듣고 싶어 한다. 그래서 엄마는 아이의 독서코치가 되고, 아이에게 동기부여가가 되어야 한다. 엄마들의 독서코치 활동과 동기부여 활동은 내 아이를 사랑하는 힘에서 나온다. 사랑하는 힘이야말로 내 아이에게 사랑을 전달하는 힘이다.

내 아이에게 '내일 하자, 내일 해 줄게, 내일 읽어 줄게, 아까 읽어 주었잖아.'라고 하지 말자. 오늘을 보면 내일을 알 수 있기 때문이다. 분명 아이는 오늘을 원한다. 바로 지금 엄마의 사랑을 원한다.

책이라는 매개체로 엄마와 아이가 사랑을 주고받는다면 내 아이가 이렇게 보일 것이다.

"내 아이는 엄마에게 행복을 주는 아이이며, 행운을 주는 아이다."

끝으로 내가 저자가 되도록 도와준 가족과 책을 쓸 동안 아프셨고 끝내 돌아가신 아버지, 나의 자매들에게 감사드린다. 또한 집필에 도움을 주신 김인자 작가, 김재춘 대표, 박여송 관장님, 박영선 소장님, 구만호 박사, 임영규 대표, 최윤하 선생님, 박화균 선생님, 심교심 선생님, 봄비 엄마, 최경미 선생님, 김애경 선생님, 내가 가르친 모든 아이들, 학부모 독서동아리 분들, 지인들 모두에게 감사의 인사를 전한다.

이 책을 만나는 엄마들께 감사, 사랑, 행복을 보낸다.